《新闻佳作赏读导引》编委会

College Journalism & Communication Series
高等院校新闻传播学系列教材

A GUIDE TO APPRECIATE EXCELLENT WORKS OF JOURNALISM

新闻佳作赏读导引

曾庆江　主编

暨南大學出版社
JINAN UNIVERSITY PRESS
中国·广州

图书在版编目（CIP）数据

新闻佳作赏读导引/曾庆江主编. —广州：暨南大学出版社，2012.12
（高等院校新闻传播学系列教材）
ISBN 978-7-5668-0421-1

Ⅰ.①新… Ⅱ.①曾… Ⅲ.①新闻写作—高等学校—教材 Ⅳ.①G212.2

中国版本图书馆 CIP 数据核字(2012)第 280769 号

出版发行：暨南大学出版社

地　址：中国广州暨南大学
电　话：总编室（8620）85221601
　　　　营销部（8620）85225284　85228291　85228292（邮购）
传　真：（8620）85221583（办公室）　85223774（营销部）
邮　编：510630
网　址：http：//www.jnupress.com　http：//press.jnu.edu.cn

排　版：广州市天河星辰文化发展部照排中心
印　刷：佛山市浩文彩色印刷有限公司

开　本：787mm×960mm　1/16
印　张：16.25
字　数：305 千
版　次：2012 年 12 月第 1 版
印　次：2012 年 12 月第 1 次

定　价：32.00 元

前　言

在赏读中提升新闻写作能力

一、让阅读成为一种习惯

具备较强的新闻写作能力，是对新闻传播类专业学子的一个基本要求。我们认为，要提升新闻写作能力，阅读是关键。

谈到阅读，很多人都认为是中文等传统学科学生的专利，而新闻写作只要把新闻的“五要素”体现出来就可以了，至于谋篇布局、文采等就不必要讲究了。新闻传播学子往往还有这样一种表现：对技术的渴望远远超过对人文知识的追求。非新闻专业的学生也每每以羡慕的眼光来看新闻学子肩扛摄像机忙碌的情景。在进行报刊新闻和广播电视新闻方向选择的时候，也往往流行这样一种看法：写作水平相对偏低者，就应当选择广播电视方向，因为广播电视对文字的依赖性相对较小。

新闻工作对技术的依赖是不容忽视的，报刊的版式编辑、广播的音频处理、电视的画面剪辑等后期工作，无一不是技术的具体体现。但是报刊的版式编辑在掌握了基本的编辑技术之后，如何让自己的版式设计更加耐看，更加吸引人，更加具有视觉冲击力？摄像师应当从哪些角度进行拍摄？剪接师应当如何处理图像，让片子简洁的同时又能深深吸引观众？对于新闻写作者来说，如何让自己的新闻简洁生动，如何插入新闻背景材料让新闻稿件在广度和深度上做得更好，如何正确处理好文字、声音和图像之间的关系，这些都是非常重要的……显然，这一切不能完全依靠技术来完成。此时，新闻基本功的重要性便体现出来了。新闻基本功的获得，应当通过阅读得以完成。对于新闻学子来说，阅读应当做到三个方面。

第一是人文社科知识的阅读。

当前的现实是，新闻专业毕业生走向媒体工作岗位的时候，采写社会新闻可能还不是什么问题，毕竟这些和我们的生活息息相关，然而，一旦涉及专业题材报道，很多人就勉为其难了。这在很大程度上突显了人文社科知识的缺失。阅读大量的人文知识是扩大我们的知识面，提高我们素养的一个有效途径。有了坚实的人文知识作为底子，我们在采访中才能游刃有余。在采访过程中，我们经常发现预设性的问题派不上用场，而坚实的人文知识有助于我们随机应变，顺利完成采访任务。同时，人文知识的积累可以进一步提升我们的人际沟通能力，帮助我们扩大人际网络，建立广泛的信息源，为寻找更多有效的新闻信息提供有力的保障。

第二是对新闻理论的阅读。

长期以来，人们都认为“新闻无学”，不少媒体从业者也坚信这种说法，甚至有媒体负责人说，新闻专业的学生在媒体方面的发展潜力还不如中文等传统学科的学生。还有一些老师在课堂上说，新闻理论具有相当的滞后性，与实践操作之间的距离非常遥远。这些说法实际上都没有正确看待新闻理论和新闻实务之间的关系。现在流行的一句话叫做“思想决定高度”。学习新闻传播学理论无疑是提升思想的有效途径。但是，客观地讲，与情节性强的叙事作品相比，理论书籍的确显得枯燥乏味得多，在当今人们趋利思想越来越严重的时代，能够静下心来看几本理论书籍确实非常难得。理论书籍一般经历了从实践到理论的过程，它们都是实践的结晶，肯定有很多生活化的东西在其中。这些生活化的东西可以看作是我们阅读这些书籍的“兴奋点”。理论阅读让我们通晓新闻基本规律，提高理论素养，从而进一步内化为新闻工作者的基本素质。

第三是优秀新闻作品的赏读。

新闻作为一种即时性的产品，大多时候都比较简短，因此，相当多的人轻视新闻写作。在现实生活中，我们经常会遭遇“看花容易绣花难”的尴尬。其实，新闻作品的好与不好，绝不是长短决定的。因此，新闻专业的学生要学会自己赏读新闻作品，要从不起眼的、波澜不惊的文字中发现新闻的妙处。一篇简单的报纸新闻作品，从标题的制作、导语的引入，到事件的揭示、详略的铺陈、背景的插入等，每个方面都会对新闻稿件的质量产生重要影响。因此，即使是一条很简短的新闻，也值得我们进行反复赏读。

年轻的学子容易出现眼高手低的状况，而养成良好的阅读习惯在一定程度上可以弥补这个缺陷。我们强调学生应当将阅读作为一种习惯保留下来，一方面固然是强调学生的主观能动性，但是另一方面，作为教师也要注意引导学生。学生在求学期间，由于知识储备的不足，他们还不能科学地选择相应的书籍，这就需要老师进行引导。读什么样的书和如何读书，老师都应当结合自己的成长历程对学生进行启发，这样可能会使学生少走一些弯路。

我们说的新闻专业学生阅读的三个方面是从个人知识视域、基本素养、业务能力三个方面来说的。学生在校求学的时间相对有限，老师的督促也是相对有限的，所以，学生要使自己的各方面提高得更快，就必须让阅读成为一种习惯。

二、媒介融合时代新闻佳作的阅读

新闻实务的发展主要受制于两个因素，一是技术，二是观念。技术的发展先后促进广播新闻、电视新闻、网络新闻等的产生和发展。而且按照当前的发展趋势，在未来的若干年将会出现更多的媒体样式。观念的发展则推动新闻报道题材、方法以及技巧等方面的发展。同时，技术与观念往往是如影随形、相伴而生的。时至今日，我们已经进入媒介融合时代。

所谓媒介融合，从字面的理解就是将原先属于不同类型的媒介结合在一起；往更深层意义上去考察，则是指各种媒介呈现出多功能一体化的发展趋势。一方面，随着卫星技术、数字化技术和网络技术的进步，传统媒介的界限渐渐模糊，新媒体形式层出不穷，“全媒体”的概念越来越深入人心，媒介终端的可实现功能得以逐步强大。另一方面，社会经济及文化的发展与进步引发社会阶层的细分（“碎片化”），并由此延伸到市场的“碎片化”和受众的“碎片化”，大众时代过渡为分众时代乃至小众时代，媒介受众由以往的单向阅听人的角色转变为需要为其量身订制娱乐、资讯服务的用户。媒介与消费者的互动更加充分，传媒产业正以日益丰富的信息满足消费者的需求。媒介融合时代对新闻工作者提出了两方面的要求：其一，我们需要掌握报纸、广播、电视、网络等各种媒体样式的写作，这样我们才能在全媒体时代成为一个全面的媒体人；其二，我们需要拥有将报刊、广播、电视、网络媒体相互融合的心理预设，在进行业务操作时有意识地将各种媒体表现手段充分运用，从而更好地满足受众的信息需求。

媒介融合时代对新闻传播学的教学也提出了更新、更高的要求。当下市面上不少“新闻佳作欣赏”、“优秀新闻作品精选”之类的著作等多关注平面媒体，而对于广播新闻、电视新闻、网络新闻等关注较少，这明显与媒介融合时代的现实需求不相符合。基于此，我们编写的《新闻佳作赏读导引》力图把握媒介融合的时代特色，将报纸、广播、电视、网络等各种媒体样式均纳入观照视野。在进行案例选择时主要考虑两个因素：

其一是各种体式的新闻作品尽量都有所反映。我们根据实际情况，将其分为消息类新闻、通讯类新闻、专题类新闻、评论类新闻、新闻特写、报告文学、新闻摄影等，为考虑实用性，还特地加上广告文案一类。随着媒体竞争的日趋白热化，媒体对新闻工作者也提出了更高的要求，即要求我们成为“多面手”，什么体式的新闻都会写。如果不能全面掌握各种新闻体裁的写作方法，就会陷入被动。通过优秀作品的阅读，可以基本领会这些新闻体裁的写作技巧，在实践中能较快进入角色。同时，针对实际情况，我们提出：在媒介融合时代背景下，过分强调新闻体裁之间分野的观点已不足取，体裁特征更多应是建立在彼此借鉴、博采众长基础上的“扬长避短”，而不是用以区别自身与其他的标志。这就要求我们更应当对各种新闻体裁样式融会贯通。此外，即便是同一种新闻体裁，也有多种多样的表现形式。试以评论类作品为例，在电视中，既有专门的电视新闻评论节目，也有在某条新闻后附上的短评；既有事先拟定的由主持人播出严谨的“本台评论”，也有请评论员在演播室现场表达观点等。在选取作品时，我们尽量考虑周全，让读者能够更好地领会各种新闻的写作范式和方法。

其二是各种媒体样式均有所反映。不管是消息、通讯、评论、特写还是广告文案等都关注它们在各种媒体样式中的存在情况。在媒介融合时代，各种媒体相互取长补短，很少有哪种体裁是报纸、广播、电视或者网络的专利。因此，针对各种新闻体裁，我们尽量全面考察它在各种媒体中的表现。比如，关于消息类新闻，我们认为，在图片的强势介入下，报纸消息的文字更加简约晓畅；而广播消息新闻靠声音来传达信息，为强调生动性与真实性，在现场声和同期声的运用方面显得越来越成熟；电视消息新闻虽然和广播消息新闻有很大的共通性，但是在声画结合上体现自身的特点，这使得它对语言文字的要求更高。我们通过相关案例的解读，将同一新闻体裁在不同媒体中的表现特征相应予以揭示，便于读者在短时间内掌握其基本要领。

总体而言，媒介融合时代要求我们成为媒体的“多面手”，《新闻佳作赏读导引》有意贯穿这种思路，融合了各种新闻体裁与媒体样式，既便于读者根据媒体发展实际全面阅读，又便于读者根据自己的需要进行选择性的阅读。

三、从“阅读”走向“赏读”

事实上，无论是新闻专业的学生还是普通的新闻爱好者，或是因为专业学习的缘故，或是日常生活的需要，都不可避免要与新闻作品打交道。这使得大家阅读新闻成为一种常态，那么新闻作品选集的价值与意义何在？我们认为，要真正发挥新闻佳作对新闻学子或者新闻爱好者的引领作用，就要实现对新闻佳作从“阅读”向“赏读”的升华。

阅读新闻自然是接受新闻的过程，但是阅读却有不同层次的差异性。普通受众在接受新闻时更多地关注新闻内容本身，因为新闻内容与他们的日常生活密切相关。关注新闻的基本内容只是阅读的第一个层次。新闻的表现形式则是新闻专业学子和新闻爱好者更需要关注的对象，也就是说，我们不光要关注新闻“报道了什么”，更要关注新闻是“如何报道”的，不光要知道“鱼”的味道，更要知道“渔”的技巧。这就使得我们对新闻佳作的接受从“阅读”走向“赏读”。

阅读是赏读的基础，赏读是阅读的升华。“赏读”的含义是欣赏把玩，反复阅读，能够读出普通读者读不出的相关信息，能够提升自己的新闻领悟能力和新闻实践能力。基于此，我们在编写《新闻佳作赏读导引》时，有意在每一章设置了四节内容：第一节为定义和特征的简单描述，第二节为佳作赏读，第三节定位为“写作要略”，第四节则是“常见问题举隅”。每节内容相对独立，体现相应的功能，却又环环相扣，最终指向新闻实践。

第一节作为整章的开篇，简要概括相关新闻体裁的定义与基本特征。对于新闻专业的学子来说，该书是一个简单的提示与复习，对于普通新闻爱好者来说，则是一个提纲挈领的指导。如消息类新闻我们只强调其“短、频、快、活”，对于新闻特写，我们只强调“新闻的特写”和“新闻中的特写”两点。这样既区别于一般的新闻理论书籍，却又能迅速引导读者进入角色。

第二节则是每一章的重点，即新闻佳作赏读。在这一节，我们根据新闻发展现状，综合考虑各种体裁、题材的差异性，每章选择了 6 ~ 10 篇作品。在每篇佳作的赏读环节，我们结合基本理论进行相应的分析解读，一方面是对新闻佳作优点的揭示；另一方面又通过具体生动的案例解析呈现第一节简要的理论。可以说，第一节是第二节的引子，第二节则是结合作品对第一节进行补充与深化。特别需要说明的是，为了增加本书的广度与深度，我们在选择作品时，特别注意时尚与经典的结合，国内与国外的结合。经典性作品能够让我们更好地理解各种新闻体裁的基本特质，时尚性作品能够更好地引起我们的共鸣。部分国外作品的选入，一方面是扩大读者视野；另一方面也是有意与国内作品进行简单的比照。

第三节定位为“写作要略”，没有讲述相关体裁门类的基本写作理念，更不追求完备的写作技巧，而是结合实际情况提示其中需要注意的一些因素，择其要旨而述之。例如，关于消息类新闻，我们就强化“硬新闻软化，软新闻硬化”的理念；关于广告文案写作，我们强调其真实性、简洁性、独创性以及实用性等基本原则；在报告文学中，强调严守真实与精于想象的巧妙结合，宏大叙事与日常生活的完美融合，叙述描写与抒情议论的水乳交融……这些问题立足于基本写作，却又在日常新闻写作中给人们造成诸多困惑，尤其是初入行的新闻工作者容易出现的问题，我们结合第二节的相关案例对其进行了相应的探讨，具有一定的实用性。

第四节则是本书提升学术品格的一个探索。在每一章，我们选取2~4个问题进行深入探讨，这些问题或者是写作中本应该注意却未能很好地注意的，或者是已经注意到但是尚未找到很好的解决方案，或者是尚未被业界充分认识到的。有些问题我们尝试着提出解决方案，有些问题则根据新闻业务的实际情况存而不论。这些问题都是结合新闻实践从学理上来进行探讨的，虽然未必每一个问题都能够分析透彻，但是我们希望能够起到抛砖引玉的作用，以期引起业界和理论界的进一步思考。

对新闻佳作的“赏读”，不仅仅停留在欣赏把玩上，更应当结合作品引发相应的思考，进而提升我们的新闻鉴赏能力、新闻写作能力以及新闻理论的探索能力，这样才能从真正意义上发挥阅读的效用。

考虑到我国新闻教育的发展实际以及新闻媒体对大众的影响，我们在进行相关的语言表述时，一方面注意使用专业术语；另一方面又注重通俗易懂。因此，《新闻佳作赏读导引》一书有四个方面的定位：其一，高校新闻传播类专业的教材；其二，新闻业界提升新闻能力的参考资料；其三，新闻爱好者了解新闻基本知识、提升媒介素养的速成本；其四，理论研究者思考相关问题的引发器。至于是否能够达到相应效果，那就需要在实践中检验了。

编　者

2012年9月

目　录

第一章 消息类新闻作品赏读

内容提要

消息类新闻作品的基本特点：短、频、快、活——消息类新闻作品赏读——消息类新闻写作要略：硬新闻软化；软新闻硬化——常见问题举隅：连续报道的“终结”问题；消息类新闻的“时间”问题。

第一节　消息类新闻的基本特点

消息类新闻是媒体上最常见的新闻样式，也是最基础性的新闻作品。一方面，新入行的新闻工作者多从消息类新闻入手。如果连消息类新闻都无法把握的话，后续性工作肯定无法开展。另一方面，其他许多新闻样式也都是以消息类新闻为基础。当今对现实生活影响极大的连续报道和系列报道就是如此。连续报道和系列报道是深度报道的重要样式，但是它们均由多条消息按照一定的思路组合而成。

消息类新闻也是对受众影响最大的一种新闻体裁。人们在日常生活中接触最多的就是消息类新闻。比如党报、都市报、晚报头版新闻基本上都是由各种各样的消息所构成，中央人民广播电台“中国之声”中的《全国新闻联播》，中央电视台的《新闻联播》、《新闻30分》等均属于消息类新闻。随着生活节奏的进一步加快，消息类新闻越来越左右人们的视听，影响人们的各种判断与选择。之所以这样说，是和消息类新闻的基本特点密不可分的。

概括来说，消息类新闻的基本特点就是“短、频、快、活”。

所谓“短”即精短，要求消息篇幅短小。消息新闻一般都控制在300～800字，更有简明新闻以简讯、快讯乃至一句话新闻的形式体现出来。精短并不意味着它缺少新闻的基本要素，而是要求以最简洁的文字揭示新闻的本质。

所谓“频”也即“广”的意思。消息类新闻要实现其成为要闻总汇的目标，不仅要力争在单位时间内、有限的版面内容纳更多的消息，提供更多的信息，而且要拓宽视野，扩大报道面，广泛反映各个领域的发展变化，努力扩大受众的视野。

“快”理所当然的是指新闻的时效性。它的时效性是指刚刚或者正在发生、发展的事实。因此，记者应有“抢”新闻的意识，尽量以最快速度把新闻事件传播出去。新闻对于人们来说就是“先知为快”。当然，对新闻来说，时效性应当包括“时新性”和“时宜性”双重范畴。

“活”是活泼、生动的意思，是强调新闻的可接受性。无论对于事件性新闻还是非事件性新闻，事实都是第一位的。实际工作中，在一些经验、成就等报道中，仍然普遍存在具体事实少、抽象概念多，典型事实少、名次议论多，概括性材料少、总结性数字多等问题。好新闻必须用事实说话，既要有概括性的交代全面情况的材料，又要有典型性的材料。如何使新闻报道在彰显事实本质基础上又不失灵动活泼，是每个新闻人都需要思考的问题。

第二节　消息类新闻作品赏读

消息类新闻因为具有“短、频、快、活”等特点，因此，在日常生活中占据重要位置。同时，由于传媒样式的不同，在具体消息写作中，也会体现出相应的不同。

报纸消息靠文字来传达信息，因此，文字的写实与描述功能兼备。进入读图时代以来，各大报纸非常注重对新闻图片的运用，甚至出现图片新闻这样一种新的新闻样式。在图片的强势介入下，报纸消息的文字更加简约晓畅。

广播消息新闻靠声音来传达信息，为强调生动性与真实性，在现场声和同期声的运用方面显得越来越成熟。电视消息新闻和广播消息有很大的共通性。可以说，能否娴熟地运用现场声和同期声已经成为衡量广播、电视新闻的重要指数。但是电视消息和广播消息还有很大不同的是在画面与声音的结合上。广播消息的一切元素都需要通过声音来传达，而电视许多时候则通过画面来传达信息。因此，电视消息新闻对语言的要求更高。比如夏天到了，报纸新闻、广播新闻可以说女孩子们“穿红戴绿”，但是对于电视新闻来说则可能是赘语。因为只要摄像机镜头一扫，“穿红戴绿”尽收眼底，实在不需要我们再用文字去描述。

随着科技的发展，网络新闻在现实生活中发挥着更为重要的作用。一方面，网络新闻的出现在一定程度上使得新闻的传播者与接受者之间的界限更为模糊，扩大了新闻来源，丰富了新闻的内容和形式，有助于打破“舆论一律”的格局。另一方面，网络新闻的出现，使得把关人面对的情况更为复杂，使得假新闻的生存空间更为广阔。在写作中，要充分考虑网络受众的接受习惯，对数字的强调、短段落的使用等都是网络新闻写作中需要特别注意的。同时受众在接受网络新闻时，也需要注意甄别真假新闻。

媒体新闻许多时候是由众多的消息新闻聚合而成的，对于一组消息新闻要注意编排。例如，报纸需要考虑版式问题，广播电视新闻中的一组新闻，需要依靠“峰谷技巧”予以编排，以吸引更多的受众。

以下通过一些新闻文本的赏读，让我们更好地理解消息新闻的功能特点，更好地体会和揣摩消息新闻的写作。

案例一

雾锁申城 高温30℃

今天立夏

［**本报讯（记者李莹）**］今天早晨出门前，在写字楼里工作的陈小姐犹豫了一下，还是脱下了昨天的长袖外套，换上了中袖针织衫。走到街上，她发现自己还是穿多了。许多行人已经穿上了T恤和背心，最多再加件短袖薄外套。今天是立夏，30℃的最高气温让不少市民已经夏季装扮。早晨的一场大雾，让走在街上的人们感觉到温润的湿意。据气象资料显示，昨天本市最高气温已经攀升到27.8℃，申城今天的最高气温可达到30℃。而据上海中心气象台首席预报员曹晓岗介绍，本市今明两天均为多云转阴天气，有时有阵雨或雷雨，由于空气湿度较大，局部地区还将有雾。在未来的一周里，前半周受低压槽影响，将以阴雨天气为主，8日可望雨止。而中后期拨云见日，以晴转多云天气为主，一周平均气温19℃。民间立夏日风俗习惯必须吃蛋，还有吃七家茶、吃李子、吃麦豆粥等，据说有祛病的妙用。江南地区有立夏尝“三新”的说法，即樱桃、青梅、鲥鱼。而今年夏季如何预防“非典”则成了市民关心的头等大事。专家提醒，市民要在注意冷暖变化的同时，注意个人卫生，防止病毒入侵。

（《新闻晚报》2003年5月6日）

【赏读】

《今天立夏》无论从篇幅上讲，还是从题材内容以及所关涉人物上看，均属于“不起眼”的小稿子。“立夏”是我国农历的二十四节气之一，也不能每个节气都作为新闻来报道一番。而且将这则新闻放在当时的新闻话语空间中，也似乎显得无足轻重。因为2003年开春以来，国内外发生了很多重要事情，都值得媒体大写特写。比如3月的全国“两会”、伊拉克战争，4月以来“非典”形势日趋严峻等，这些都是媒体的焦点。此类硬性话题更多地彰显出新闻的严肃性，很难体现出新闻的生活化与趣味性。但是“非典”肆虐以来，不少国人有一种人人自危的感觉，因此，不管是社会上的些许变化还是自然物象的变迁，都可能触动人们那根敏感的神经，这就使得《今天立夏》显示出它独特的意义来。可以说，《今天立夏》是在众多严肃新闻中的一抹小清新，使人们紧绷的神经在一定程度上得以放松。因为相对国内外大事情来说，“立夏”实在是无关紧要的闲笔。

作品分为三个段落。第一段先从一个“在写字楼里工作的陈小姐”说起，从“新闻人物化”的角度看，很好地把握了新闻由头，体现出新闻的贴近性。“陈小姐”早晨独特的感受和衣着变化的确让众多读者在严峻的“非典”环境中有一种清新的感觉，自然能得到大众的认同，然后就顺理成章地引出“今天立夏”的话题。第二段话援用气象部门的信息，彰显权威性，意在为人们出行提供相应的参考。但是如果新闻仅仅停留在这个层次实在是太平淡了（我们在各种媒体上接触这种新闻实在是太多了，虽然有一定的服务性，但是却无关痛痒）。第三段话成为这则新闻的点睛之笔。在告知人们立夏的相关习俗的同时，特意提醒人们尝“三新”别忘防“非典”，体现鲜明的贴近性原则。因此，总体上看，这则新闻仍然是以防“非典”这一重大话题为根本出发点的，但是由于采用了独特的视角，看似“无意”，实则“有心”，很好地把贴近性、权威性、重大性等各个新闻要点彰显出来。

在新闻写作中，大新闻容易为人们所关注和把握，如何从人们熟视无睹的日常生活中提炼出脍炙人口的精短新闻，一方面需要记者的新闻敏感度，另一方面则与记者的独特视角有着密切的关系。

案例二

别了，“不列颠尼亚”

［新华社 1997 年 7 月 1 日电（记者周婷、杨兴）］ 在香港飘扬了 150 多年的英国米字旗最后一次在这里降落后，接载查尔斯王子和离任港督彭定康回国的英国皇家游轮“不列颠尼亚”号驶离维多利亚港湾——这是英国撤离香港的最后时刻。

英国的告别仪式是 30 日下午在港岛半山上的港督府拉开序幕的。在蒙蒙细雨中，末任港督告别了这个曾居住了 25 任港督的庭院。

4 点 30 分，面色凝重的彭定康注视着港督旗帜在“日落余音”的号角声中降下旗杆。根据传统，每一位港督离任时，都举行降旗仪式。但这一次不同：永远都不会再有港督旗帜从这里升起了。4 时 40 分，代表英国女王统治了香港 5 年的彭定康登上带有皇家标记的黑色“劳斯莱斯”，最后一次离开了港督府。

掩映在绿树丛中的港督府于 1885 年建成，在以后的近一个半世纪中，包括彭定康在内的许多港督曾对其进行过大规模改建、扩建和装修。随着末代港督的离去，这座古典风格的白色建筑将成为历史的陈迹。

晚6时15分，象征英国管治结束的告别仪式在距离驻港英军总部不远的添马舰军营东面举行。停泊在港湾中的皇家游轮“不列颠尼亚”号和临近大厦上悬挂的巨幅紫荆花图案，恰好构成这个“日落仪式”的背景。

此时，雨越下越大。查尔斯王子在雨中宣读英国女王赠言说：“英国国旗就要降下，中国国旗将飘扬于香港上空。150多年的英国管治即将告终。”

7点45分，广场上灯火渐暗，开始了当天港岛上的第二次降旗仪式。156年前，一个叫爱德华·贝尔彻的英国舰长带领士兵占领了港岛，在这里升起了英国国旗；今天，另一名英国海军士兵在“威尔士亲王”军营旁的这个地方降下了米字旗。

当然，最为世人瞩目的是子夜时分中英香港交接仪式上的易帜。在1997年6月30日的最后一分钟，米字旗在香港最后一次降下，英国对香港长达一个半世纪的统治宣告终结。

在新的一天来临的第一分钟，五星红旗伴着《义勇军进行曲》冉冉升起，中国从此恢复对香港行使主权。与此同时，五星红旗在英军添马舰营区升起，两分钟前，“威尔士亲王”军营移交给中国人民解放军，解放军开始接管香港防务。

零点40分，刚刚参加了交接仪式的查尔斯王子和第28任港督彭定康登上“不列颠尼亚”号的甲板。在英国军舰“漆咸”号及悬挂中国国旗和香港特别行政区区旗的香港水警汽艇护卫下，将于1997年年底退役的“不列颠尼亚”号很快消失在南海的夜幕中。

从1841年1月26日英国远征军第一次将米字旗插上海岛，至1997年7月1日五星红旗在香港升起，一共过去了156年5个月零4天。大英帝国从海上来，又从海上去。

（新华社1997年7月1日）

【赏读】

《别了，“不列颠尼亚”》作为新华社的通稿曾经获得中国新闻奖一等奖，并被选入人民教育出版社高中语文教材作为必读篇目，从而产生了更大的影响。新华社所发稿件长期以来形成自己的结构特色，被称之为“新华体”。1993年出版的《宣传舆论学大辞典》对“新华体”如此解释：“新华通讯社长期报道国内外新闻所形成的一种写作体式……“新华体”的公认特点是：消息简洁、文字精练、篇幅短小；善于用事实解释事实，很少空发议论；层次清晰，尽量做到一个事实一段，消息中段落过渡自然；稳健中见权威，该快则快，该慢则慢，注重通稿的信誉；善于抓大问题、关键性问题，重大事件的报道多有令人耳目一新的角度，主题开掘深刻。”

作为动态新闻，《别了，“不列颠尼亚”》至少有这样几个特色：

其一，视角独特，堪称独家新闻。对于香港回归这个历史性事件，从中国媒体的角度出发，大多数媒体都极力书写国人的情感情绪，回归对国家和民族的意义等。这原本无可厚非，但是新闻稿不能仅仅停留在给国人看这个层次，而是应该经得起时间、视角等各方面的考验，方能成为经典名篇。《别了，“不列颠尼亚”》是以英国撤离香港为视角进行报道的，既不能单一表现英国方面的黯然神伤，更不能纯粹强调中国方面的扬眉吐气，但是事件的历史价值和意义又不能回避。这篇新闻稿在冷静客观的基础上却又不回避历史的基本事实，因此，让人读起来感觉客观真实而又鼓舞人心。

其二，以时间为序，完整揭示事件之始末。作为动态新闻，就是要揭示事件的动态性，让受众有一种身临其境的感受。本文以时间为纲，从下午 4 点 30 分一直写到零时 40 分，时间跨度大约为 8 个小时。但是，作品并没有事无巨细地将所有的场景都写出来，而是抓住主要场景来进行表达，如“面色凝重的彭定康注视着港督旗帜在‘日落余音’的号角声中降下旗杆”、“此时，雨越下越大。查尔斯王子在雨中宣读英国女王赠言……”“广场上灯光渐暗，开始了当天港岛上第二次降旗仪式”、“在新的一天来临的第一分钟，五星红旗伴随着《义勇军进行曲》闪闪升起……”“刚刚参加了交接仪式的查尔斯王子和第 28 任港督彭定康登上‘不列颠尼亚’号的甲板……”同时，文章虽然段落层次丰富，但处处紧扣主题来铺陈，如“这是英国撤离香港的最后时刻”，“在蒙蒙细雨中，末任港督告别了这个曾居住过 25 任港督的庭院”，“最后一次离开了港督府”，“这座古典风格白色建筑成为历史的陈迹”，“恰好构成这个‘日落仪式’的背景”，“150 多年的英国管治即将告终”，“降下了米字旗”，“英国对香港长达一个半世纪的殖民统治宣告终结”，“解放军开始接管香港防务”，“‘不列颠尼亚’很快消失在南海的夜幕中”，“大英帝国从海上来，又从海上去”。这些都使得“别了”既成为文章的主题，也成为文章的线索，成就了文章结构的完美。

其三，历史与现实对接，彰显厚重感。有人认为消息篇幅短小，能把眼前的事件和人物说清楚就不容易了，要追求历史的厚重感只能在专题报道或者长篇通讯里面体现，其实不然。《别了，“不列颠尼亚”》虽然仅仅为千字文，但是却巧妙地做到了历史与现实的对接，使得作品不失厚重感，读者的民族自豪感油然而生。文章多处以“闲笔”的方式插入背景资料，比如说港督府“曾居住过 25 任港督”，“根据传统，每一位港督离任时，都举行降旗仪式”，“掩映在绿树丛中的港督府于 1885 年建成……”“156 年前，是一个叫爱德华·贝尔彻的英国舰长带领士兵占领了港岛，在这里升起了英国国旗”……作者显然不是掉书袋，也不是为了怀古，而是将其作为背景材料插入，与现实对接起来，从而更好地彰显事实的当下状态和意义。

其四，客观事实与主观情感的完美结合。新闻要以事实来说话，因此，力求客观真实是第一要义。《别了，“不列颠尼亚”》以时间为线索，处处以事实来说话，以记者的视觉与听觉等为出发点，很好地将事实动态客观地彰显出来。但是任何新闻都不可避免有主观情感，本文也不例外，关键是如何把握好情感的度。本文的作者曾经说过：“写英国撤离香港，既不能喧宾夺主，只写中方，更不能对英国痛骂一顿，讽刺挖苦，但又要突出殖民统治结束的象征意义。在香港回归报道中，可以说英方撤离报道的难度最大。”诚如斯言，本文作者力求通过事实的报道彰显历史的价值与民族的自豪感，因此，适当运用了一些主观形容词，并注意对典型环境的渲染。如彭定康告别港督府时的“蒙蒙细雨”，注视降旗时的“面色凝重”，“日落仪式”，“雨越下越大”，举行第二次降旗仪式时的“灯光渐暗”， “很快消失在南海的夜幕中”……作者通过典型环境的渲染唤起受众的视听感受和心理感受，从而委婉地将主体情感表达出来，有效地避免了情感的夸张以及因为意识形态等因素而有意形成的对立。

总体而言，作为一则动态消息新闻，《别了，“不列颠尼亚”》以开放式的视野、博大的胸怀、恰如其分的情感表达以及环环相扣的主题思想等多方面的特色而铸就了新闻名篇。

案例三

申奥成功　北京沸腾

［**本台消息（记者陈建勋、文立军、李彦军）**］13 日晚上，北京时间 22 点零 8 分，在莫斯科举行的国际奥委会第 112 次全会投票决定：北京获得了 2008 年奥运会的举办权。请听本台记者刚刚发回的报道：

（出录音）萨马兰奇宣布：“——获胜者，北京！”（万众欢腾，压混）

消息传来，北京沸腾了。人们尽情地欢呼，不住地蹦跳，任凭激动的泪水不住地流淌。

10 分钟后，江泽民、李鹏、朱镕基、李瑞环、胡锦涛、尉健行等党和国家领导人来到中华世纪坛，和首都群众一起欢庆这一激动人心的时刻。江泽民同志发表了热情洋溢的讲话。

（出录音）江泽民讲话："同志们，我代表党中央、国务院讲三句话，第一句，对北京申奥成功表示热烈祝贺。第二句，对全国人民为申办奥运所作出的贡献，同时向国际奥委会，向世界各国的朋友对于中国申办奥运会的支持表示衷心的感谢。第三句话，希望全国人民和首都人民一起奋发努力，扎实工作，一定要把 2008 年的奥运会办成功。最后，欢迎世界各国朋友 2008 年光临北京，参加奥运。"

主持联欢活动的市委书记贾庆林表示："要把北京建设得更加美好，把 2008 年奥运会办成奥运史上最精彩、最辉煌的一届奥运会。"

北京在 1993 年首次申奥失利后，经过不懈努力，这次终于获得成功。坐在轮椅上的体操运动员桑兰说，她听到这个消息，快要站起来了。（出录音）桑兰："我很激动，都要站起来了。这是我一生中最幸福的那一刻了，此时的心情真的无法用语言来形容。"

用 50 年时间收藏了两万件体育用品的 80 岁老人张万金听到喜讯后，都哭出了声。（出录音）张万金："北京赢了，我非常高兴，我盼了一辈子，我争取身体健康起来，活到 87 岁。"

（出录音：长安街群众游行狂欢，汽车喇叭声、群众欢呼声……压混）

申奥成功的夜晚，人们纷纷走出家门，在长安街、二环路、西北三环路等地狂欢。许多人从轿车顶窗探出身子，挥舞着一面面五星红旗。老人和孩子也从车的侧窗探出头来，不住地喊："胜利了，胜利了。"路上堵满了车，很多人就从车上下来，加入步行的狂欢队伍。人们立下了为奥运贡献力量的誓言。

北京建院高级建筑师王兵说：（出录音）"我们广大的建设者，有全国人民的支持，肯定会把 2008 年奥运会所有的体育设施建设得更加完善。"

（北京人民广播电台 2001 年 7 月 14 日）

【赏读】

中国古语说："凡事预则立，不预则废。"用在新闻写作中实际上就是告诉我们不能打无准备之仗，要提前做好各种准备，这样才能游刃有余。但是由于消息新闻篇幅短小，不少人认为新闻素材是"顺手牵来"的，不需要做什么准备；而一些突发性事件转瞬即逝，实在是无法准备。这种想法是大错特错的。对于新闻工作者来说，采访前的准备可以分为两个环节，其一为平时准备，主要体现在政策、理论素养及业务素质的准备；其二为临访准备，主要体现在明确采访目的、熟悉背景材料、了解采访对象、草拟采访提纲、设计采访方案等。

申办奥运对于中华民族来说是一件大事，要想在第一时间播出新闻，事先必须经过精心的准备。但是申办可能出现两种结果，因此，必须按照两套方案来进行准备，出现哪种情况就用哪种预案。《申奥成功，北京沸腾》显然是一篇经过精心准备进而采访写出的好作品。

点面结合是这篇新闻稿一个突出的特点。对于申奥成功这个全国普遍关心、普天同庆的大事件，仅仅停留在几个点上进行表达很显然是不够的。作者有意识地抓住了几个点：国家领导人江泽民的讲话、北京市委书记贾庆林的表态、运动员桑兰、普通市民张万金、建筑师王兵，各个层面都照顾到，用几个典型就较好地体现出普天同庆的场景。这些人的言说虽然可以在一定程度上体现出新闻的深度，但广度还是不够。因此，记者又把触觉伸到大街小巷，长安街、二环路、西北三环路上的，“许多人”、“老人和孩子”、“很多人”撑起了一个个群体，将“沸腾”的场面很好地揭示在受众面前。而且，从点到面，使得行文结构开放而不紊乱，行于当行，止于当止。

现场感强是这篇新闻稿的又一个特点。首先，作品中使用了五段同期声以及两段现场声，在把握新闻真实性的基础上传神地传达出现场感。其次，作品善于通过一些细节描述来营造现场感，给受众一种身临其境的感觉。例如“许多人从轿车顶窗探出身子，挥舞着一面面五星红旗。老人和孩子也从车的侧窗探出头来，不住地喊：‘胜利了，胜利了。’路上堵满了车，很多人就从车上下来，加入步行的狂欢队伍”。当然，细节也不是铺陈越多越好，太多则可能导致行文结构混乱，主题不集中等问题。因此，对于细节的度的把握也是非常重要的。

广播新闻稿的一切要素需要通过语言和音响两方面加以表现。其中语言可以划分为新闻播音语言、新闻报道语言和新闻实况语言。新闻播音语言的使用使得新闻更加客观、精练，同时便于揭示新闻背景，使得新闻更具有厚重感。新闻实况语言的使用则使新闻作品的真实感、现场感更加强烈。本篇新闻稿虽然没有新闻报道语言，但是较好地处理了新闻播音语言和新闻实况语言两者之间的关系，使得整个作品有着较强的节奏感。

案例四

一堆木头与一连串车祸

荆州台　江虹　艾冀　李佳报道

（导语）

今天下午4点多钟，在荆州荆监一级公路江北段，一辆满载木头的货车突然冲出公路，一头栽进路边的树林，木头撒落在公路上，天色渐暗，这些木头成为一个个路障，非常危险。

（正文）

记者赶到事发现场看到，来往车辆只能从一条狭缝中驶过。那辆运送木头的肇事货车挡风玻璃破碎，前轮也被撞掉，草丛里还留有血迹。受伤的肇事司机已被送往医院救治。记者意识到这些散落在路上的木头就是危险的路障，如不及时清理，很容易发生二次事故，赶紧拨打了110报警。

接警的110值班民警说出事地在郊外，让记者找辖区派出所。但记者联系当地的窑湾派出所，却被告知：道路故障必须找交警处理。记者随即拨打122报警，没料想值班交警还是要记者找辖区派出所。无奈之下，记者只好在离木头50米处设立警示标志，打开采访车的警示灯提醒司机减速缓行。可就在这时候，事故还是发生了。

（同期声）事故货车司机：吓死了吓死了。（记者：没看到木头是吧？）事故货车司机：哪里看得到？下雨，哪里看得见？眼睛看到了来不及刹车。这边（又）有车。

（正文）

货车挡板被撞坏，油箱受损，幸好人没受伤。在接到记者报警一个小时后，窑湾派出所民警来到现场，他们一边联系交警来清障，一边和记者一起，将散落在路中间的木头抬到路边。不料想，又一起车祸发生了。

（现场同期声）

（同期声）事故面包车司机：没看到，走到眼前才看得到。看到时已经来不及了。

（正文）

面包车车门被撞凹了进去，车上一名乘客的眼角被玻璃碎片划伤，鲜血直流。

（现场同期声）记者对受伤乘客：坚持一下，您坚持一下。

（正文）

这边事故还在处理，那边又有车祸发生，一辆摩托车撞到木头上，司机直接飞出了好几米，当即不省人事。

（同期声）医生：这里压着了，脚脚脚，往前推，往前推。帮忙把血止一下。家属，家属！赶紧上来！

（正文）

在现场先后发生了四起车祸后，交警终于赶到了现场。由于漆黑一片，木头散落范围较大，交警随即又调来两辆警车挡在公路两头，着手清理木头。

由于夜暗，视线太差，从黑暗中冲来的又一辆摩托车，接连撞上了好几根木头，车上三人当即倒地。

（同期声）伤者：哪个知道这里有树呢？

（正文）

为了避免更多的车祸发生，交警喊来了工人搬运木头。直到晚上9点钟，现场的木头才被完全清除，道路通行得以恢复。这起连环撞车祸共计五辆车受损，六人受伤。

（编后）

发生在眼前的一连串车祸，让我们现场采访的记者心惊胆战，同时也有些自责和纠结。他们说也许多设几个醒目的警示标志，也许不先忙于拍摄采访，而是将精力放在对来往的车辆进行提醒上，这五起事故说不定能减少一些。在这起连环交通事故中，110、辖区派出所、交警的值班民警相互推诿，反应迟缓，很让人恼火！要说，像这样的工作作风和服务态度在许多职能部门都存在着，我们平常已见怪不怪了。只是，平常这样的不作为、慢作为带来的最多只是办事效率低下，惹办事的一肚子气而已。可人命关天的事故就这样发生在漫不经心的拖沓和推诿中，相关部门看了作何感想，还可以无动于衷吗？真的希望这血淋淋的镜头能够唤起他们警醒，让类似一堆木头引发一连串车祸，让人民群众生命财产遭受重大损失的事情不要再发生了！

（荆州电视台《江汉风》2010年10月26日）

【赏读】

这则由城市电视台选送的电视消息，时长为3分56秒，曾经获得第21届中国新闻奖消息类一等奖。

交通事故新闻在电视屏幕上实在是司空见惯，在电视民生新闻风生水起的今天更是如此，但是许多媒体对交通事故的报道只停留在表面化、程式化层面。惯常的模式是：某年某月某日，某地发生一起交通事故，事故未造成

（或造成多少）人员伤亡。……记者赶到现场时，现场一片狼藉（一段现场的描述和影像展示）。……记者采访了事故当事人和目击者，他们描述了事发经过（同期声）。……事故的原因还在调查之中……记者提醒：车祸猛于虎，交通安全千万不能忽视……但是《一堆木头和一连串车祸》不是一则普通的交通事故新闻。

首先，它用不到4分钟的时间将电视现场报道新闻的作用发挥得淋漓尽致。该新闻有现场、有故事、有冲突、有介入、有评论，是难得一见的现场好新闻。因为多种电视新闻表达手段的综合使用，使得作品的视觉冲击力强、节奏感明显。从故事表达的层面看，很好地把握了跌宕起伏、张弛有致的原则，从事件发生开始说起，直到问题解决，故事脉络清晰、结构完整，却又不至于啰唆，符合大众的接受心理。同时，很好地将新闻的时效性与媒体的社会责任感两者结合，称得上是民生新闻报道类题材的成功范例。

其次，记者对新闻现场的主动介入也堪称典范。记者在现场或者是以一种旁观者的身份来静观事情的发展过程，或者是以一种主观介入者的身份参与事件之中。这没有一定之规，记者应该结合现实情况作出基本判断。本篇作品的记者赶到新闻现场后，对自己的角色定位准确、清晰，对现场的驾驭和对危机事件的处置冷静、得当。不仅是新闻事件的记录者，也是推动事件向好的方向转化的介入者、参与者，充分体现了媒体工作者的人文情怀、责任意识和良好的专业素养。为了一则4分钟的消息新闻，记者能在现场守候5个小时，并且电话沟通众多的职能部门，直到问题得到解决，实属难能可贵。在新闻业界越显浮躁的当下，其良好的职业素养更有相当的参照意义。

再次，由点及面，发挥媒体的舆论监督功用。尤其值得称道的是，本篇作品并没有停留在就事论事层面上，而是特意配上编后点评以直抒胸臆，对职能部门之间的相互推诿进行了批评，由点及面、由表及里、从感性到理性，从而使得作品由单一的新闻事件上升到对社会根本问题的监督上来。作品最后的评论“真的希望这血淋淋的镜头能够唤起他们警醒，让类似一堆木头引发一连串车祸，让人民群众生命财产遭受重大损失的事情不要再发生了!”虽然并没有指名道姓对相关人员和部门进行指责，但可以说是力透纸背，很好地发挥了媒体作为“社会环境守望者”的作用。

案例五

简讯一组

全国社保基金去年投资收益率0.84%

全国社会保障基金理事会今天公布的2011年年报显示，截至2011年底，社保基金会管理的基金资产总额为8 688.20亿元。2011年，基金权益投资收益额为73.37亿元，投资收益率为0.84%。

前5月国企营业总收入超16万亿

今年1－5月，国有企业累计实现营业总收入161 943.2亿元，同比增长11.3%，累计实现利润总额8 301.3亿元，同比下降10.4%。实现利润同比增幅较大的行业为汽车行业、商贸行业、邮电通信等。

天津至秦皇岛客运专线今天全线铺轨

天津到秦皇岛铁路客运专线今天开始全线铺轨，这条专线连接京沪高铁、京津城际、秦沈客专及哈大高铁，线路全长257公里，通车后天津到秦皇岛运行时间将缩短两个多小时。

南航 国航托运行李试行“一站式”

今天起，乘坐南航经停广州白云机场、国航经停首都机场的所有中转出境旅客及部分航班入境中转旅客，试行托运行李“一站式”直挂服务，旅客只需在始发站托运行李，就可在目的地站取行李。

哈尔滨国际经济贸易洽谈会今天开幕

第23届中国哈尔滨国际经济贸易洽谈会今天在哈尔滨举行，本届洽谈会将突出“俄罗斯入世贸易和投资机遇”的主题，全力推动中俄产业链的对接。

新疆轮台县 台湾花莲地震

中国地震台网消息，北京时间今天5点51分，新疆轮台县发生5.4级地震，震中位于北纬42.2度、东经84.2度，震源深度20公里，轮台县震感强烈，乌鲁木齐等地震感明显，截至目前尚未接到人员伤亡报告。北京时间今天0点15分，台湾花莲附近海域发生5.3级地震，此后发生数十次余震，最大余震达4.9级。由于都属于浅层地震，震度较高，但范围和影响区域相对较小，无人员伤亡报告。

（中央电视台《新闻联播》2012年6月15日）

【赏读】

简讯是更为精短的消息新闻。简讯的出现大致有三点原因：其一，因为报纸版面有限或者广播电视播出时间的限制，新闻不得不追求更加精短。比如中央电视台《新闻联播》时间为30分钟，由于其涉及面非常广泛，从中央到地方，从国内到国外，从时政到社会乃至生活的方方面面，这就使得简讯需在内容上有取有舍、有详有略。其二，因为事件尚未完全终结，目前不可能作出比较完整的报道，故而只能简要报道。其三，事件发生后，记者尚未来得及做全面深入的调查采访，但是为了强调新闻的时效性，先以简讯的方式发布。

中央电视台《新闻联播》的地位众所周知，它在做好舆论引导的同时，尽量满足受众的知情权。同时，随着电视技术的发展以及新闻观念的演进，《新闻联播》在时效性和信息量上有了很大提高，这可以从两方面理解：其一，时效性大大提高，"当天"新闻所占比例越来越大；其二，单位时间内播出的有效信息量越来越大。我们从这组简讯可以看出，6条简讯中，有明确时间的占了5条，都是标明"今天"，剩下一条是对前5个月国企业绩的总结，也有鲜明的时效性，这说明新闻已经由先前大面积的隔夜新闻发展到当天新闻为主。同时，这6条简讯总时长为两分钟，平均一条为20秒，真可谓"短中短"。但是，就是这几条微型新闻，也充分利用了电视新闻的各种表达手段，如数据显示、字幕提醒、图表应用、动态画面、资料照片等，真正实现了电视新闻图文并茂、视听兼备的特点。

即便是简讯，也并不意味着对新闻要素的随意删减。我们从以上6条简讯中可以看出，新闻信息源、时间、地点、事件本质以及相关背景资料都所有涉及，真可谓是"麻雀虽小，五脏俱全"。值得强调的是，由于电视新闻具有线性播出、转瞬即逝的特点，为了让受众记住新闻的核心内容，简讯中一般对数据等要素格外强调。以上简讯的6条中有4条包含比较精确的数字，从而给受众比较深的印象。

案例六

"川汉铁路"全线贯通运营　实现百年梦想

[**新华网宜昌7月1日电（记者田建军、冯国栋）**] 7月1日，连接中国西南的一条重要快速通道（武）汉宜（昌）铁路正式开通运营。这标志着中国酝酿一个多世纪的"川汉铁路"全线贯通。当天上午，铁道部和湖北省在

宜昌东站联合举行了简短的通车仪式。

汉宜铁路东起汉口站，终至宜昌东站，穿越江汉平原腹地的汉川、天门、仙桃、潜江、荆州、枝江等地市，是国家Ⅰ级双线电气化铁路，正线全长293.1公里，设计时速200公里，是中国《中长期铁路网规划》中沪汉蓉快速大通道的重要“一横”，也是连接中国西南山区的“川汉铁路”的重要组成部分。

汉宜铁路的建成，圆了中国铁路建设的百年梦想。早在清朝末年，就有过修建“川汉铁路”的动议。20世纪初，孙中山先生在他撰写的《建国方略》里也提出要修“川汉铁路”，勾画出“川汉铁路”宏伟蓝图。詹天佑还主持设计并修建了湖北段部分线路，但终因国乱民穷而夭折。

新中国成立后，几代领导人都很关心“川汉铁路”的修建。在几经论证后，2010年12月，中国施工难度最大的山区铁路宜（昌）万（州）铁路率先建成，“川汉铁路”建设迈出了重要的实质性步伐；随着汉宜铁路建成，并与宜万铁路连通，几代人翘首企盼的“川汉铁路”终于梦想成真，全线贯通营运。

铁路部门表示，汉宜铁路建成后，将大大方便武汉地区旅客西行入川，川渝地区出行至武汉，由以前的10多个小时缩短至5小时。

汉宜铁路东连京广线、武九线、武广高铁、合武高铁和在建的京石武高铁，西接焦柳线、宜万线、武康线，中部在荆州与拟建的蒙西煤运大通道相连，在全国铁路网中起着承东启西、连接南北的重要衔接作用。

而“川汉铁路”贯通后，打开了一条中国西南地区到达华中、华东、华北、华南的快速大通道，大大缩短了东、中、西部地区的时空距离，由宜昌至北京、广州、上海等主要城市只需5—7小时，分别压缩8、9、16小时，江汉平原和川渝地区的人流、物资流、信息流通往华北、华东、华南及进入中原腹地更加方便快捷。

湖北省社科院副院长秦尊文说，这不仅便于中部地区和西南山区与长三角、珠三角经济快速对接，承接东部地区产业转移，促进产业升级，而且有利于长三角、珠三角地区的企业向中西部进军，加快东中西部地区经济进一步融合，促进区域经济发展。

武汉铁路局表示，下一步，通过连接在建的渝利（重庆至湖北利川）铁路、成渝城际铁路，动车组列车将在5小时内从武汉抵达重庆，成渝地区到上海可实现朝发夕至，进一步拉近西南地区至长三角地区的时空距离，加速促进中国大西南与中、东部经济的互补与融合。

（新华网2012年7月1日）

【赏读】

20世纪90年代中后期以来，互联网在我国得到迅猛发展。据CNNIC发布的《第30次中国互联网络发展状况调查统计报告》显示，截至2012年6月底，中国网民规模达到5.38亿。网络已经成为继报刊、广播、电视之后的"第四大媒体"。网络媒体最开始只是传统媒体在网络上的延伸，也就是传统媒体将自己的文字、版面、音频、视频等搬上互联网，人们可以通过互联网来接受传统媒体的信息，这对于传统媒体来说是一个大大的拓展。但是，从根本上讲，这还不是真正意义上的网络新闻。所谓网络新闻是以网络为主要采写平台，在第一时间通过网络来进行信息发布，受众通过网络终端进行信息接收的新闻。现今以"人民网"、"新华网"等为电头的新闻稿均属于网络新闻。当然，网络对传统媒体新闻进行一定程度的加工、整理、编排，也可以视为网络新闻。

网络信息浩如烟海。一则网络新闻要进入网民视线具有相当的偶然性，这就需要网络新闻工作者通过各种手段来吸引受众眼球。其中第一个重要手段就是在标题上下功夫。以上这则网络新闻在标题上与传统媒体没有太大区别，但是由于需要在首页吸引网民，所以要把握两个原则，其一要简洁，其二要有意强化关键要素。这条新闻强调"实现百年梦想"就是有意提醒受众注意"川汉铁路"的价值之所在。但是，作为网络新闻，这个标题可进一步简化，如"'川汉铁路'百年梦圆"。

据传播学者研究发现，人们网上阅读新闻通常采用快速阅读的方式，即力图在15秒钟时间内得到想要掌握的信息的要点。统计表明那些只阅读新闻简要内容的人是坚持阅读完全文的人的3倍，即便是阅读"全文"的读者，实际上也只阅读了全文内容的75%而已。换句话说，在网上，人们很少逐字逐句地阅读，而是快速地一览而过。这表明网络新闻中导语的重要性。首先，从网络新闻接收的习惯来看，导语一方面需要非常简明扼要地交代新闻的基本要素；另一方面需要使用短句，便于网民把握核心要义。以上这则网络新闻的导语就非常规范，可以说把新闻的基本内容都交代清楚了。其次，由于网民对新闻主体一般采用浏览的方式进行，这就使得我们在写作时要注意行文的结构。我国传统消息的写作结构是倒金字塔式，这个做法在网络新闻中得到改变。网络新闻中一般采用T字形行文结构。这在以上这则新闻中得到鲜明体现。在新闻主体中，除了导语作为总括之外，剩余各段基本上以平行的方式来进行，一段话交代一个小问题，而且每段话都非常简洁短小，可以让网民在浏览中把握大意。正因为网络新闻采用这种结构方式，才方便网民一目十行地进行浏览。

总体而言，以上这则新闻彰显了网络新闻的基本表现形态。从本质上讲，网络新闻的如此做法，更好地迎合了网民的接受心态。

第三节 消息类新闻写作要略

消息类新闻是初入行的新闻工作者必须掌握的一种体裁样式，消息类新闻的写作是为今后写作大稿子打下坚实的基础。同时，现在各企事业单位也加大宣传力度，经常以通讯员的身份向媒体供稿，因为受到版面和播出时间的限制，供稿一般也多以消息的形式刊播。因此，各企事业单位宣传部门的工作人员也需要将消息写作的基本要领烂熟于心。

大家比较熟悉的消息类新闻多为时政新闻或者民生新闻。相对来说，时政新闻属于硬新闻，新闻基本要素非常明确。许多时候时政新闻由于题材内容距离日常生活比较远，因此，不少受众对时政新闻有所排斥；而民生新闻多属于软新闻，虽然具有贴近性等优点，却容易导致琐碎化，或者因为强调新闻的趣味性而失去新闻价值等。但是，时政新闻和民生新闻之间绝对不是泾渭分明、各司其职的，相反许多时候可以相互借鉴。我们需要适当把握“硬新闻软化，软新闻硬化”的写作技巧。

“硬新闻软化”的基本技巧体现为以下几个方面：

其一，视角平民化。目前不少时政新闻多将眼睛盯住领导、盯住形式主义的会议，距离老百姓比较远。为避免这种情况，要求记者立足于百姓生计，多以平民化的视角切入，多考虑普通人的心理需求，多关注普通人的生存状态，力求使报道更具人性化、人情味和人文关怀。在具体操作中，可以适当淡化领导角色，将新闻中与百姓实际生活密切相关的内容提炼出来。前文所述《申奥成功　北京沸腾》的成功之处主要在于能够抓住普通受众的“欢腾”来做文章，使得这则新闻更具有贴近性。

其二，叙述故事化。目前时政新闻多数字文化，或者多概念口号，表面上东西比较多，实体内容相对较少。要使得新闻耐看，需要适当强化故事化元素，以故事性增强吸引力。同时，故事性增强使得人的元素进一步凸显。目前，业界强调的“新闻人物化、人物故事化、故事情节化、情节细节化”也在一定程度上可以为消息新闻写作所用。《申奥成功　北京沸腾》这则新闻，通过一些细节展示，将普通居民的兴高采烈展现出来，很好地彰显出“沸腾”的实质。

其三，“人”字当头。不少时政新闻，或者是事件引领始终，或者是“符号”贯穿首尾，或者是数字结构全篇，让受众觉得比较生疏。因此，我们在写作中适当强化个体的人，淡化作为符号化的人。从微观视角入手，找到适当的个人或事件作为新闻由头来切入，这样的新闻就和普通受众有着密切的关系，活了起来。《别了，“不列颠尼亚”》抓住英国撤离香港为视角来进行表达，既增加历史的沧桑感，又具有人性化的色彩。

其四，语言通俗化。一些专业性比较强的事件性新闻，因为涉及相关的专业名词、术语等而致深奥难懂，远离大众。我们在写作新闻稿的时候需要注意语言的通俗化和形象化。比如可以采用打比方、类比的方式来进行，实现从“直译”到“意译”。比如“100 多米高”在适当时候可以说成“三十多层楼高”，“一千公顷”可以说成“约 1 400 个足球场”。

其五，手段多样化。传统的消息类电视新闻多以口播语言对画面进行相应的解说，缺少相应的节奏变化，而且转瞬即逝，很难让受众记住相关内容。我们可以尝试多样化电视手段表达。比如同期声、现场声、记者出境、电话连线等手法的运用，图表、FLASH 等形象化手段的运用等。《一堆木头和一连串车祸》就是将电视新闻各种表达手法娴熟运用的典型。

“软新闻硬化”的基本技巧体现为以下几个方面：

其一，从现象到本质。目前不少软新闻尤其是民生新闻过于琐碎化，停留在现象的描述上，缺少大气和人文关怀。现在媒体上民生新闻经常以百姓投诉爆料、突发性事件等为主打，很难逃脱琐碎化的窠臼。我们需要对现象进行深入的剖析，进而达成对主题的提炼和本质的揭示。比如日常交通事故报道多是程式化的结构，虽然说信息容量大，现场感也强，但是经常出现在百姓面前就没有什么意思了。《一堆木头和一连串车祸》就是立足于挖掘事故的本质，因此，真正意义上发挥了媒体的监督功效。

其二，从感性到理性。当前不少民生新闻只有感性的故事层面，而缺乏深入的理性挖掘，最后只能流于故事本身的呈现，缺少了新闻的大气与人文关怀。对于新闻来说，故事是重要的，在当今生活快节奏化时代，人们越来越热衷于感性的故事，但是如果媒体仅仅停留在向受众贩卖各种各样简单的故事，实际上并没有起到引导大众的传播效果。在消息类新闻中，有意识地强化专家的本色化点评，无疑在一定程度上提升了新闻的理性色彩。同时，在新闻稿中适当使用概括性、通俗易懂的文字进行相应的表达，也可以达到理性的提升。

其三，从点到面。目前民生新闻多关注点的新闻，这带来了新闻的琐碎化，一方面消解了新闻的严肃性；另一方面也解构了新闻的重大性。例如，每年年关将近的时候，不少媒体热衷于帮民工讨要工资，因为以往的确也帮助过一些民工解决了问题，所以得到了他们的信赖。但是这种新闻年年出现在媒体上还是需要我们进一步深思的。这说明许多时候我们只是为了做新闻而做新闻，我们的报道对社会的平衡性发展并没有产生实质性的作用。如果我们能够引导受众对新闻事件在感性认知的基础上进一步理性思考分析，进而带动某项制度的出台或者改进，能够杜绝类似事情的发生或者保证类似权益得到保护，那么才能真正意义上发挥新闻的沟通功能。因此，在写作消息类新闻时，要注意“典型性”与“群体性”的关系。

其四，从以叙述为主到述评结合。当下不少民生新闻热衷于故事，而且故事一讲到底，缺少新闻本质的提升，同时，还使得新闻雷同现象明显。在这个时候，如果媒体能够追求独家新闻是最好不过的，但是当下信息交流如此便捷频繁，想追求独家新闻的难度越来越大。同时，对于大多数受众来说，一则新闻早知道晚知道一两个小时，区别也不是很大。所以我们对独家新闻中“独家”的理解应当从“独家题材”过渡到“独家观点”。“独家观点”可以说是制胜法宝，它依赖于记者或者主持人的独特的人生经历和人生视角。因此，在故事的基础上进行相应的独家点评，使得消息类新闻在拥有广度的同时也拥有厚度。

随着社会的发展以及新闻题材的进一步细化，除了日常的时政新闻和民生新闻（社会新闻）外，还出现了经济新闻、体育新闻、法制新闻、娱乐新闻等多种门类。在写作这种题材的消息新闻时，除了要掌握上面所说的要领之外，还需要懂得一些专业基本知识。比如要写好体育新闻，虽然不能要求记者一定能成为某项或某几项运动的爱好者、发烧友，但是这些体育比赛的基本规则还是应该知道的。要写作法制新闻，也需要对我国主要法律有所了解。只有这样，才不至于在新闻写作中出现常识性错误，同时也有助于新闻写作更具生动性和通俗化。

第四节　常见问题举隅

消息类新闻虽然因为最常用而为大家所熟知，但是要出精品很难。事实上，在消息类新闻写作中经常出现各种各样的问题，甚至大媒体也不能完全避免。下面简要分析几种容易出现的问题以供参考。

一、连续报道的“终结”问题

深度报道是一种系统反映重大新闻事件和社会问题，深入挖掘和阐明事件的前因后果以揭示其实质和意义、追踪和探索其发展趋向的报道方式。由于消息类新闻具有“短、频、快、活”的特点，因此也为深度报道所青睐。深度报道中的连续报道和系列报道均由多条消息类新闻构成。我们这里特别谈谈关于连续报道的问题。

连续报道是对正在发生、发展中的具有典型意义或者重大影响的新闻事件在一段时间内给予及时而又连续的报道。它是以时间顺序为线索的多次新闻集合。在特定新闻事件演变发展过程中，新闻记者不断以事件变动为新闻依据，分段、分层次地将事件发展中有价值的新动态及时传递给观众，这是一种追踪式的动态报道。连续报道多用于重大事件，重大事件正因为媒体的连续性报道而引起受众关注。我们需要思考的是，受众对重大事件从不关注到比较关注再到非常关注，这个过程是通过媒体的介入而培育起来的，目前大多媒体在这方面都做得比较好。但是，受众又如何从“非常关注”再到“不太关注”最终到“不再关注”？不少媒体的做法却不太令人满意。这实际上涉及连续报道的“终结”问题。下面的一则小论文对这一问题提出了相应的思考。

从常态到非常态：关于连续报道的“淡出”问题①

——以央视《新闻联播》“嫦娥一号”报道为例

所谓连续报道，就是对同一新闻事件或者新闻人物（大多数是新闻事件）在一定时间内进行连续的不断追踪最新信息的报道方式，它是当今各种媒体进行深度报道的一种重要形式。连续报道具有这样一些特点：报道对象是已经发生或者正在发生的重大新闻事件；在事件的报道上具有时间上的连续性，又以揭示事件的最新进展为要义；体裁形式可以多种多样；报道内容具有不可预知性。正因为连续报道具有这样一些特点，它才更吸引受众。在时间上的连续性，在内容上的不断更新性，在报道形式上的多样性，这些都构筑了连续报道的独特魅力。

① 本部分内容原载于《采写编》2008 年第 4 期。

在老百姓生活中占据非常重要地位的中央电视台《新闻联播》策划了很多连续报道，例如2001年的“中美撞机事件”、2004年的“11.21包头空难事件”、2006年“青藏铁路通车”等都是有着广泛影响力的连续报道。这些连续报道揭示了事件的来龙去脉、事件的最新发展动向、事件的最终结果、事件的重大意义等，使得观众对整个事件有了一个完整的了解。连续报道同一般消息类报道最大的不同便是出现频率高，同时信息不断更新，报道不断深入，吸引受众从无意注意变成有意注意进而强烈关注，从而使得信息的传播有着更大的受众市场。但是，我们需要思考的是，进行连续报道，由于持续时间相对较长，受众已经培养起自己的接受习惯，也就是每天关注该事件已经成为一种常态，但是如果一旦这个连续报道中断，就使得观众的接受转化为一种非常态的状况。从“常态”到“非常态”的过渡非常重要，如果处理不当将会产生一些始料未及的问题。我们以央视《新闻联播》中关于“嫦娥一号”的连续报道作为例证进行分析。《新闻联播》关于“嫦娥一号”卫星的报道大致如下：

10月24日：我国首颗月球探测卫星“嫦娥一号”发射升空

10月25日：“嫦娥一号”卫星第一次变轨成功

10月25日：绕月探测工程负责人表示：“嫦娥一号”成功发射为探月工程打下坚实基础

10月26日：“嫦娥一号”卫星近地点变轨成功

10月27日：高质量 高标准 高要求 确保“嫦娥一号”正常运行

10月28日：圆满完成“嫦娥一号”发射任务 火箭试验队员返京

10月29日：“嫦娥一号”卫星第二次近地点变轨成功

10月30日：“嫦娥一号”卫星飞行远地点高度首创我国航天飞行测控新纪录

10月30日：“嫦娥一号”上第二个科学探测仪器开机工作

10月31日：“嫦娥一号”卫星第三次近地点变轨成功

10月31日：专家高度评价嫦娥一号卫星顺利进入地月转移轨道

11月01日：国防科工委宣布“嫦娥一号”卫星各系统状态正常飞行轨道正常

11月02日：“嫦娥一号”卫星成功实施第一次中途修正

11月03日：“嫦娥一号”运行精准 最后一次中途修正取消

11月04日：“嫦娥一号”卫星明天实施首次近月制动

11月05日：胡锦涛、温家宝致电祝贺“嫦娥一号”卫星第一次近月制动取得圆满成功

11月05日：“嫦娥一号”卫星顺利进入环月轨道

11月05日：新闻特写：绕月成功这一刻

11月06日："嫦娥一号"卫星第二次近月制动成功
11月07日："嫦娥一号"卫星完成第三次近月制动顺利进入工作轨道
11月08日：我国计划于2009年发射火星探测器
11月08日：自主创新助推嫦娥奔月
11月10日："嫦娥一号"展开各项在轨试验
11月12日：远望二号测量船圆满完成"嫦娥一号"测控任务返回祖国
11月17日：中国航天发射进入快速发展期
11月18日："嫦娥一号"飞行良好 探测仪器明起开机
11月20日："嫦娥一号"卫星首次开启16项有效载荷

从10月24日央视《新闻联播》播出"嫦娥一号"第一条新闻开始，在将近20天的时间里，进行了持续不断的连续报道，基本上都是对"嫦娥一号"最新情况进行跟踪报道，体现了连续报道的最本质特征。每天晚上，大家通过《新闻联播》来了解"嫦娥一号"已经基本形成习惯。但是自从11月中旬以来，中央电视台关于"嫦娥一号"的新闻基本不见。本来从事高科技的研究有着很大的风险，成功与失败都有可能，成功了自然能够振奋国人，失败了虽然是悲剧，但是也能够深深地打动人，当年美国的"哥伦比亚号"航天飞机爆炸的那一刻，全世界的人们都陷入深深的悲痛之中。由于我国发射"嫦娥一号"卫星恰逢党的十七大胜利闭幕，因此不可避免带有"向党的十七大献礼"的政治含义在其中。于是便有人推测，是不是因为"嫦娥一号"赶时间而出现了什么故障，更有人推测"嫦娥一号"是否已经脱离了我们的控制而不知所终。这种猜测最开始由网民贴在中国最有名的网站之一凯迪社区上，在很短时间内就有很高的点击率，由于众多的网民的回复（当然，网民的身份和心理动机是有着很大分野的，例如，有别有用心者，有实在关心者，有不明真相瞎起哄者等）而引起相当的关注，继而被国内外其他媒体转载产生更大的影响。

对于"嫦娥一号"卫星的连续报道本来是比较成功的，谁也没有料到后来会出现诸多版本的谣言，甚至在官方公布了"嫦娥一号"卫星传回来的照片，也有人公开质疑照片的真实性，再加上10月份以来闹得沸沸扬扬的"华南虎"事件，更是让人们产生了大胆的怀疑。尽管国家通过各种方式来传达关于嫦娥一号的消息，但是效果甚微，颇有"狼来了"的架势：这嫦娥一号现在究竟如何，大概谁也说不清楚了……

我们来具体分析一下中央电视台《新闻联播》关于"嫦娥一号"的报道。2007年10月24日，《新闻联播》推出了关于"嫦娥一号"的第一条报道，其中有这样一些话语：“嫦娥一号是我国自主研制的第一颗月球探测卫星，它的发射成功，标志着我国实施绕月探测工程迈出重要一步，为党的十七大胜利召开献上了一份厚礼。”这篇稿件因为篇幅不大，而且在编排上处于较后位置，所以当时引起人们的关注并不是特别强烈。10 月 25 日关于嫦娥一号的位置就提前了，而且在动态新闻的后面又跟上一条人物专访，为嫦娥一号进一步定性：“此次绕月探测卫星的成功发射，为我国绕月探测工程的进一步实施打下了一个坚实的基础。”其后，《新闻联播》每天都有关于“嫦娥一号”的动态新闻，一直到 11 月 10 日，又推出一条“嫦娥一号展开各项在轨试验”，可以说，收看“嫦娥一号”已经形成人们的一种习惯，已经从一种偶然现象变成一种常态现象了。不仅于此，大家还通过平面媒体、网络等多种样式了解“嫦娥一号”，从而把对“嫦娥一号”的关注推到最炽热状态。但是从 11 月中旬以来，中央电视台的《新闻联播》基本上再没有了“嫦娥一号”的新闻，同时，就是其他媒体上也鲜有这方面的报道，在这个时候，凯迪社区上一张本来是带有强烈疑问的帖子“嫦娥失踪了吗”便引起人们强烈的关注，一时间点击率飙升，一个疑问句在传播过程中也逐步变成肯定句……甚至在后来媒体公布了“嫦娥一号”传回的图片后，仍然有诸多网友质疑图片的真实性，从这个角度看，关于“嫦娥一号失踪”的消息仍然在影响着人们。出现这种情况，是媒体始料未及的。中央电视台在 11 月 10 日播出一条“嫦娥一号展开各项在轨试验”的新闻，分明是在告诉或者提醒观众在不久就有新的信息发布，而事实上几天的“嫦娥一号”信息空白就对这个带有较强预测性的新闻形成了否定，因此各种版本的谣言不胫而走是在所难免的了。

以上这则案例说明，媒体在进行连续报道时正确处理好观众的接受常态到非常态的转变非常重要。我们借用一个词语，媒体在处理重大事件的连续报道时需要注重“淡出”技巧。“淡出”本来是镜头剪辑方面的专业术语，是指画面由明晰渐渐隐去，变为全黑，相当于舞台上的“幕落”，借用到这里是指连续报道如何做好收尾工作，使得人们从强烈关注某一新闻事件或者新闻人物逐步转变为不太强烈关注，最后到不再关注或者基本不再关注的程度。从现实操作的层面讲，连续报道的“淡出”大致有两种方式。第一种是“终结淡出”。这种做法主要是针对一些突发性的事件新闻，从事件发生开始着手，等事件差不多解决了，就将事件的最终结果告诉受众，表明这一事件已经告一段落，以后媒体的关注重心要转移了。例如，在 2001 年 4 月“中美撞机事件”上就是如此，从 4 月初开始，很多媒体都对这一事件进行了连续报道，大致模式是从撞机这一“突发”事件的开始切入，最后到“美方道歉，我方放人”为止。一方面交代了事情的始末，严正声明我国的立场，另一方面稳定了全国老百姓的“恶美”情结，做到了有理有利有节，受到大多数受众的赞赏。第二种方式是“逐步淡出”。从心理学“遗忘曲线”的角度考虑，适当间隔就会加速遗忘程度。例如，连续报道为了引起人们的强烈关注，一般是每天都进行跟踪报道，以使人们了解其方方面面的情况，到媒体认为需要终结连续报道的时候，可以在适当的时候间隔一两天刊播一次相关的信息，然后逐步加大间隔时间，直到不再出现相关信息为止。同时，在间隔出现相关信息的时候，媒体对该事件或者人物的报道力度也需要逐步减弱，例如从篇幅、位置等方面进行适当调整，甚至可以直接表态说“本事件如果有新的信息，我们将适时进行报道”，这种模糊性的话语肯定比那些言之凿凿的话语更有利。

媒体只有做好连续报道的“淡出”工作，使受众的接受心理自然地从常态过渡到非常态，才能更好维护媒体环境的和谐与平衡。

二、消息类新闻的“时间”问题①

目前学术界关于新闻的定义有很多种说法，但是大家一致比较认同的则是陆定一的观点：“新闻是对最近发生的事实的报道。”但是，随着社会的不断向前发展，新闻的“时间”在不断拓展，我们已经有了对正在发生的事实的报道，如连续报道、现场直播都是对“正在进行时”的事实的介入。不仅如此，现在媒体对即将发生或者将来可能发生的事件也有不同程度的介入，预告性报道和预测性报道就属于这种情况。预告性报道和预测性报道一般多属于消息类新闻。从这个层面上讲，我们是否可以将新闻的定义修正为“对最近发生、正在发生、将来发生或者可能发生的事实的报道”？这样，新闻的时间观念就得到大大的拓展，既关注过去，也关注现在，甚至还关注未来，但是这并不意味着新闻的时间可以无限拓展。

预告性报道和预测性报道都是着眼于未来时间，但是也有着明显的区别。预告性报道是指已经确定什么事件将于什么时间在什么地方发生，甚至大致流程也是非常清楚，唯一需要的便是届时到新闻现场去发掘补充若干细节了，可以说“万事俱备，只欠东风”。预告性报道一般会使用“将来时间”，例

① 本部分内容参考原文载于《写作》2012 年第 4 期，题目为《“或新闻”之惑——关于预测性报道写作的一些思考》。

如，《亚运会将于11月在羊城盛大开幕》、《机场燃油费明起上调》、《央行决定明日加息》、《美国新总统明日揭晓》等，但是这个将来时间是比较明确的。预测性报道虽然也用“将来时间”，但是更多立足于当下，对将来的发展趋势所做的判断、预测、分析或者期盼，这种报道包含有一定的科学成分，同时也一定程度上反映了社会心理，因此，在当下新闻媒体中也占有一定的分量。预测性报道多在新闻标题中采用“或”、“或将”、“拟”等词语来强化事件趋势性与不可确定性，而且随着媒体的发展，在标题中体现“或”的新闻越来越多，如《我省天气转凉，“秋老虎”或不再来》、《姚明退役　NBA中国市场或衰退》、《北京20年以上二手房停贷，城区房价或将下降》、《世界银行：非洲经济或稳增20年》等，我们姑且将这种新闻总称为“或新闻”。

“或新闻”之“或”，按照《现代汉语词典》提供的解释，应当是或许、也许的意思。“或”是未定性的将来时，“将”则是既定性的将来时，两者存在着本质的区别，这也体现出预告性报道与预测性报道的差异性。“或”既然有“或许”、“也许”、“可能”的意思，那么也包括“或许不”、“也许不”、“可能不”的成分在其中。同时，“或新闻”许多时候将“或”和“将”同时使用，会使得新闻本身产生更多的含混性。由于“或新闻”在现实操作层面并不是很成熟，许多受众在接受的时候会产生相当多的困惑。这些困惑在具体实践中体现为以下三种情况：

第一，体现为预测时间战线太长。

根据时间长度，“预测”可以分为短期（近期）、中期、长期三种。长期预测的期限一般在十年或十年以上；中期预测的期限一般在五年左右；短期预测的期限通常在一年或短于一年。可以说，这个预测的“时间战线”拉得越长，其确定性成分就越小。从这个层面上讲，一般短期预测比中长期预测的可行性要大。在现实媒体操作中，有些记者更愿意做中长期的预测性报道，似乎越是这样越是能够体现媒体的前瞻性。比如《未来20年人民币利率趋势预测》、《印度官员预测：印度未来20年经济增速将全球最快》、《中国2030年拟建20个大都市圈》等。我们自然不能说这些预测毫无根据，也不能说这些预测性报道没有任何意义，随着世界的政治、经济、文化的发展，其中潜在的各种不稳定因素是不可忽视的。这样的报道不但不能给受众以明确的引导，反而极有可能让受众更加困惑：这以后到底如何呢？而且，现今受众在选取“或新闻”的时候观念也趋于务实，因此，记者在写这些稿件的时候要更加认真，媒体在选取这些报道的时候也需要审慎。

第二，体现为新闻信息源的相对缺失。

对于“或新闻”来说，既然有“或许”、“也许”、“可能”存在的空间，必然有存在的前提。一般来说，与“或新闻”相关的新闻动词主要有“预测”、“推测”、“估计”、“分析”等词语，而这些动词的主语如“相关专家”、“业内人士”、“某权威人士”、“相关部门”等就一定程度上构成了“或新闻”的新闻信息源。但是，这些动词的主语即新闻信息源一般都是一些模糊的信息，具有不确指性，这就使得新闻本身可能出现两种问题。其一，是虚假新闻。因为新闻信息源模糊，就可能使得一些职业素养较差的记者为了眩人耳目而刻意编造假新闻，甚至是“自说自话”。其二，新闻的权威性下降。毕竟无名“专家”、“权威人士”还是没有如雷贯耳的“专家”、“权威人士”对大众那样有说服力。虽然“或新闻”是一种预测性报道，将来未必一定能够成为现实，但是如果新闻源明晰的话，自然一定程度上增加受众的认可度。如果一个媒体中的预测性报道在经过实践检验后，“或许”、“也许”成为现实的可能性太低且如果这种情况出现过多的话，其公信力必将受到很大影响。因此，在进行“或新闻”写作的时候，我们应当尽可能地将信息源明确化。在现实生活中有一些专家喜欢发表一些不负责任的预测性言论，这使得我们在“或新闻”写作中面临很大的压力，因为这与我们要求“明确的信息源”有冲突。面对这种情况，我们一方面需要仔细甄别信息，结合现实判断其可能性的程度；另一方面，我们更应当将专家的身份明晰化，这可以一定程度上发挥大众传媒的监督功能（假如某一专家在媒体上出丑的次数过多的话，自然一定程度上会成为众矢之的），减少其预测的“零可能性”。

第三，体现为话语前提或新闻背景的缺失。

关于“或新闻”写作，我们不能仅仅停留在对专家身份的揭示以及专家观点言论的体现上，更要体现“专家”、“业内人士”、“权威人士”在什么前提下进行“预测”、“推测”、“估计”、“分析”等。只有将这个话语前提搞清楚，我们的预测性新闻才能提高“命中率”。从现有的“或新闻”来看，成为预测的话语前提的内涵应当包括“现状”、“背景”等基本材料。只有立足于“现状”或者“背景”的“预测”、“推测”、“估计”、“分析”才具有一定的科学性，它们是“趋势”、“未来”等存在的必要前提。但是，在不少“或新闻”中，缺少对这个话语前提和新闻背景的揭示，这使得新闻的确定性大大降低。没有预测的话语前提或者相应的新闻背景，这个“预测”、“分析”等只能成为无源之水、无本之木。光停留在拥有“话语前提”或者“新闻背景”只是一个基本环节，对其更高的要求是话语前提或新闻背景必须具有科学性。例如，某省级电视台筹划春节联欢晚会，其制片人有邀请刘德华的想法，该省某媒体就发表这样一则新闻：《刘德华或出席我省春晚》。虽然这则新闻预测时间不长，有明确的信息源，也有话语前提，但是这条预测性新闻还是会让受众困惑。这条新闻的话语前提是“制片人有邀请刘德华的想法”，但是这只是该媒体制片人一厢情愿的想法，如没有付诸实际，则可以说其可能性基本上等于零。媒体如果发布这种不具有科学性“话语前提”的新闻，自然很难让受众信服。

随着政治经济文化的进一步发展，人类社会的复杂多变性将会越来越明显，“或新闻”一定程度上迎合了人们对未知世界的想象，因此，有一定的受众市场。但是媒体的功能不光是做一个简单的预测，更多的时候要担当起“公共环境守望者”的角色，这就要求媒体工作者要尽量提高“或新闻”可能性的成分，而不是让受众一而再、再而三地困惑。在这一目标下，“或新闻”应当力保三个基本原则毫不放松：其一，要“近视”不要“远视”，多做短期预测，少做中长期预测；其二，要言必有出处，必须有明确的新闻信息源；其三，要言必有据，必须有符合科学性的话语前提或者新闻背景。这样，“或新闻”才会减少受众的困惑。

第二章
通讯类新闻作品赏读

内容提要

通讯类新闻作品的基本特点：新闻的时效性；表达方式的多样性；内容的完整性；鲜明的主题性——通讯类新闻作品赏读——通讯类新闻作品写作要略：人物通讯写作要略；风貌通讯写作要略；事件通讯写作要略；工作通讯写作要略——常见问题举隅：盲目模仿，主题缺乏提炼；夸大其词，通讯广告化；内容程式化，语言套路化；通讯报道文学化。

第一节　通讯类新闻的基本特点

通讯是运用叙述、描写、抒情、议论等多种手法，具体、生动、形象地报道国内外新近发生的新闻事件或近期出现的典型人物的一种新闻报道形式。它是报纸、广播等媒体常用的新闻文体。通讯包括人物通讯、事件通讯、工作通讯、风貌通讯等四种类型，它和消息一样，要求及时、准确地报道生活中有意义的人和事，但报道的内容比消息更具体、更系统。

通讯是从电讯中分离出来并逐步发展成为独有风格的新闻体裁，如果说消息主要表现新闻报道“5W”中的“谁（who）”、“什么事（what）”，通讯则重在挖掘事物“如何（how）”和“为什么（why）”这一信息层次上，因此，通讯具有消息不可替代的优势。通讯能够详细、生动地反映我们时代的风貌、人物，具有较强的感染力和影响力，无论是在我国的革命战争年代还是在社会主义建设和改革时期，通讯在深入、生动地宣传党的路线、方针、政策方面都起到了很重要的作用，尤其是在我国的社会主义建设和改革时期，通讯在反映新人、新事迹、新成就、新风貌、新问题、新经验方面，起到了引导舆论、教育群众的重要作用。

一般来说，通讯有四个特征，即新闻的时效性、表达方式的多样性、内容的完整性以及鲜明的主题性。

一、新闻的时效性

通讯作为最重要的新闻体裁之一，新闻性显然是基本的特征。而通讯的新闻性中，真实、时效、思想性及典型意义构成了它的不同层面。首先，在通讯报道中，不管是人物、事件，还是生产经验、成果、工作情况、社会风貌等，都必须是真实的，不允许虚构或“合理想象”，这一点一定要和文学作品区分开来。其次，通讯的报道对象应该具有一定的思想性和典型意义，能够起到教育群众、引导舆论的作用。第三，就报道时效而言，通讯虽不像消息那样快速、敏捷，有时甚至为了将人物、事件报道详细、完整而将报道的篇幅拉得很长，但是，通讯也必须及时，注意报道的时效性，不能将“过了气”的新闻事件拿出来进行通讯报道，这样让人读起来就觉得通讯没有新意。

二、表达方式的多样性

通讯尤其是人物通讯在表达方式上具有一定的文学色彩，消息在表达上主要是平面的叙述，语言追求简洁、明快、准确，而通讯则可以借用多种文学手段，如描写、抒情、对话、比喻、象征、拟人等修辞方法，将新闻事件或新闻人物写得更加形象、具体，增强通讯的可读性。一般来说，通讯在语言和表达方法上都具有一定的文学性，它在描述新闻事实的人和事中，善于再现情景，使新闻事件或人物更加形象和生动，给人以较强的立体感和现场感。此外，通讯虽然一般以第三人称叙述为主，但在“见闻”、“采访记”等通讯报道中，也常常采用第一人称，不过其中的“我”主要起见证人或采访线索的作用，通讯报道中第一人称的使用往往让读者有一种亲切感和真实感。

三、内容的完整性

和消息相比，通讯往往会比较完整、具体地报道人物或新闻事件。消息侧重写事，叙述简明扼要，一般不展开情节。通讯在写人物和新闻事件中材料比消息更加丰富、全面，其容量比消息也更加厚实、充足。通讯要求详尽、具体地报道新闻事件的经过，演绎人物的命运，充分展开新闻事件的情节，甚至大量地描写细节和场面，大大增强了新闻的生动性和可读性，同时也使得通讯报道的内容更加完整、具体。

四、鲜明的主题性

通讯要求报道新近发生的有重大意义的新闻事实，其中包括新时期涌现出来的先进人物、典型事件、可贵经验等，紧密配合当前形势和中心工作。从这个意义上说，通讯通常是以弘扬主旋律的正面报道为主，进而发挥它为时代发展、社会进步的服务功能。当然，通讯并不回避问题，有些通讯以揭露社会问题为主，它们也体现出鲜明的主题性，最终目的是解决问题，促进社会的和谐与稳定。

第二节　通讯类新闻作品赏析

按照题材内容来分，通讯大致可以分为人物通讯、风貌通讯、事件通讯、工作通讯等四种。题材内容不同，在写作上呈现出各自不同的特点。在掌握基本特点的基础上细心揣摩它们的写作技巧，会进一步提升我们的新闻写作能力。本节依次选择四个案例进行相应的解读赏析，以彰显其本质特点与基本写作技巧。

案例一

警察任长霞

[**新华网北京6月2日电（记者朱玉、程红根）**] 高中毕业，任长霞要报考警校。可她1.57米的个头，达不到警校女生1.60米的最低录取线。她穿上高跟鞋，再穿上能盖上鞋跟的长筒裤，昂首挺胸去体检，量身高时使劲往上拔着，恨不能把头发丝都乍起来……

她终于如愿成了警察任长霞。

如雷

2001年，任长霞来到距郑州几十公里开外的登封市公安局当局长，领导与任长霞任前谈话：“你一踏上登封的土地，登封62万老百姓的治安安全、他们是否有交通事故、登封那么多古迹闹不闹火灾，全是你的责任！”

登封在河南有名的乱，著名的嵩山少林寺在辖区内，流动人口远多于本市人口，破案率不高，可发案率却不低。前几任公安局长管理手法或者过硬，或者过软，登封市公安局在全市行业评比连年倒数第一。

在人们的印象中，警察本身就是个男人的职业，女的当公安局长，任长霞在河南是头一份儿。

“郑州没人了？派了个妇女来当局长！”公安局的警察嘱咐门卫：“把门看严点，别弄得她再出点事！”

任长霞知道领导相信她的能力，往她身上压担子，但开始她挺难。

从整治队伍入手。晨练，任长霞把警察们拉到众目睽睽的大街上跑步去，一跑5公里，一跑3个月，一群男人中间，气喘吁吁地跑着的是只到男干警肩膀的任长霞。

开除辞退不称职民警，面向社会开门评警，头三脚踢下来，干警们变成了一支虎虎有生气的队伍。

任长霞想让手下的干警们外练筋骨皮，内练一口气，把人民警察的精神头在全登封市人民的面前提起来，让老百姓看到，这是一支可以捍卫他们利益的队伍。

当警察最根本的是要破案，发了案子总破不了，老百姓怎么相信警察在为群众干活？任长霞对民警讲，破不了案，群众把公安局叫做“粮食局”，这是我们的耻辱！

像是给任长霞下马威，她上任后几天内登封市大案频发。

按警察的话说，贼“挂相”，他们可以只溜一眼，就从人群中揪出几个小偷来；但是，很多警察也“挂相”，哪怕是只穿着便衣，警察味儿也憋不住地冒出来。

任长霞也挂警察的相，她的眼神厉害。

面对着犯罪嫌疑人时，她端庄，但一股“狠”劲儿，从她的眼神中流露而出，带着法律的威严直达犯罪嫌疑人的内心，居高临下，排山倒海！

任长霞把这种狠劲用在了破案上，登封市西岭连续强奸、抢劫、杀人案，拖了5年。当地凡小女孩上学，不管远近家长都得接送，年轻女子出门时必须三五人结伴。任长霞急了，她和另外两个女侦察员轮流换上从地摊上买来的土气衣服，装扮成农村妇女，连续在案发现场附近走了3个多月，终于，凭一条线索抓住了犯罪嫌疑人。

这个家伙共作案26起。案子破了，老百姓高兴哇，十里八村的人都跑来，趴在房顶，爬到树上，看这个坏蛋嘴脸。

而王松则是任长霞搬掉的一块大石头。

提起王松，登封市无人不知，这是一个头上有优秀企业家、劳模等大量光环的黑恶势力头目。他赚了钱后纠集家族成员和打手，在白沙湖一带横行乡里，使上百人受到伤害，7人丧命。哪怕是割麦时一身大汗，周围群众也不敢在湖水里洗澡，生怕王松手下又以禁止群众捕鱼虾的名义打人。

任长霞当局长后不到1个月就收到了控诉王松的群众来信，信尾有一百多名村民的联合签名和血红的指印。

群众一开始并不敢相信任长霞，王松有钱有势，任长霞初来乍到，谁知道她坐在哪边？任长霞一连找了一个受害人的父亲三次，他都不敢说实话。第三次，任长霞说：“王松，我抓。”

任长霞得到了王松犯罪的证据。

得到上级领导的支持，任长霞动手了。她先抓了王松的爪牙。王松以为可以试着打通关节，他带着一叠钱来到任长霞办公室，结果却戴着一副手铐出来——任长霞知道他来，早有埋伏。

而后，王松黑社会团伙65名帮凶全部落网，此案被列为2001年中国十大涉黑案件之一。

消息传开，登封、禹州两市群众奔走相告，连唱了三天大戏。

擒大要犯，抓小毛贼，破丢失耕牛案，铲除“砍刀帮”，雷鸣电闪、手脚生风地连破了一堆大案后，登封的社会治安立竿见影地好转，老百姓的摩托车不锁就敢放在街上过夜，任长霞在登封人心里变成了雷震嵩岳的女神警和“任青天”。

其实在郑州市公安局工作时，任长霞就屡建奇功，以铁腕治黑闻名。

黑恶势力犯罪不同其他个体犯罪，他们往往由众多亡命之徒组成，拥有枪支、砍刀等，是典型的暴力犯罪团伙。

身为打黑专案组领导，任长霞接受的第一个任务是打掉郑州市一家批发市场的一个豢养着100多名打手的黑势力团伙。

黑势力绑架了任长霞丈夫的弟弟，把他装在麻袋里扔在马路上，这更激起了任长霞的愤怒。在郑州打黑两年，她把350多名涉嫌杀人、抢劫等重特大犯罪嫌疑人送上了法庭。

任长霞好强，向来只争第一，她的宗旨就是逢一必争、逢冠必夺。她好唱豫剧，首选就是那段《谁说女子不如男》，唱起来一板一眼，连后面的拖腔也唱足唱满：“这女子们哪一点不如儿男——咹咹咹咹咹……”

没有点须眉气概，怎能产生这样的警中花木兰！

如火

各种原因聚集，登封市的控申案件特别多。

控申工作说白了就是接待老百姓上访告状，有人戏言，宁上一次战场，不接一次上访。

任长霞不怕告状的多。她说，公安，公安，心中只有“公”，人民才能安；警察，警察，前面为什么加“人民”二字？就是让我们时刻牢记自己是人民的警察。

到任3个月后，任长霞把控申接待室建立了起来，制定了局长接待日制度。2001年7月19日，任长霞接待的第一天，她从早上8点开始，中午拿两个烧饼，边吃边听，夜里11点，最后一位老乡结束了对任长霞的诉说……那天，她一共接待124位来访者，脸颊都说木了。

任长霞的第二次接待日，涌来200多位老百姓。任长霞把他们安排在会议室等候，大会议室坐得满满的，好像是春运期间的长途汽车站。

陈秀英受到别人的重伤害，伤人者跑了。

看了陈秀英的材料和伤情照片，任长霞把手伸进了陈秀英的乱头发里。

“呀！”任长霞大声地惊叹了一下，她摸到了头骨上碗大的窟窿。

“抓人，坚决抓人！”任长霞说：“你回去吧，路上慢慢走，在街上吃点东西。”

她掏兜：“给你拿点钱。”

陈秀英一路哭着回了家，不单是为自己的事有人管，而是没想到“恁大个官对老百姓恁好”。

君召乡1990年有两个女孩子在看电影回来的路上被奸杀，案子始终未破。十几年来，被害姑娘的父母上百次地上访，把状告到了北京。

任长霞把卷宗翻了个底朝天。一天，一位老上访户找到她：“任局长，有件事，我憋在心里十多年了，一直没对人说过。看到你天天为我们操劳，再不说我对不起你……”等他说完，任长霞明白了，这正是那桩强奸杀人案的线索！

从青丝熬到了白头，爹妈终于盼到了这一天！他们老泪纵横，跪在了含恨而去的女儿坟前……

老百姓感激任长霞。他们刻了功德碑，拿上镐头铁锹，带上锣鼓家什，要把披红戴花的石碑竖在市中心的嵩山广场上。

石碑是专为任长霞而刻的：“有为而威邪恶畏，为民得民万民颂。”

任长霞赶去了：“立碑？那不中！”

群众不干，“你这人啥事都讲理，这事你办得没有道理，这是俺万把人的心意，俺就立这儿！”

任长霞没辙了。只好让群众把碑立在公安局里的背静地方。

群众前脚走，她后脚命令：“拆掉！”

老百姓朴实。他们说，任局长为俺们办了事，没拿俺一分钱，没吃俺一嘴东西，还不让俺们送块匾？

任长霞在任3年，她接待群众来信来访近3 500人次，平均一天3个；公安局门前经常因为送匾送锦旗的唢呐声而热闹非凡。

有的老百姓干脆直接把匾送到郑州市公安局去。送匾的人太多，市局的领导批评任长霞：“你弄这表面文章干啥？”

任长霞也不解释，“我回去制止！”

其实任长霞这个公安局长不仅仅管的是公安局的事，只要觉得是分内的事，她全管。

大雨天，任长霞走进了崔疙瘩村的小学。

土教室已经塌了一角，墙上还有个大洞。天上的雨泡着屋，屋里的水泡着孩儿，教室里的积水已经有20厘米深，村里的孩子就在这样的环境里上课。

任长霞平时说话简洁，那天话更少："停课！"

一个半月后，由登封市公安局干警捐助的崔疙瘩村希望小学盖了起来。

煤矿出了事，几名矿工丧生，任长霞在现场处理事故。一具遗体旁，只有一个10岁出头的小姑娘抚尸痛哭。任长霞问村干部："怎么回事？"

这是一个先因疾病失去母亲，又失去父亲的孤女。几天过后的六一儿童节，孤女在学校见到了任长霞，也收到了她带来的礼物。

任长霞从此多了个靠她抚养的女儿。

天下大事必作于细，所有成功的大事都是从做小事积累起来的。任长霞做好了群众眼里是塌天大事、而很多干部当作芝麻小事的事情。

任长霞说，老百姓厚道啊，你给他5分，他给你10分。

如水

女人是水做的，任长霞也是水做的，只不过，她在水外面包了一层薄薄的硬壳——警察是一个风格很硬朗的职业，任长霞如果不把自己的外壳磨得粗糙一点，没法在这个职业中打拼。

可一有个风吹草动，任长霞的女人本性就露出来了，水做的人嘛，哭！

局长接待日。人太多，任长霞把群众集中："我对大家很同情，我们一定抓紧解决，抓紧查处！"

说着，她哭了，眼泪噼里啪啦地掉；上访的群众也哭，哭成一团。

抓住了一个强奸杀人的犯罪嫌疑人，他的妹妹抱着嫌疑人的孩子在警车旁哭。

任长霞走过来，"把手铐给他打开"，她让父子二人告别。

犯罪嫌疑人抱起了自己3岁的骨肉，今朝一别难再见，没了妈的孩子眼见着就要没有爹了！他悔。

老乡们都忍不住泪，"作孽呀！"

任长霞带走了当爹的，又把一百块钱塞到了孩子的亲戚手里，叮嘱："以后这孩子有困难来找我。"

那天，很多人都看到任长霞在一旁抽抽搭搭。

2003年，登封市公安局破获了重大系列盗窃耕牛案，定在案发地白坪乡召开公开逮捕大会。为了看看女公安局长任长霞，好多人从几十公里外赶来，百姓自发组织了两三万人，打出的横幅上写着一句大实话：“任局长，您辛苦了，请保重身体。”

任长霞又一次控制不住了，她在大会上哭，哭出了声！乡亲们更动了感情，台上台下一齐哭。

男警察们鼻子都酸了，警民鱼水情啊，登封多年没有见到了！

警察为啥出生入死？为啥东奔西忙？

他们的快乐在艰苦排查，猜谜似地破案后，把犯罪嫌疑人按在地上的那一瞬间，他们的快乐在老百姓喜极而泣的那一瞬间！

当人超越物质的追求而不懈努力时，必然有一簇理想之火在心中燃烧！

入警之时，每个警察都经历过宣誓仪式。当他们把右手举起说“我宣誓，我志愿成为一名中华人民共和国人民警察”时，就要懂得什么应该誓死捍卫，什么必须有所放弃。

他们要誓死捍卫人民的利益，要甘愿放弃自己的一切，包括：自己的睡眠、自己的假日、自己的健康、自己与家人相处的时间，乃至——自己的生命！

任长霞是警察的典型，更是一名典型的警察，她放弃了自己，不得不放弃自己。

她没有充足的睡眠，永远熬夜，有时一连几天——她的时间不够用，一天24小时全忙于工作都不够用；她没有假日，被工作没收了；作为一个女人，她，甚至没有与家人相处的时间，仅从少得可怜的在家时间计算，任长霞不能算作是贤妻良母。

父亲病了。任长霞白天忙得不露面，半夜12点，她抽空跑来了，给父亲揉背捏脚。

家人聚会从来不叫任长霞，大家想她，可是知道通知她她也来不了。偶尔有一次，任长霞突然出现了。

全家人高兴得不知如何形容。任长霞坐在父母身边，给爸爸夹点菜，再给妈妈夹点菜……

她抽泣起来。开始掉眼泪，之后声音越来越大。

丈夫知道任长霞为何落泪。她累、她委屈、她愧疚，所有这一切都是用语言表达不出来的，任长霞只能哭。

任长霞在事业的道路上爬坡，她总觉得上了这个坡就有时间报偿亲人了，但这个坡好长啊，她总也爬不完！在警察这个职业里，她找到了释放自己生命能量的平台，她把全部的精力都集中在一点上了！

登封离郑州不远，但任长霞只能挤时间回家，进门笑着摸摸儿子的头，儿子高过了她，她笑着摸摸儿子的肩，然后电话就没完没了。电话打完了，她也该走了，连跟丈夫说说话的时间都很少。

任长霞想家，打电话跟丈夫说想吃家里的饭，丈夫马上冲进厨房忙碌，菜端上了桌子，电话又响——她回不来了。

孩子磨着好不容易回家的任长霞，要让她给听写字词。任长霞念，孩子写，10个字词没写完，念的人不出声了——任长霞睡着了。儿子虽然见妈妈的时候少，但母子天性，妈妈在儿子心里的位置总是第一，爸爸嫉妒也没用。

丈夫对她意见很大。哪个男人愿意自己的妻子在事业上无比辉煌，却不管家？他想念事业不那么辉煌时的任长霞，那时，她也忙，但好歹能给家里做顿饭，能给丈夫倒杯茶，那时的家，能响起任长霞的歌声和丈夫的笛子声。

丈夫也多少了解警察这一职业的辛苦。他说，一个男人能做到长霞这份儿上都不容易，何况是一个女人？我何苦拖她的后腿？

他对任长霞又怨又爱，这一复杂心情一直持续到任长霞生命的最后一刻。在她生命的倒数第3天，丈夫给她打电话，她说："我正忙呢"，丈夫无奈地放下了电话。

谁料，从此一别，山高水远！

如霞

登封缺水。

但2004年4月15日后，登封陡然出现一条泪水的河！

千万人的泪水冲刷着一个名字：任长霞……

她去世前3天，领导来到登封，把任长霞急哭了：登封市1月30日发生强奸杀害幼女案，案子一直没破，领导心里着急。

4月14日，案件有了重大线索，任长霞匆匆赴郑州汇报；又高高兴兴地往登封跑，专案组的同志聚集在一起，正等她回去连夜布置工作。

车子在高速公路上出了事故，任长霞重伤昏迷，4月15日深夜1时，任长霞的生命，在刚刚跨过40岁的门槛时，画上了句号。

如霞的人生，短暂而又灿烂。

噩耗传开，嵩山三日泪不干！

号称登封十里长街、60米宽的少林大道，迎面而来的是成千上万自发为任长霞送行的百姓，等待吊唁的队伍昼夜不停，三日不断，一直排出近3公里，整整20万人次。

王松案的受害者冯长庚从电话中得知噩耗，朴实的农民急得对着电话破口大骂，心里却凉了：谁敢拿任长霞开这样恶毒的玩笑？

那年麦黄时，任长霞把电话打到冯长庚家里：“老冯啊，麦熟了，趁个星期天我组织民警给你们割麦去。”冯长庚怕她太累，说了大半辈子最满意的一句谎话：麦子收完了。

麦快熟了，花已经开了，长霞再也不回来了？

登封出现了一条鲜花的河。

哪有女人不爱花呢？老百姓知道任长霞爱穿红，她爱花，于是，登封三日花售尽！

花海中出现了山中采来的草花，那是还带着泥土的草花。想必，她亲近与泥土打交道的农民，也不会嫌弃属于大地的泥土？

升任局长后，任长霞的老父亲曾给她交代一句话：“咱当官可要当清官，别当贪官。可不要放过一个坏人、冤枉一个好人！别给你祖宗挣骂名。”

如今，怎么开口对她半身不遂的父亲说呢，说任长霞的英名永在，而他最心爱的女儿不在了？

任长霞是把眼睛睁得大大的走的。丈夫抚上她的眼皮，在她的耳边说：“把眼睛合上吧！你是不是等着儿子回来呀？”

父母还未送终，儿子尚未成年，全国“五一”劳动奖章，长霞刚刚得到的奖章，她还没有见过，还没有来得及戴在胸前，办公室里还有大量没有批阅的文件，上面写着：请任局长审阅……

任长霞的战友们把长霞接回登封。他们把与长霞挥手告别的最后时刻留给了自己。

公安战线的战友情不同于其他任何行业，他们更多地朝夕相处，更多地生死相托，他们领略过世界上最高尚美丽的情感，也见惯了世界上最悲惨龌龊的事情，但最后的告别时刻，所有的警察都管不住自己的眼泪和声音了：痛快地哭一回吧，以后再也听不到任局长的批评了！

一句话没有留下的任长霞留下了一道需要回答的问题：一个共产党人应该留下什么名声，应该留下什么样的背影，什么样的作为会让人在她的肉体消亡后还肃然起敬？又有什么样的精神能穿越变迁的时代，非但不朽，反而常青？

任长霞走后的第七日，是民间俗称的“头七”。遗像前，摆上了她最爱吃的蒸槐花。

丈夫坐在妻子的遗像前，跟照片上的她拉家常：“我回来晚，你是不是又生气了？你看你看，又瞪我？”

自从任长霞去世后，丈夫天天如此。

此时，从警21年的警察任长霞，与丈夫结发18年的妻子任长霞，终于可以歇在家里，与丈夫和孩子做伴……

（新华网2004年6月3日）

【赏读】

《警察任长霞》是一篇优秀的人物通讯，由新华网首发后，全国众多媒体予以转发，引起强烈的反响，因公殉职的登封市公安局局长任长霞成为让人们铭记在心的“时代先锋”之一。本通讯的写作特色有以下几点：

第一，主题具有鲜明的时代特征。2004年6月11日，中宣部部长刘云山在任长霞先进事迹宣传报道座谈会上指出：“新闻宣传要唱响时代主旋律，必须用体现时代精神的先进典型来吸引人、感染人、打动人，在深入挖掘思想内涵上下功夫，在生动刻画人物形象上下功夫，把握时代脉搏，弘扬时代精神，唱响时代的正气歌。”《警察任长霞》中任长霞忠于职守、克己奉公，把生命最壮丽的一刻留在了嵩岳大地，用自己的一腔热血捍卫了一方平安，用自己的模范行动树起了百姓心中的丰碑。她立警为公、执法为民，把有限的生命投入到无限的为人民服务之中去，切实做到了人民警察为人民，谱写了一曲新时代人民警察的颂歌。任长霞爱岗敬业、以身作则、爱民如子的精神正是需要大力弘扬的时代精神。

第二，善于选择典型事迹来表现人物特征。在人物通讯的采访过程中记者往往会获得大量资料，如何遴选典型事迹来表现人物，不仅是作者写作技巧问题，而且也是文章能否出彩的关键环节。那么，如何遴选典型事迹？应当选择那些特殊环境、特殊事件、特殊时间发生的与人物相关的事例。《警察任长霞》一文中，写任长霞装扮成农村妇女深入发案现场3个多月，追踪抓获罪犯；写黑恶势力头目王松到她的办公室行贿，却带着一副手铐走出公安局；写她在大接访中给受害人陈秀英拿钱买东西吃；写她为强奸杀人犯打开手铐让他与几岁的孩子告别等。这些事例，突出了任长霞不畏邪恶的凛然正气和她对人民群众的深厚感情，同时也表现了她作为女人感情细腻的一面。

第三，在矛盾中彰显人物的性格与精神。人物性格在激烈的矛盾冲突中才能充分地显现出来。在人物通讯中，矛盾冲突往往把人物逼到风口浪尖，通过人物在冲突中的行为来表现人物的性格和品质。任长霞一上任就面临着诸多的矛盾：领导的重托与登封社会治安的混乱的矛盾；一上任的雄心勃勃与单位同事对她的能力质疑的矛盾（“郑州没人了？派了个妇女来当局长!”）；王松在地方为非作歹，却顶着“优秀企业家、劳模”等光环，人民群众不相信任长霞，不敢提供王松的犯罪证据的矛盾；任长霞自己工作忙，无暇顾及家庭等。这些矛盾无疑不在考验着任长霞。正是这些矛盾的逐步化解，彰显了任长霞干练的能力和忠于职守、克己奉公的精神。

第四，细节描写把人物表现得更加丰润。在这篇通讯里有大量的对任长霞的细节描写，如任长霞在接访时看了受害人陈秀英的材料和伤情照片后，“把手伸进了陈秀英的乱头发里。‘呀！’任长霞大声地惊叹了一下，她摸到了头骨上碗大的窟窿。‘抓人，坚决抓人！’任长霞说：‘你回去吧，路上慢慢走，在街上吃点东西。’她掏兜：‘给你拿点钱。’”又如，在抓住了一个强奸杀人的犯罪嫌疑人后，嫌疑人的妹妹抱着嫌疑人的孩子在警车旁哭，“任长霞走过来，把手铐给他打开，她让父子二人告别。她又把一百块钱塞在了孩子的亲戚手里，叮嘱：‘以后这孩子有困难来找我。’那天，很多人都看到任长霞在一旁抽抽搭搭。”这些细节的描写，表现了任长霞对人民群众的热爱，同时也表现了她作为女人感情细腻、柔弱的一面，从而丰富了人物的形象，使人物形象更加丰润饱满。

案例二

水城威尼斯

穆　青

威尼斯是世界著名的水城，它的美是水和桥构成的。今天，它是世界上唯一没有汽车的城市。

我们从米兰到威尼斯的夜晚，一下火车，天正落着小雨，走出站台便听到水声拍岸，浪花就在我们的脚下飞溅。安莎社的朋友们开来一艘小汽艇，正在码头上等候我们。他们风趣地说：“这就是威尼斯的汽车。”

船在弯弯曲曲的水道上行进，两岸闪烁着路灯，大片大片的雨丝在灯影里飘落着。从一些黑洞洞的建筑物里，偶尔也透出星星点点的灯光，在水面上摇曳着长长的光影。一路上我们只觉得头顶上闪过一座座小桥，但记不清数目，也看不清都是些什么形状。

我们住的欧洲旅馆，好像就在水里盖起来的，他在自己的大门口建造了一座活动的码头。当我们提着行李踏上这摇摇晃晃的码头时，我突然感到这不是在上岸，而是登上一艘更大的航船。

第二天一早起来，我推开窗子，只见窗下就是一条开阔的水道，大小船只不断地来来往往。这就是威尼斯著名的大运河。对岸是一个古老的教堂，建筑得很漂亮，阳光在它的塔尖上闪耀。几只白色的海鸥上下飞翔，三四个披着黑纱的修女，正在教堂的门口悠闲地散步……好一幅优美的图画啊！

我兴致勃勃地跑下楼去，想站在旅店的码头上看看两边的风景，谁知清晨潮水上涨，码头已浸在海水里。旅店主人不得不在码头上又架起木板当作浮桥，让客人们上下船时通行。旅馆东西两侧的餐厅，因为突出水面，潮水涨上来，大部分桌椅都泡在水里，成了名副其实的水上餐厅。

按照当天的日程，上午我们要到圣马可广场参观，向导领着我们从旅店连接陆地的后门走出去。街上这里那里还积存有未退尽的潮水，人们都穿着长筒皮靴走来走去。狭窄的街道上还到处搭着木板，看来这种便桥家家都有准备，一旦水漫过来，家家搭起木桥，纵横相连，整个街道和城市又可通行无阻了。

当威尼斯著名的圣马可广场第一次出现在我的眼前时，我完全被它出乎意料的美丽震憾住了。这个古老的广场是由教堂、钟楼和其他相称的建筑物所组成，它们造型的优美、和谐，石雕的生动、逼真，可以说是古罗马建筑中少有的杰作。当时，蓝天白云，阳光灿烂，广场一半以上的地方还浸在潮水里。建筑物清晰的倒影，加上周围咖啡馆的露天陈设，游人们鲜艳的衣着，五光十色，上下辉映，形成了一幅极其迷人的图画。广场上，母亲们带着孩子在水中嬉戏，年轻人脱去鞋袜来回奔跑；大群大群的鸽子，时而簇拥在地上觅食，时而又带着扑扑拉拉的振翅声，飞满整个广场的上空。

据当地向导告诉我，圣马可广场平时就很漂亮，很多人称它是威尼斯的明珠。但他认为最美丽的还是上潮的时候，一片潮水如同在广场铺上一面巨大的镜子，使所有建筑像镶嵌在水晶或玻璃中间，显得更加玲珑剔透，光彩照人，只是这种情景很难遇到，威尼斯虽然每天都有落潮涨潮，但出现在水漫广场的景致，一年最多也不过几次。大家都认为我们运气实在太好，恰恰就在我们到达的第二天一早，威尼斯就以它最友好、最美丽的面貌接待了我们。

圣马可广场面临大海，是游人聚集的中心。1797 年拿破仑进占威尼斯后，垂涎这里的景色，赞叹圣马可广场是“世界上最美的广场”，因此曾下令把广场旁边的总督府改为行宫，至今人们还把它叫做拿破仑宫。广场上的圣马可教堂，也是意大利著名的建筑。它是为《圣经·马可福音》的作者，圣徒马可兴建的。据说威尼斯人把圣马可当作保护神，教堂内有圣马可的陵墓。圣马可教堂最引人注目的：一是内部墙壁上用石子和碎瓷镶嵌的壁画；一是大门顶上正中部分，雕有四匹金色的奔驰的骏马。可惜我们去的时候，教堂正在修缮，四匹马只剩下一匹，其他三匹不知搬到哪里去了。

广场周围，开设有许多饭馆和咖啡店，桌椅就露天摆放在广场上。白天，游人们在这里用餐，夜晚更是喝咖啡、听音乐最好的场所。据说，每当夏季游人最盛的时候，广场上夜夜灯光灿烂，乐声四起，歌声笑语彻夜不息，使这个美丽的广场，更增加一层迷人的色彩。

我们在威尼斯访问了两天，曾多次乘船经过市区，饱览了这座水城大街小巷的独特风光。有些水道比北京的小胡同还要狭窄，两条船不能并开，只能单行。街道两旁都是古老的房屋，底层大多为居民的船库。连接到两岸的是各种各样的石桥或木桥。它们高高地横跨街心，一点也不妨碍行船。据说威尼斯一共有400座桥梁和170多条水街。纵横交错，四面贯通，人们以舟代车，以桥代路，陆地、水面，游人熙攘，鸽子与海鸥齐飞，形成了这个世界著名水城的一种特有的生活情趣。

威尼斯还有着一种古老的游览船，名叫“贡多拉”，船身狭长，首尾翘起，最适宜在狭窄的水巷中行驶。这种船，大多漆成黑色。艄公身着黑白相间的传统服装，头戴有红色帽箍的草帽，他们用单桨划船，操作非常熟练。到这里来旅游的人，如果时间充裕，往往喜欢雇条这样的小船，穿街过巷，缓缓而行，听听艄公的歌唱，饱览水乡的景物，真是别有一番风韵。

有一次，我们乘船路过马可·波罗的故居，这是一所古老的黄色的小楼，门前一座很大的石桥，名字就叫马可·波罗桥，桥头上钉有牌子。向导告诉我，这里现在住着居民，没有对外开放，只能在外面看看。遗憾的是这里十分狭窄，我们在船上没有合适的角度，结果连张照片也没有拍上。

威尼斯前不久才和我国苏州结为姊妹城，因此他们对中国客人特别热情。在我们所接触的意大利朋友中，包括威尼斯市长和夫人，都一再向我们询问苏州的情况，想了解苏州和威尼斯有哪些相似，有哪些不同，他们都知道“上有天堂，下有苏杭”那句话，都希望有机会去苏州看看。市长说，他正在准备组织到苏州访问的代表团，为难的是，向他报名的人实在太多了。

在谈到对中国的友好感情时，许多威尼斯朋友都感到自豪。他们说威尼斯是马可·波罗的故乡，他就是从这里走向中国的，在意中两国之间铺设了一条悠久的友谊之路。中国朋友应该了解威尼斯对中国这种特殊的感情。

这话讲得多么朴实真切呵，至今它还在我心头萦绕。

（资料来源：穆青．意大利散记．上海：上海文艺出版社．1981．）

【赏读】

《水城威尼斯》是一篇描写异国风情的风貌通讯。记者用质朴的文笔为读者勾画了一幅威尼斯的奇特风光，给读者以美的享受。

风貌通讯是写风貌的，记者要善于将亲眼所见、亲耳所闻的事实展现给读者。当然，这里并不是要求记者将自己的所见所闻不分主次，全部堆砌出来，而是抓住每个事物的特征融进记者自己的感受、印象、渗透出时代气息。

在《水城威尼斯》中，记者紧紧抓住威尼斯作为“水城”的特点，如文章第一段就写道：“威尼斯是世界著名的水城，它的美是水和桥构成的。今天，它是世界上唯一没有汽车的城市。”然后，以形象的笔触，立体地表现了自己的视觉、听觉等多重感受，好像把人们带到了风光旖旎的水城威尼斯：水声拍岸、小桥轻舟、明珠圣马可广场、古老的教堂、白色的海鸥、“贡多拉”游船，以及夜间的水，清晨的潮，无一不给读者留下鲜明深刻的印象，充满了诗情画意。记者在采写中，不失时机地引用各种富有地方特色的材料，介绍威尼斯的一些历史故事、典故，如拿破仑对圣马可广场的垂涎，威尼斯与中国苏州结为姊妹城，以及威尼斯是马可·波罗的故乡等，背景材料贴切自然的运用，一方面使通讯动静结合、纵横开拓，扩展了主题的容量；另一方面，这些有关的地理、历史、传说、典故，强化了通讯的思想性、知识性和趣味性，同时也反映记者深厚的文字功底。

风貌通讯以描写风貌而见长，但是毕竟属于新闻体裁，因此，也必须彰显新闻性。《水城威尼斯》写于1979年，作者穆青率团前往意大利访问，写了自己在威尼斯的所见所闻，在扩大人们视界的同时，也张扬了中国与意大利源远流长的友谊，这对于经过历史阵痛正打开双眼看世界的新时期中国来说，不无启迪意义。

案例三

破解富士康员工的自杀“魔咒”

南方周末记者　杨继斌　　实习生　刘志毅

参与调研的心理学家认为，富士康员工自杀多数由心理疾病造成。但亦有社会学者指出，新生代打工者实际收入远不如父辈，又缺乏回到农村的退路，他们的焦虑无助是自杀增加的深层原因。工厂要建立员工心理关怀机制，政府更应提供对新生代打工者的制度关怀。

“魔咒”与心理疾病相关

在25岁的卢新自杀约30个小时之前，三名20岁上下的青年，相约在台州市的一处街心花园服毒。两人死亡。

在卢新自杀五天之后，他的同事、已处在家长照顾之中的许昌姑娘祝晨明从所住的宿舍楼跳楼身亡。

在更大的视野里即可发现，死亡的魔咒并不只在诅咒着“郭台铭的紫禁城”。

为了阻击接二连三出现的跳楼事件，富士康从四月上旬开始“花钱买信息”：任何职工只要发现身边的同事情绪异常，便可通知心理医师或者部门主管。若情况属实，公司奖励200元。

截至5月10日，这场“人民战争”让富士康卫生部发现了二十余例情绪异常者。其中已经患有较重精神疾病的，在家属同意后，送进了深圳康宁医院；另一些情绪异常但无需住院治疗的，则由家属陪伴回到了老家。“但我们觉得很挫败。”刘坤说。让富士康感觉挫败的是5月6日凌晨4点30分的卢新跳楼事件。可是，刘坤尚未从6日的挫败中缓过气来，新的冲击便又来了。

在卢新死后第二日，富士康将多名中国最好的心理学专家请到厂区，寻求强有力的心理学支持。但仍无济于事，员工祝晨明又跳楼。之后，富士康请了五台山最有名的高僧大德，到园区为死者祈福。

在“六连跳”到“七连跳”、“八连跳”，有媒体质疑连续出现的自杀事件，是因为富士康是“血汗工厂”，高密度的死亡与其“半军事化管理”有关。

富士康科技集团工会副主席陈宏方告诉南方周末记者，在“第六跳”发生后第二天，深圳市总工会便到富士康调查。4月13日下午，深圳市总工会公布富士康近期多位员工坠楼事件的调查结果。深圳市总工会副主席王同信称：富士康在管理方面存在漏洞和不足，希望企业吸取教训，建立人文关怀的管理体制。

“群体这么大，基层的管理上肯定会有些做得不好的地方，但这和自杀肯定是没有直接关系的。”陈宏方说。

南方周末记者在富士康的近一个月调查发现，管理本身并无异常之处。

“富士康员工的自杀率也很难与富士康的工作压力、‘血汗工厂’联系起来。”北师大心理学教授张西超说，“当然，我们也认为，富士康应加强对员工的心理危机干预，防止类似悲剧发生”。参与调研的心理学家均认为，这些自杀事件基本与富士康员工个人的心理疾病，特别是抑郁症有关。

据富士康集团行政总经理李金明介绍，实际上早在2009年7月份的孙丹勇事件后，员工的心理健康便出现在富士康（中国总部）最高管理层的问题单上。一批心理咨询师补充到了集团里来。

现在，富士康还开通了78585（谐音“请帮我帮我”）热线电话，给员工提供心理咨询。与此同时，一个旨在疏解员工心理压力的“心灵港湾工作室”

也开设了，员工在这里不仅可以接受心理辅导、通过专业仪器放松身心，还可以在确保隐私的前提下，在宣泄室击打橡皮假人。

“公司管理层都愿意把自己的照片，套在假人上，供员工们发泄。”刘坤说。

4 月下旬，针对员工之间缺少沟通的现象，为了方便室友之间交流，富士康甚至下通知鼓励朋友、老乡住在一个寝室。“我们在开展心理辅导讲座时，即兴搞过有奖问答，谁能说全自己室友的名字，便奖励 1 000 元。但绝大部分人答不上来。”工会副主席陈宏方说。

刘坤告诉记者，郭台铭将在本周内专程赶赴深圳，为“员工关爱中心”挂牌。成立的日子还不到 20 天，悲剧再次发生了。

新一代打工者普遍性的焦虑

“许多问题，都出在上游，只是因为水流到了富士康这里，问题集中暴露出来，所以大家以为是富士康的问题。”刘坤认为。

深圳当代社会观察研究所所长刘开明，曾经多年研究过深圳的农民工问题。在他看来，“八连跳”并不仅是富士康的问题，也不仅仅是心理问题，更是社会的问题。“只是因为富士康人口基数大。”刘开明说。

刘开明在整个改革开放以来农民工群体的历史中，研究当前农民工高密度自杀的原因：20 世纪 80 年代，在全民普遍低薪的历史背景下，农民工（外来工）的工资每月高达 200—600 元，当时大学教授的月工资只有 180 元左右。而在 1992 年之后，得到制度庇护的城镇在岗职工工资增长迅速，但遭遇制度性排斥的外来工工资增长则十分缓慢。随着经济增长的加速，两者之间的差距越来越大。

2008 年，“珠三角”和“长三角”出口工厂的工人平均年收入仅是这两个地区城镇在岗职工年均工资的 37. 82%。

“考虑到 CPI 的因素，新一代的打工者，在同样的劳动时间内，所获得的薪酬，要远远少于第一代打工者。”刘开明说。

香港理工大学应用社会科学系副教授潘毅，早在 1990 年代后期，便开始关注中国的打工群体。她在接受南方周末记者采访时说，新生代打工者相对他们前辈，承受着更多的焦虑。

从 2005 年到 2008 年间，潘毅多次和同事在深圳和东莞，研究新生代打工者，她得出的结论是，相对于第一代农民工，新生代农民工面临着前所未有的压力——家乡回不去了。新生代农民工大多不会从事农业生产、不适应农村生活；二则，失地农民越来越多，即使想回去，家里也没有土地。

实际收入锐减，退路又无，新一代打工者面临着比他们的前辈更大的生存压力。

而所谓遏制自杀的最有效的障碍——集体，也并不能给中国的新生代打工者提供帮助。

“目前的社会管理制度框架，使每一个打工者处于原子状态，他们没有自我救助与沟通的组织。”刘开明说。

富士康行政总经理李金明以他的方式描述了工人的这种“原子”状态：“不管是正式组织，比如工会、还是非正式组织，比如老乡会、同学会，普通员工都找不到，所以压力大，却无法舒缓。”

“必须从源头解决问题，一方面，提高打工者的收入，消除他们的集体焦虑感；建立有效的集体组织，让他们处于一个多维度的人际关系网中。”刘开明说

富士康高层告诉南方周末记者，在卢新跳楼以后，郭台铭曾专门致电李金明，要求资方配合工会，加大工会的监督力度，要把工会的独立性体现出来。富士康的行政与工会都直接同时发文，严格控制任何超时加班。郭台铭还请集团紧急调查，聘请海内外专家会诊集团员工的心理健康。

但在李金明看来，仅凭企业的力量是不够的。“所有的工作我们都可以做，但该怎么来解决这个量的问题呢？”李金明说。他希望，政府在提供生产便利的同时，还能提供生活的便利，社区功能日益完善。而学者们更希望政府提供对打工者权利的制度性关怀。

（《南方周末》2010 年 5 月 13 日）

【赏读】

本篇通讯和一般的事件通讯不同，它属于揭示性事件通讯，它从同一类新闻事件中截取若干个片断，进行细致详尽的描述，揭示事件深层次的原因。本文从一系列的富士康员工自杀事件着手，对事件发生的原因、解决措施等方面进行深入分析，提出了值得思考的社会问题。本篇通讯的主要特点表现在以下几个方面：

其一，视角独特，站得高，“挖”得深。这是本文区别于其他富士康事件报道的关键因素。关注富士康事件的通讯很多，可是大多都是从富士康内部管理问题，或是抨击“血汗工厂”入手，把富士康的问题放在富士康内部研究上。而《南方周末》的报道则跳出了这一层面，只是把富士康作为一个切入点来探讨深层次的社会问题。通过深入分析与调查，揭开了“八连跳”（截至记者发稿时是八个人）背后的本质——更为深刻的社会问题，如“新生代

农民工面临着前所未有的压力——家乡回不去了，新生代农民工大多不会从事农业生产、不适应农村生活；二则，失地农民越来越多，即使想回去，家里也没有土地”。这就包括除了企业管理问题以外的，对新一代农民工心理的关怀，对打工者权利的制度性关怀问题，分配不均问题，个人的自我关怀与沟通问题等。作者最后提出了“‘八连跳’并不仅是富士康的问题，也不仅仅是心理问题，更是社会的问题”的观点。

其二，直接引语的恰当运用。本文中引用了大量富士康高层领导、心理专家、研究学者的语言，这些直接引语在文中主要有两个作用：其一，给问题以专业性的解释。记者引用专家学者对富士康内部管理体系的研究结果，对农民工心理问题的研究意见等专业性的知识来对“八连跳”问题进行系统的阐述与解释，为读者解疑。其二，避免记者个人太多的主观性。引用直接引语，记者不发表自己的任何意见，而是把对各种分析、各种看法的判断权交给读者，给人以真实客观的感觉，使报道更具说服力。一般情况下，通讯篇幅较大，记者投入的时间和精力比较多，因此，在写作上也会投入较多的情感。如何避免情感过多介入，是通讯写作者需特别注意的，适当运用直接引语不失为一种好的做法。

其三，材料的有机组合。文中直接引语的恰当运用彰显了作品的客观性，同时，记者又通过材料的巧妙组合达到了引导读者判断与思考的目的。如在阐述“八连跳”事件与内部管理没有直接联系的观点时，记者首先引用了富士康科技集团工会副主席陈宏方的话，显然读者对此抱有怀疑。于是记者又在后面加上了“南方周末记者在富士康的近一个月调查发现，管理本身并无异常之处”。以自己的亲身体验来证明，而这显然又让读者觉得有点主观。于是记者又在后面加上了北师大心理学教授与参与调研的心理学专家的意见，三点综合起来大大提升了可信度。

其四，采访人物多，素材丰富，报道全面。记者用一个月的时间进行调查取材，采访了众多与事件相关的人员，如富士康的高层领导及多位在该研究领域有所建树的专家教授，由此得到的大量素材为本文的写作提供了全面的事实基础，使观点表述更充分，也使报道更深入、全面。多个层面客观介入新闻事件，才能真正意义上彰显新闻的深度。

案例四

开封缘何不“开封”

詹国枢　度　震　刘海法

在开封采访，记者遇见一位复员军人。当问到如何看待市领导提出的“破釜沉舟，大干五年，深化改革，实现翻番”的指导思想时，这位年轻人说：“但愿这次是真下了决心。以前，市里也多次跟市民表决心，可结果让人心由热变凉了。我参军前就听市领导说要三年变个样，复员回来一看，开封还是老样子，这到底是怎么回事?”

话，说得很坦率，表达了开封人急于改变开封落后面貌的迫切愿望。但追根究底，开封落后的原因究竟是什么呢?

“领导班子换得太勤，是开封多年搞不上去的重要原因。”座谈会上，街头采访，人们几乎都谈到开封市的领导班子。一个城市，在10年中，连续换了5任市委书记、5任市长，平均两年就换班子，确属罕见。对此，开封市的干部群众心里憋了一肚子话。一位企业家说：改变落后面貌，每届领导都表示了极大的决心，每一届领导也都提出了加快经济发展的措施。但是，始终有两个问题没有解决，一是没从思想解放、观念转变这个根本上“动手术”，旧框框还在，老习惯不改，光喊口号、发文件怎么行?二是扬长避短、发挥自己的潜力加快经济发展的路子没找准，一会儿重点是农业为主，一会儿旅游业为主，一会儿是搞活流通。一届一个方针，一届一个说法，干部换得勤，经济如何稳定发展?

一位在开封工作多年的干部分析说：从了解的情况看，来开封工作过的干部，大多数都有很强的事业心，都有能力，但不知为啥就在开封施展不开?在开封干不长?粗算了一下，这10年里，市委书记最短的只任职20个月，市长最短的只任职12月，这么短时间，连情况也没熟悉，又调走了，有多大本事也表现不出来。可以说，有的领导同志调走时，群众很留恋，依依不舍。开封群众就盼有能力的领导好好干上一场，明确发展思路，一步一个脚印。每走一步，每取得一个成绩，都会使全市人民树立信心，看到希望!

记者曾采访一位个体户，他谈了不少有独到见解的想法。当记者问他姓名时，他说：“别问我姓甚名谁。开封这地方，思想观念落后，人情网、关系网复杂，不一定哪句话没说好得罪了谁。发展经济是硬道理，我真赞成。可要是思想观念落后，硬道理就硬不起来了。”这席话说得很实在，发人深思。

“思想观念落后、封闭，是开封多年落后的根本原因。”话是一句，但具体表现是什么呢？记者与开封干部群众一起摆事实，找根源。大家的话说得很尖锐，也很中肯。

——“开封的干部，也经常去先进地区参观，走广东，去山东。但往往是兴奋一番、感慨一番、议论一番，就是落实功夫差。结果兴奋归兴奋，感慨归感慨，议论归议论，声势不少，效果不好”。

——“开封有的干部只会算小账，不会算大账；只看眼前利益，不看长远利益；只想局部，不想宏观。这样，经济发展上就会‘捡了芝麻，丢了西瓜’，落后的大格局总变不过来，自己的优势也往往看不清楚。改革开放中，稍有困难，就往回走，一次又一次，丢失了一个又一个时不再来的机会”。

——“开封有的干部老是怕这怕那，具体说，是几个不敢干。一是上头没文件，不敢干，二是别人没干的不敢干，三是领导没点头的不敢干。怕的结果是，该干的、合乎政策法规的事情也不敢干了。改革开放事业，许多是前所未有的实践，缩手缩脚，怎么开拓前进？”

——“安于现状的小市民意识比较普遍，大家也知道外地经济发展快，可是过惯了平平静静、慢慢悠悠的古都生活，墙外的世界虽然很精彩，离市区也不远，可是很多人都不愿离开老区去过另一种现代生活。上班挤，住房挤，习惯了，无所谓了”。

——归总一句话，开封市一些干部总喜欢按计划经济的旧框框看待问题和处理问题，在面向市场经济转轨过程中，自然就跟不上趟，就要落伍。重点项目为什么上得少？吸引外资为什么不多？非国有经济为什么发展不起来？都可以从这里去找到原因……

种种议论，议论种种，开封人在坦诚地反思过去，深刻地剖析自己。通过接触开封的干部群众，记者有这么一种预感：开封摆脱落后的日子，已经为期不远了。开封人开始明白了一个道理：思想观念落后，经济必然落后。在经济发展上落后了一大截子之后，开封还有没有希望赶上去？这是开封人思索的又一个问题。有的同志说：“当距离拉大之后，后进赶先进，比当初难度大了。”还有的同志说：“落后之后赶超别人困难很大，但是，落后之后的压力变了动力，思想观念真的转变过来，希望也很大。”开封市常务副市长梁绪兴说：“开封的希望，在于人们已经意识到了落后，已经逐渐明白了不兴即衰的道理，现在正形成人心思变、人心思上的有利气氛。”

“不管这理由那理由，不干或干不上去就没有半点理由。”开封市领导已亮明了态度：“谁英雄，谁好汉，要在经济发展的主战场上比比看？”

（《经济日报》1993 年 3 月 4 日）

【赏读】

工作通讯以总结实际工作中的经验和教训，或者探讨有争议的亟待解决的问题为目的。《开封缘何不“开封”》作为工作通讯，曾于1993年获得全国新闻二等奖。

首先，从通讯题目看来，《开封缘何不“开封”》题目本身就很吸引人，两个“开封”前后呼应，让人有读下去的欲望，这样报道就已经成功了一半，真正体现了“题好一半文”的效果。这篇通讯在题目中暗示了文章在内容上是分析和解决问题。

其次，提出问题、分析问题，进而提出解决问题的思路，可谓是一气呵成。通讯第一段作者就市领导提出的“破釜沉舟，大干五年，深化改革，实现翻番”指导思想采访一位复员军人，并由复员军人的话：“以前市里也多次跟市民表决心，可结果让人心由热变凉了。我参军前就听市领导说要三年变个样，复员回来一看，开封还是老样子，这到底是怎么回事？”提出文章的核心问题：开封干部为什么总是光说不做？开封落后的原因是什么？接着作者开始分析原因，一是领导班子换得太快，只表决心不落实；二是“开封这地方，思想观念落后，人情网、关系网复杂，不一定哪句话没说好得罪了谁”。那么，怎么办？开封市常务副市长梁绪兴说：“开封的希望，在于人们已经意识到了落后，已经逐渐明白了不兴即衰的道理，现在正形成人心思变、人心思上的有利气氛。”开封市领导已亮明了态度：“谁英雄，谁好汉，要在经济发展的主战场上比比看？”整篇通讯结构紧密、引言精彩、结构漂亮、思考深入，及时提出问题，并且顺应了历史潮流。这样的文章会获奖并非偶然，记者的深厚功底和新闻敏感才是制胜之关键。本篇通讯紧紧抓住一个问题往深处挖，多方位、多角度剖析、挖掘，把问题写得很透，也写得很有深意，很好地彰显出工作通讯的本质特点。

再次，通讯一切从实际出发，引用不同身份的人的话，来表达自己的观点。引言运用得十分贴合受访者的身份特性。所选的受访者都是有思想并深入了解问题的群众，非常有代表性和说服力。引言直击问题要害，直奔主题，记者和群众一起来寻找问题的根源，再结合记者本身的理性思考，文章有根有据，很有深度。作者对各种身份人物的话语似乎是顺手拈来，如果没有扎实的采访，断然不可能达到这种游刃有余的效果。

“开封现象”到现在仍然有着相当的警示意义，这表明作者选材的典型性与深刻性。

但是客观地讲，这篇工作通讯也并非完美无缺。如在文章末尾两次引用现任主要领导的观点，一定程度上损害了文章的说服力。开封之所以不“开封”，就是因为领导光说不练、走马灯式的轮换。谁能保证这个领导的话一定能兑现呢，又有谁能保证发现了问题就一定能解决问题呢？历史是否会重演，我们实在是不得而知。记者似乎也陷入了一个悖论，一方面对开封领导班子的问题提出了严厉批评；另一方面却又想通过现任领导的表态来解决问题，是否有些左矛右盾？如果能够以客观的方式来收尾的话，说服力可能会强得多。

第三节　通讯类新闻写作要略

通讯写作和消息写作一样，必须遵循新闻写作的基本规律和基本要求，都要讲究真实性、时效性和用事实说话。和消息写作不同的是，通讯对事实的报道更加详细、更加深刻，故事结构也更加完整，通讯往往会以情感人、以理服人，写作方法上也会用到叙述、描写、抒情、议论等表现手法以及比喻、象征、拟人等修辞手段，但是和特写、报告文学等又有较大区别。

通讯包括人物通讯、事件通讯、工作通讯、风貌通讯等几种，在具体的写作方法上各有不同的特点。

一、人物通讯写作要略

人物通讯是以人物为中心报道对象、通过一个人物或一个人物群体的事迹来反映时代特点和社会面貌的一种通讯形式。人物通讯一般通过人物的事迹来表现人物的品质、性格和精神面貌，通过个别显示一般，最终达到揭示时代精神、感染教育读者的目的。

写人物通讯要注意以下几个问题：

1. 写人物通讯首先要写出人物的时代感，要写出时代特色

通讯大多以现实生活中的新闻人物为主体，体现他所处时代的特征，如雷锋、王进喜、吴杰昌、焦裕禄、孔繁森等，他们是时代的先进人物，在工作中吃苦耐劳、只讲奉献、不求回报。穆青说：“一篇好的人物通讯，往往会起到人物的某一段传记、时代的某种记录的作用，能否高瞻远瞩地提炼出能够反映时代特征的主题，并且从这个高度来表现英雄人物的革命精神和思想风貌，就成为决定人物通讯成败的关键。”人物通讯要紧跟时代精神，追踪报道那些善于开拓创新、积极向上、善于用智慧创造财富、造福人类和社会的新闻人物，只有把人物放在一定的时代背景中来写，才能真正挖掘到人物的

价值。《警察任长霞》中任长霞忠于职守、克己奉公，把生命最壮丽的一刻留在了嵩岳大地，用自己的一腔热血捍卫了一方平安，用自己的模范行动树起了百姓心中的丰碑。她立警为公、执法为民，把有限的生命投入到无限的为人民服务之中去，切实做到了人民警察为人民，谱写了一曲新时代人民警察的颂歌。任长霞爱岗敬业、以身作则、爱民如子的精神正是需要大力弘扬的时代精神。

2. 要用人物的语言和行为表现人物的精神面貌

新闻要用事实说话，消息是如此，通讯也不例外，人物通讯要把人物写活，必须借助典型的、生动的事实，而不能只是一些空泛的颂词或者是几条苍白的评语。表现人物的品质应当通过人物看得见、摸得着的先进事迹，突出人物的思想品德和业绩成就，只有抓事迹写人物，描写人物的语言和行为，才能把人物写得栩栩如生、有骨有肉，才能发挥人物通讯感染人、鼓舞人、教育人的积极作用。《警察任长霞》一文中，作者通过大量任长霞的语言和行动来刻画其形象，如在抓住了一个强奸杀人的犯罪嫌疑人后，任长霞见嫌疑人的妹妹抱着嫌疑人的孩子在警车旁哭，“任长霞走过来，把手铐给他打开，她让父子二人告别。她又把一百块钱塞在了孩子的亲戚手里，叮嘱：‘以后这孩子有困难来找我。’那天，很多人都看到任长霞在一旁抽抽搭搭”。这些细节的描写，表现了对人民群众的热爱，同时也表现了任长霞作为女人感情细腻、柔弱的一面，从而丰富了人物的形象，使人物更加丰润饱满。

3. 要在矛盾冲突中突出人物的品质

人物性格在激烈的矛盾冲突中才能充分地显现出来。在人物通讯中，矛盾冲突往往把人物逼到风口浪尖，通过人物在冲突中的行为来表现人物的性格和品质。在人物通讯《警察任长霞》中，任长霞一上任就面临着诸多的矛盾：领导的重托与登封社会治安混乱的矛盾；初履职的雄心勃勃与单位同事对她的质疑之间的矛盾（“郑州没人了？派了个妇女来当局长!”）；王松在地方为非作歹，却顶着“优秀企业家、劳模”等光环，人民群众不相信任长霞，不敢提供王松的犯罪证据的矛盾；自己工作忙，无暇顾及家庭等。正是这些矛盾的逐步化解，彰显了任长霞干练的能力和忠于职守、克己奉公的精神。在《生命的支柱——张海迪之歌》中，张海迪对自己的生命的价值、人生的价值的认识是经历了复杂的思想斗争的，她曾经想到了自杀，这似乎与张海迪的精神相抵触，但是恰恰是这一例子反映了她是怎样经受住困难和挫折的考验，更加懂得活着的意义的。

二、事件通讯写作要略

事件通讯是以写事件为中心，重点描绘社会生活中典型的新闻事件及具有普遍教育意义的新闻事件。事件通讯大体上分为三种，第一种是如实反映各种突发性事件的报道；第二种是揭露性的，体现舆论监督的报道；第三种是客观全面地揭示事件真相和实质的报道。

写事件通讯一般要注意以下几点：

1. 注意事件选择的现实性和典型性

通讯要求报道新近发生的有意义的事实，考察其在政治、经济、军事、文化和群众生活中多方面的意义和影响，所以需要精心选择新闻事件。新闻事件的选择要以现实性为基本前提，要求新闻事件不仅是新近发生的新闻事件，而且要求新闻事件具有代表性和典型性意义。在事件通讯《破解富士康员工的自杀“魔咒”》中作者选择当时最具有轰动效应的富士康“八连跳”事件，关注富士康事件的很多，可是大多都是从富士康内部管理问题，或是抨击“血汗工厂”入手，把富士康的问题放在富士康内部研究上。而本篇通讯以它为一个切入点探讨深层次的问题。通过深入分析与调查，揭开了“八连跳”背后的本质——更为深刻的社会问题，如“新生代农民工面临着前所未有的压力——家乡回不去了，新生代农民工大多不会从事农业生产、不适应农村生活；二则，失地农民越来越多，即使想回去，家里也没有土地”。于是作者提出了“‘八连跳’并不仅是富士康的问题，也不仅仅是心理问题，更是社会问题”的观点。作者从典型的案例入手，分析新闻事件深层次的原因，具有较强的现实意义。

2. 在写事的同时，写好关键人物

事件是事件通讯的核心，但是如果事件中缺乏关键人物的支撑，事件通讯很容易写得干巴，因此，事件通讯要在写事的同时，写好关键人物，而写好关键人物，则有助于把事件写活。事件通讯毕竟是以事为主，以事件发展来构建作品的，所以，在写人时应注意只能围绕事件来写人，不能脱离事件另外表现人物。事件通讯除了报道事件之外，还要有情有景、有细节、有镜头、有联想。一定要抓住具体、生动、形象的人物活动来写，注意人和事件的关系，把握好事件中的人物命运、思想感情与事件的联系。在涉及人物较多的事件通讯中，人物常是以“群像”的形象出现在读者面前，这时候通讯应当努力去挖掘众人身上共同表现出来的时代精神。而涉及人物较少的新闻事件，则应该注意集中笔墨写好其中的关键人物，突出人物在新闻事件中的关键作用。如在《为了六十一个阶级兄弟》中，当船工们听说是为了挽救六十一个祖国建设者，老艄公王希坚不顾当晚正发哮喘，猛然从热乎乎的被窝里跳了起来，系上搭，吆喝一声："伙计们，走!"几个动作，一句话把一个不顾个人安危、冒险救人的老船工形象生动地表现出来了。

3. 事件通讯要写得重点突出，有思想性

事件通讯一般要有一个中心事件，其他人物或事件都围绕这一中心事件展开。事件通讯的写作要注意抓住一个或几个关键性场面或情节来写，并写好高潮，高潮是矛盾之焦点，是人的思想和行为的"闪光"之处，因此要调动多种手法，不惜笔墨，写活写好。事件通讯一般采取夹叙夹议的手法，直接揭示事件的思想意义，议论色彩较浓，常表现出强烈的政治倾向和作者的爱憎分明。仍以《破解富士康员工的自杀"魔咒"》为例，该作品并没有简单跟随其他媒体报道，也不简单附和大众舆论，始终以自己的调查采访为依据，寻找不寻常事件背后常人所未曾意识到的问题，从而彰显其思想的深度。

三、工作通讯的写作方法

工作通讯是反映在贯彻执行党的路线、方针、政策中取得的成绩，总结实际工作中的经验和教训，或者探讨有争议的亟待解决的问题的报道。一般来说，工作通讯政策性、指导性较强，要求写出工作背景、做法、成就、经验、教训等，概括工作中有规律性的东西。通常而言，工作通讯比典型报道更加详尽，比工作总结要具体、生动。

工作通讯的写作一般要注意以下几点：

1. 要把问题和经验讲透

写工作通讯的目的是为了分析、研究和解决问题。因此，工作通讯要力求把问题和经验讲透，要做到这一点，首要的是精选事例。工作通讯以叙述事实为主，要用事实提出问题，要善于精选具体、典型、有说服力的事例。同时要针对这些事例进行分析、层层深入，把问题和经验讲透。工作通讯所抓的问题一般具有较强的针对性和普遍意义，是社会前进中出现的新矛盾、新问题，再加上事件通讯有典型材料的解剖分析，叙述层次清晰，作者的观点又十分明确，因而具有较强的针对性。工作通讯《开封缘何不"开封"?》中的"开封现象"具有较强的普遍性，如领导干部光说不做、思想落后，走马灯似地换领导班子等，这些现象在全国都有普遍意义。在文章中记者抓住"开封现象"一个问题往深处挖，多方位、多角度剖析与挖掘，把问题写得很透、很有深度，从新闻报道的角度来看，具有较强的现实意义。

2. 要从实践中来，到实践中去

工作通讯是实践和研究的共同产物，研究工作离不开实践，主观臆断和蜻蜓点水是写不好工作通讯的。因此，要写好工作通讯，记者和通讯员除了搞好调查研究外，最好深入到一线亲自体验，掌握第一手材料，发现问题，分析问题，探讨解决问题的办法，这样才能写出有见地、有深度的工作通讯来。《开封缘何不“开封”?》一文中，记者为了获取更多的第一手材料，开座谈会、街头采访，采访对象有复员军人、个体化、企业家、市领导等，并引用他们的话来对问题展开分析，非常有代表性和说服力。

3. 要善于分析问题，解决问题

写工作通讯要多研究、深挖掘，使工作通讯有深度。要想写出一篇好的工作通讯，光到现场去实践还不够，还要多研究，把问题的来龙去脉弄清楚，多设想一些解决问题的办法和对策。写工作通讯要抓住一个好题材并往深处挖，多方位、多角度剖析与挖掘，把文章做足，把问题写透，写出深度来。《开封缘何不“开封”》以大众对领导讲话精神的情感态度入手，把看上去没有多大新闻性实际上已经潜藏很久的社会问题很真实地揭示出来，并努力寻找解决问题的思路，体现了采写者敏锐的观察力和独到的洞察力。

4. 要写得生动活泼

写工作通讯不仅在反映事物的本身，而且也在表达记者对事物的判断或评论性的意见，作者既向读者叙述事实，又写出自己对事物的分析和见解，帮助读者认识所报道的事物。《开封缘何不“开封”?》中引用受访者的话来表达他们对“开封现象”的失望和无奈，而对于“开封现象”出现的原因分析，记者并没有发表自己的观点，而是直接引用受访者的话来说明问题，如“开封有的干部只会算小账，不会算大账；只看眼前利益，不看长远利益；只想局部，不想宏观。这样，经济发展上就会‘捡了芝麻，丢了西瓜’”等，这样就增强了通讯的可读性和生动性。

写工作通讯有时会不可避免地出现一些条条框框的东西，容易显得枯燥无味，为了使工作通讯写得让人爱看，应该力求形象生动。一般来说，要把工作通讯写得生动活泼，可以从四个方面着手：一是选择生动的事例，增强文章的生动性；二是写人物的思想和行动，把人物写活；三是将人物的语言写得生动活泼；四是采用夹叙夹议等方法把文章写活。

四、风貌通讯的写作方法

风貌通讯又叫概貌通讯、旅途通讯等，它一般反映某一地区、某个单位、某一项目工程在发展变化中的新面貌、新气象、新成就，用以展示社会风貌、各地风光、风土人情、社会状况等。风貌通讯一般取材于日新月异的现实生活，着重反映社会主义建设事业的崭新面貌，激发人们对革命和建设的热情。最著名的风貌通讯有范长江的《中国西北角》、穆青的《水城威尼斯》、《维也纳旋律》等。

写风貌通讯一般要注意以下几个问题：

1. 突出见闻，抓住特点

概貌通讯写的是记者的所见所闻、所感所想，当然，并不是要求记者将自己的所见所闻不分主次地全部堆砌出来，而是要抓住每个事物的特征融进作者自己的感受、印象并渗透时代气息。每个地方的风貌特征都是丰富多彩的，并且又都有自己的特色，风貌通讯要抓住报道对象最有特色的地方落笔，才能写出它的个性，给读者以深刻印象。如穆青的《维也纳旋律》写维也纳是“音乐之乡”、“音乐摇篮”，突出介绍了贝多芬、莫扎特的音乐成就、逸闻趣事等。而《水城威尼斯》则抓住威尼斯“水城”的特点，将五光十色的水城景象鲜明地呈现在读者面前。

2. 旁征博引，传播知识

风貌通讯往往会涉及地方的历史典故、天文地理等方面的知识，在写作时适当穿插一些历史背景、轶闻掌故、民间传说等文史知识，能使读者开阔眼界、增长见识、陶冶情操，增强作品的趣味性。穆青在《水城威尼斯》中引用了拿破仑对圣马可广场的垂涎、威尼斯与中国苏州结为姊妹城以及威尼斯是马可·波罗的故乡等典故，这些资料大大地丰富了文章的内容，为文章增添了知识性和趣味性。

3. 突出成就，写出变化

风貌通讯重在反映报道对象的新面貌、新变化时，要着重突出一个“新”字，这就要求记者从不同的角度，运用不同的表现手法，抓住具有个性特征的新闻事实，对某个地方、某个领域、某个方面作出整体性的报道。那么，如何突出这个“新”字？记者就要通过与旧的对比才能衬托出今夕的变化，通过鲜明的比较，最容易使人感受到时代变迁的印记。如风貌通讯《今日大寨》中，记者描述了一系列的大寨变化，昔日“红火”，现在“山村静悄悄”；过去“不能随便和社员谈话”，现在“可以自由自在地走东家串西家，和干部群众任意交谈，和大嫂大娘炕头谈心”；记者还描述了联产承包、社员个人买大汽车、收入增长等新气象。与此同时，记者还描述了大寨的新问题，那就是群众“生活富裕了，摆设多了，每家都希望有个独门小院，养鸡养猪，栽花种树”，大寨楼已经不能适应新生活的需要了。

4. 体现直观，现场感强

风貌通讯，总是透过对所见所闻所感的描述，让受众也像亲临现场一样，如见其人、如闻其声、如临其境。因此，风貌通讯在写作上的又一个特点，就是现场感强烈，体现出通讯报道的直观性和现场感，从直观和现场中显其风貌。也就是说，无论是写人、叙事、绘景，都要善于用逼真的事物形象吸引人和感染人。写作者应注意选取典型的场景来打造现场感。

第四节　常见问题举隅

通讯是目前常见的新闻报道文体之一，它立足现实、弘扬正气、针砭时弊，为改革开放和社会主义现代化建设事业创造了良好的舆论环境。通讯不仅要准确地记录事实，还需要有一定的描写、议论和抒情，通讯要求把新闻写活、写详细、写出典型来。因此，写通讯不仅要有一定的文字表达能力，还要有提炼主题、安排文章结构的能力，特别是主题的提炼，尤其显得重要。通讯的写作一般要求符合宣传的主旋律，并不像消息那样要求迅速，更强调事态发展的过程及蕴含的思想性，因此，通讯偏重适时，即通常说的“火候”。翻阅时下的报刊，我们不难发现，在新闻通讯的写作实践中，还存在着这样或那样的问题。

一、盲目模仿，主题缺乏提炼

有些通讯本来写一个单位的先进人物或小事件的，但是作者为了突出报道，把通讯写得“漂亮点”，便模仿全国性典型报道的模式，拉开架势，把标题写得大而无边，例如，“驰骋京九写赤诚”、“昭昭公仆心”等；有的通讯从当事人的经历写起，一直写到现在，面面俱到却没有重点。

一般说来，党报上的典型人物报道，是根据党的中心任务，配合当前的宣传需要而组织的，当事人的事迹具有普遍的代表意义，富有个性特色和相当感人的情感力量。这种典型对于具体的千百万基层单位来说，出现的可能性很小。如果不考虑这些因素，盲目模仿，不仅不能把身边的人物写活、写具体，反而被无边的大框架淹没了。一般来说，写一个单位、一个地方的典型人物，开口不要太大，只写一两件生动而突出的事情，不超过千字，成功的可能性会大些。

在通讯写作当中，提炼主题时应该考虑通讯的宣传价值，而且选择的事实不能是那些已经形成套路的事实，如带病坚持工作、不顾家庭等这类叫人读了也不敢学的事实。通讯主题的提炼需要有时代的特色，例如，《县委书记的好榜样焦裕禄》，写焦裕禄“心里装着全体人民，唯独没有他自己”的公仆意识以及同各种困难作斗争，鞠躬尽瘁、死而后已的精神；《人民的好医生——李月华》写李月华“毫不利己，专门利人”的共产主义精神；《为了六十一个阶级兄弟》则写“一方有难，八方支援，一人有难，万人相助”的协作精神。这些都具有鲜明的时代特色。

而对于小通讯来说，提炼主题同样也很重要，现在许多通讯作品常见的问题之一便是盲目模仿全国性典型报道的模式，主题缺乏提炼、过于宽泛，落到笔下，却是写一个很小的场景或一个小人物。例如，题为《驰骋京九写赤诚》的通讯，写的是漫长的京九铁路线上一个站点上一位工段长一天的事迹；题为《一生执鞭人，快步踏清秋》的通讯，写的是一位有30多年教龄的普通教师一天的事迹；《为国酒之乡编织大网的人们》写的是一个很小的微波站的建设。以上三篇通讯写的均不是重大典型人物，由于几乎没有通讯的主题，口子开得太大，就不得不一切从头说起，方方面面都不能丢下，这样写下来，文字写了很多，但真正具有新闻价值的东西却很少。

二、夸大其词，通讯广告化

近几年报纸上出现了一种特殊的广告形式，即雇用几个文人把企业领导人的英明事迹写成长篇新闻人物通讯，对领导们进行大肆吹捧。这种形式在公共关系上叫所谓的“新闻策划”，这种“新闻策划”属于商业行为而非真正的新闻报道。它在形式上与一般的通讯相同，但究其内容，实质不是通讯，而是一种“软广告”。广告人物通讯的特点在于它罗列一系列企业成功的数字，把某种成功的商业谋略归功于某个领导人，夸大其词地形容某位企业领导人的宏大气魄、豪爽为人，好话连篇，却不提缺点。这种人物事迹的真实性不能说完全没有，但也相当可疑。如一家县级报纸的人物通讯《商业奇才王××》中写一个村办企业的总经理王××，说王××小学没有毕业，通过自学成才拿到了名校的MBA；王××把一个濒临倒闭的村办企业起死回生，年利税百万元；王××把企业所有的收入回报给村民而自己每月只领300元的工资，至今家里唯一值钱的就是一台黑白电视机等。这篇通讯让人一看就觉得夸大其词、缺乏真实性。

通讯属于新闻，它和消息一样，真实性是首要的条件，人物的事迹来自真实的生活，没有商业功利的目的。通讯主要是配合党的方针政策的宣传，不允许有任何夸大。通讯虽然和“软广告”一样，基本上都是正面报道，但它必须实事求是，不能回避可能出现的问题。尤其是关于企业领导人的通讯，不能把企业和企业下属单位的所有荣誉，统统归到一个人的名下，而忽视了群众的作用以及工作中存在的问题。在通讯中要突出人物如何正确地执行党的政策，如何紧密联系群众等，不能带给人一种商业广告的味道。

三、内容程式化，语言套路化

通讯的写作既要遵循新闻写作的一般规律，符合通讯文体特点，又要不拘一格、敢于创新、力求别开生面。那些内容程式化、语言老套话的通讯作品，只能令人读而生厌。如“提起某某某，大家都翘大拇指，说他真是个好人”，“他一心扑在工作上，而不顾自己的家庭”，“他是这样说的，也是这样做的”，“他兜里揣着病假条，坚持工作”等。产生这种俗套的原因只有一个，即作者没有深入采访，缺乏鲜活的材料，于是只能靠表面情况加套话编织成文。

通讯要写得生动活泼，首先要深入采访，多掌握鲜活的素材，精选生动而有意义的事实。其次，要力求形式上的生动活泼、多姿多彩。小通讯《会计伢嫌我的油壶小》、《钱被风刮跑以后》就是很好的例子。前者角度奇特、对比鲜明、对话生动，人物的情态面貌呼之欲出，蕴含着浓郁的生活气息，让人看了顿觉清风扑面。后者一波三折、细节生动、情趣盎然。总之，有助于把新闻通讯写活的方式是多种多样的，从具体的写作内容出发，灵活运用不同的表现技法，改换老气横秋的“旧面孔”，新闻通讯才能产生“勾魂摄魄”的魅力，增强可读性。

四、通讯报道过于文学化

通讯属于新闻体裁的一种，而真实性是通讯的基础，在真实性的基础上，合理把文学手法运用到通讯的写作当中能更好地让读者接受，使通讯超越表层的认知意义，升华出新的哲理，把通讯带入一个更高的境地，但是通讯过于文学化，可能就变成了报告文学，甚至是文学作品了。

随着社会对新闻信息的需求不断增加，新闻队伍中新成员多了起来，一些没有经过专业训练的记者分不清通讯和文学作品的区别，常常把通讯当作文学作品来写，随意地虚构人物和事件。他们觉得这样做可以把人物塑造得很完美，但殊不知，真实性是通讯的生命，一旦失去了真实性这个基础，通讯也就失去了意义和价值。

通讯失真的现象有三种，一是为了增强人物的典型性，不惜把几个人的事情堆在一个人身上。其实世无完人，只要人物的某个方面突出，大可不必拔高求全，过于完美反而让人觉得假了。二是为了增强报道的思想性，随意添加思想及心理活动。如“他默念着”、“他暗想着”等，其实这都是作者在“默念”、“暗想”。三是为了增强故事的生动性，虚构细节描写。故事的生动性在于故事本身，在于记者采访时的深入挖掘。采访不把功夫下足，指望到写作的时候虚构一些细节加以补充，或是搞一些合理的想象，那就只能造假。

通讯的写作手法比较活，可以根据需要运用叙述、描写、议论和抒情等一些手法把人物写活，但不论采用何种表达方式，都必须保证所报道事实的每一个细节都是真实的，通讯的虚构是不允许的。

第三章
专题类新闻作品赏读

内容提要

专题类新闻作品的基本特点：主题性突出；报道深入；策划性强；协同作战；形式灵活；连续性较强——专题类新闻作品赏读——常见问题举隅：报道选题的同质化；报道内容的碎片化；报道力度的平面化；报道模式的雷同化。

第一节　专题类新闻的基本特点

专题类新闻是指与某一新闻事件或新闻话题相关的新闻集合，专题类新闻能反映新闻事件的全貌，它强在历史感、纵深感以及横向比较，能够多层次、多角度地报道一个新闻事件。它一般用来报道突发或者具有重要社会影响的新闻事件，通过深入挖掘，全方位地解读事件，往往会跟踪报道，因此，具有延续性。

在国外，专题类新闻是新闻报道的一大利器，如《华盛顿邮报》历时数年的“水门事件”报道、《纽约时报》揭发和刊载美国国防部卷入越战始末的最机密文件、《费城问讯报》报道的三里岛核泄漏事件，都成为了专题报道的代表作。在我国，随着媒体竞争越来越激烈，专题类新闻也越来越受到媒体的青睐。

在报纸等纸类媒体中，专题类新闻也叫“专题报道”、“特别报道”等，往往表现为整版、连续集中报道某新闻事件或话题的相关信息；在网络媒体中，专题类新闻一般通过设置专门的网页，在网页上设置导航及各种相关新闻的链接，点击链接就会进入相应的新闻页面，并设置网友评论、网络调查等互动栏目；在广播和电视媒体中，专题类新闻一般表现为深度报道，以大时段进行全方位播报，例如，“全国两会专题报道”，可以通过在某个时段内分期集合来进行报道。可以看出，专题类新闻的表现形式是多样的，它既是一种新闻体裁，也是一种新闻的报道或组织形式。

与其他新闻体裁或新闻报道、组织形式相比，专题类新闻具有以下基本特点：

1. 主题性突出

专题类新闻名称中之所以有“专题”二字，主要原因在于它突出的主题性。这里的“主题”，可以理解成两个层面。一方面，当重大新闻事件发生时，媒体提炼一定的主题，并围绕此主题进行集中报道，如当2008年汶川“5·12”特大地震发生后，中央电视台立即推出“抗震救灾，众志成城”新闻直播，这八个字始终出现在相关新闻报道中，很好地鼓舞了全国人民，也一改先前灾难性报道中“淡化灾难，强化救援”的程式化问题；另一方面，也可以理解成媒体主动出击，围绕特定的社会热点，赋予某类主题的新闻以突出的地位，如武汉《长江日报》根据市政府推动城管工作改进的需要，于2011年7月推出“聚焦城管革命”专题报道，以消息、访谈等多种新闻形式进行集合式报道，引起人们的极大关注以及相关职能部门的高度重视，为这一工作的推进作出了贡献。

2. 报道深入

为了全面揭示新闻事件的全貌、挖掘出新闻的深层意义，专题类新闻的采写者会深入新闻事件发生的现场，找出新闻事件发生的前因后果，解开各种疑云谜团。这个过程是异常艰辛的，常常会面临各种阻挠和障碍，甚至有生命危险。当然，付出总会有收获，他们通过深入报道揭示出了事件的真相，树立了媒体的品牌。例如，中央电视台《新闻调查》作为一档深度调查类电视栏目，差不多每一期都做一个专题，没有扎实深入的采访，是无法成就其“深度调查”的，更不可能成就今天的知名媒体品牌。

3. 策划性强

与消息相比，专题类新闻一般来说并不完全以时间性取胜，它往往在事件发生后，第一波的消息大战结束后才推出的。这时要想推出有竞争力的新闻作品，媒体必须要立足自身实际，选好报道的角度，制订可行性强的计划，乃至作品的写作、最终刊登的方式，整个运作过程都要精心策划，周密考虑。尤其是要在平凡中发现不凡，在日常工作中升华重大主题，更要深挖细找，把策划的过程变成深挖的过程，变成积累和爆发的过程，使专题报道不但引人注目，而且发人深思。总之，消息类新闻写作比较“被动”，只有当事件发生后，记者才会去采访组织相关材料进行写作；而专题类新闻写作则比较“主动”，体现了媒体记者的主观能动性。

4. 协同作战

专题类新闻经常采取规模化的报道方式，在采写过程中需要多个部门合作。不仅如此，为了保证最终作品刊播的质量，编辑、校对、美编、后期等岗位在版式设计、文字校对、插图制作、编辑合成等方面也发挥着不小的作用。而对于广播电视媒体来说，更需要多工种密切配合才能够完成专题报道。因此，专题类新闻的报道写作属于“多兵种联合作战”类型，需要各部门各岗位协同作战，方能取得较为理想的效果。

5. 形式灵活

在报道形式上，它既可以是单篇的新闻报道，如大量的广播专题新闻、电视专题新闻，也可以是连续报道或系列报道、组合报道，在专题制作中，还可以融合入背景资料、互动调查等非新闻内容。因此，与消息相比，专题类新闻更注重报道内容的丰富性与深刻性，以及表现手法的多样化。

6. 连续性较强

专题类新闻围绕一个主题，内涵是紧密相连的，内容是密切相关的，随着新闻事件的发展，专题报道还可以跟踪事态发展，及时更新。这在网络新闻专题中表现尤为突出，它能将较长一个时期内的相关新闻都整合在一起，如新浪网推出的2012 春运特别报道“希望在路上”专题，时间从 2011 年 11 月 1 日的《铁道部要求所有列车在春运前检修到位》开始，到 2012 年 2 月 18 日《铁道部长总结春运工作称民众责难现象没再发生》结束，时间跨度长达 100 多天。

第二节　专题类新闻作品赏读

案例一

西宁好人候选人 26 号

我要抱着你走过一生一世

记者　史　菲

推荐人：袁琛

推荐理由：他搀扶着高位截瘫的妻子走过了 26 个春秋。知道这个故事的人都把他看成名副其实的好人。而他却说，人的生活状态可以有很多种，人生的享受方式同样有很多种。夫妻俩能够在患难中相互搀扶着走过一生，就是一种愉悦、一种快慰。

1984 年 8 月 1 日，25 岁的苗树青牵起了新娘赵春燕的纤纤玉手，走进了婚礼的殿堂。那时的他，深深爱恋着这位刚刚从部队上复员到地方医院工作的白衣天使。为此，他们专门选择在八一建军节举行婚礼。在他的眼里，她是那么聪明、那么娇媚。他暗下决心：无论健康还是疾病、富有还是贫穷，一定要一辈子对她好，不离不弃！苗树青这段在婚礼上的内心独白，也就成了他始终坚守的誓言。

美好在瞬间变成噩梦

结婚第二年，妻子春燕怀孕了。这一消息让两家的亲人们倍感高兴。当沉浸在甜蜜中的小两口憧憬着宝宝诞生后的美好日子的时候，不幸却降临了。怀孕 5 个多月的妻子出现了脊椎出血的症状。经过多方检查会诊，妻子患了罕见的硬脊膜外出血症。随着腹中孩子的增大，妻子的腹压越来越高，生命受到严重威胁，怎么办？如果继续妊娠，妻子的生命随时会出现危险。为了保全妻子的性命，在她妊娠七个月时做了引产术。然而，妻子却因高位截瘫永远也站不起来了。

所有的美好瞬间变成了噩梦。那一刻的苗树青陷入了深深的痛苦中，他想的不是自己今后的日子如何过，而是心疼年轻的妻子就此一生都要在床上度过，担心个性刚强的妻子不能承受这样的打击。但是，面对妻子时，苗树青依然是一脸阳光的笑容。在那段日子里，他对妻子说得最多的话就是：一定要坚持，一定要有生活的信念和信心，我要抱着你走过一生一世。这是爱的承诺，更是责任的担当。

生活在完全改变中开始

妻子的高位截瘫，完全打破了苗树青原有的生活轨迹。从此，照顾、呵护病中的妻子成了苗树青最主要的生活内容。妻子的吃喝拉撒睡，每一件事他都要做到最精心、最周到。每天清晨首先要检查处理妻子的大小便，然后帮妻子擦身子洗脸，让妻子和生病前一样清清爽爽、漂漂亮亮。

其实，对于苗树青来说，每天照顾妻子的饮食起居并不是最难的，最难的是他要帮助妻子一点点从梦魇般的疾病状态中走出来，让她不再经常陷入痛苦中，让她坦然面对并接受现实。为此，苗树青自己首先要装作无所谓的样子，尽量淡化、疏解妻子对病情的心理压力，他想让妻子坦然地接受他为她所做的一切。

聪敏的妻子明白丈夫的良苦用心。在生病初期，每当丈夫不在的时候，她经常会独自流泪，她想念轻快奔跑的青春岁月，想念曾经工作的岗位，想念她和丈夫牵手徜徉的每一段路程……但当丈夫回来后，她会抹去泪水，装作轻松的样子，她不愿意再增加丈夫的负担。这对患难夫妻就这样相互体贴、相互关爱、相互搀扶着开始了他们完全被改变了的生活。

他们手牵着手走过苦难

从妻子生病的那一天起，苗树青就始终没有放弃要让妻子站起来的信心，他狠下一条心，一定不能中断妻子的康复训练，一定不能让她的肌肉萎缩。他认为，专家的结论是专家的，只要坚持，妻子说不一定总有一天会站起来。假如肌肉萎缩了，就是病好了，妻子也是没有能力站起来的。于是，苗树青跟别人学办法，现学现卖，每天坚持为妻子做6小时的康复训练，每一次的训练他和妻子都会大汗淋漓。每当这时，妻子都会爱怜地凝视着丈夫，心疼地抹去丈夫额头上的汗水。当苗树青轻轻的吻痕落在妻子额头的时候，这对恩爱夫妻手牵着手走过苦难的信念再一次坚定。

半年后，奇迹发生了——妻子的脚趾终于有了知觉。现在，妻子的脚趾可以自主活动，大小便也能控制了，而且已经十几年没有失禁过。高位截瘫的妻子没有生过褥疮，脚部肌肉基本没有萎缩，副交感神经恢复良好——令专家惊叹的事情被苗树青做到了，这是一个26年用信念支撑的奇迹。

爱在患难中升华……

苗树青的挚爱、康复训练的效果以及家人的理解支持，这一切都让曾经痛苦甚至绝望过的妻子重新拾起了生活的信心。1997年，女儿的来到，更让这个家庭充满了温馨。

虽然有诸多的不方便和困难，但妻子一定要坚持自己带孩子，她要把从丈夫身上得到的爱，加倍地给予他们的女儿。苗树青上班前，总要把女儿吃的用的东西放到妻子能够得着的地方。没有力量抱起女儿，妻子就坐着轮椅，“游走”在床边，给女儿喂牛奶、换尿布、拍她睡觉。如今，可爱的女儿已经上中学了。

凡是知道苗树青故事的人，都把他看成名副其实的好人。而苗树青却显得格外淡定。在他看来，在与妻子走过的这26年里，他非常幸福、非常开心、非常满足、非常有成就感。他说，人的生活状态可以有很多种，人生的享受方式同样有很多种，夫妻俩能够在患难中相互搀扶着走过一生，就是一种愉悦、一种快慰，这种层面上的爱，更让人难舍难分。

（《西宁晚报》2011年6月28日）

【赏读】

这篇作品是“寻找西宁好人”专题报道系列中的一篇，2011年5月到9月，地处西北一隅的《西宁晚报》在深入开展“走、转、改”的活动中，主动寻找有效载体，关注身边的平凡人，挖掘普通群众身上的不平凡精神，在显著位置连续推出5批共48位西宁好人的事迹报道，引发全省各地区热烈反响，进而被青海省记协推荐参评第22届中国新闻奖。

“寻找西宁好人”是一个非常成功的专题新闻策划。90年代以来，社会开始变得急功近利，人们普遍崇拜的是成功和财富。大众媒体也投其所好，充斥大众传媒显要版面的，不是各式的明星、企业家，就是各种作奸犯科的恶人。而“好人”，尤其是普普通通的平凡好人，是难以成为大众传媒关注的核心的，偶尔有几个“最美”的新闻人物，也是在新闻事件发生之后，媒体才被动介入报道的。而《西宁晚报》主动出击，寻找平凡好人，显示了媒体的一种社会责任和良知。而把寻找的范围限定在“西宁”，又能发挥新闻的接近性作用，符合报纸主要在西宁市发行的特点。在“寻找西宁好人”获得成功后，《西宁晚报》又陆续推出了“寻找海东好人”、“寻找海南好人”、“寻找海西好人”、“寻找海北好人”、“寻找黄南好人”等专题系列报道，体现了媒体持续的社会影响力。

有了好的主题策划，还必须通过可操作性强的方案来实现，否则就成为一句空话，这也是“主动出击”型专题报道的特点。为了能真正找出有代表性的好人，《西宁晚报》连续刊发了好几期“寻找西宁好人”活动的消息。一石激起千层浪，“寻找西宁好人”活动立即在广大读者中引起强烈共鸣，西宁市、青海省乃至全国各地的热心读者和网民动用了一切可以参与的手段，有的亲自跑到报社举荐其心目中的西宁好人，有的通过电话、短信举荐，有的通过《西宁晚报》QQ群、官方微博发来心目中西宁好人的资料。短短一周时间，就有数百个读者心目中的西宁好人汇聚在评选活动线索库……半年时间内，报社收到读者信函上万封、投票4万多张。读者的热情参与一方面说明该主题策划得到了广泛的认同；另一方面，也为报道提供了宝贵的线索。报社组织精干人员在这些线索中精选，前后推出5批共48位西宁好人的报道，还根据评选活动的进展，通过消息、评论等新闻体裁进行报道，为整个活动的圆满完成提供了强有力的支持。

在“寻找西宁好人”专题系列报道中，《我要抱着你走过一生一世》以对重病妻子不离不弃的丈夫的誓言为标题，使主人公的精神闪光点一览无余。正文主体平铺直叙，以时间为顺序，将人物的人生际遇直线呈现，没有过多地运用叙事技巧，语言也平淡自然，但把主人公对重病妻子无微不至地关怀、照顾的细节和心路历程都写得清清楚楚，使读者能够在顺畅的阅读之后细细体味出主人公的那种普通平凡的大爱，这正符合“平民好人”质朴无华的本质。苗树青并没有惊天地、泣鬼神的举动，也没有传统典型人物的豪言壮语，更多的是与病妻相依为命、不离不弃。正是通过平凡人在遭遇人生不测之后的淡定生活，传达出对所有人的精神感召：“人的生活状态可以有很多种，人生的享受方式同样有很多种，夫妻俩能够在患难中相互搀扶着走过一生，就是一种愉悦、一种快慰，这种层面上的爱，更让人难舍难分。”媒体不是有意为社会塑造典型，而是有意识将生活中的亮点、平凡生活给人们不经意的感动揭示出来，从而真正彰显“社会环境守望者”的功能。

在回顾整个活动的效果时，我们不难发现，如果没有打出“寻找西宁好人”这个主题口号，类似的单篇作品（典型报道）也能刊登，也会产生一定的社会影响，但恐怕就无法形成系列报道所带来的那种冲击力，而是很容易湮灭在其他新闻报道中了。正是在统一的专题报道主题统领之下，单篇作品叠加形成了“1+1>2”的共振效果，这也是专题类新闻尤其是专题系列报道的魅力所在。

附：《西宁晚报》“寻找西宁好人”专题系列报道目录

序号	单篇作品标题	刊播日期	版面/栏目	字数
1	本报今日起寻找西宁好人	5月10日	A01头版	820字
2	我们身边的西宁好人太多了	5月14日	A01头版	860字
3	瑰宝	6月14日	A01头版	1 800字
4	公交司机寄养6名孤残儿童	6月14日	T01头版	1 025字
5	32年照料脑瘫儿谱写人间大爱	6月14日	T01头版	875字
6	照顾患精神病校友胜似亲人	6月14日	T01头版	1 090字
7	代永虎负债救助病重朋友	6月14日	T01头版	800字
8	“吝啬鬼”16年救助5 000人	6月14日	T02版	1 000字
9	马桂梅真诚撼动“上甘岭”	6月14日	T02版	1 000字
10	患难夫妻演绎凄美爱情故事	6月14日	T02版	1 800字
11	坚强老人靠拾荒供孙女上大学	6月14日	T03版	912字
12	六旬老翁伺候卧床继母数年	6月14日	T03版	1 000字
13	长不大的孙鸣用自强感动别人	6月14日	T03版	1 400字
14	铁汉子冒生命危险为农民工讨薪	6月21日	T01版	1 500字
15	好的哥热心助人成社区名人	6月21日	T01版	927字
16	女民警是社区居民的“家里人”	6月21日	T01版	1 000字
17	诚信母亲交还儿子生前所收公款	6月21日	T02版	769字
18	80后小伙成福利院孩子亲哥哥	6月21日	T02版	1 200字
19	退休老人月月捐款做慈善	6月21日	T02版	941字
20	“比女儿还亲的好儿媳!”	6月21日	T02版	1 000字
21	回族老人历尽艰辛养育弃儿	6月21日	T03版	1 000字
22	平凡农民30年赡养5位老人	6月21日	T03版	1 000字
23	苦难压不垮的柔弱女人	6月21日	T03版	1 000字
24	社区好“总理”老伴的好“保姆”	6月28日	T01版	1 000字
25	女儿啊，妈妈就是你的天空	6月28日	T01版	1 000字
26	身兼三职的怪人李福山	6月28日	T01版	1 000字
27	李振民：湟岸巷人人皆知的好人	6月28日	T02版	1 000字
28	七旬老太与九旬老太的母女情	6月28日	T02版	1 000字

（续上表）

序号	单篇作品标题	刊播日期	版面/栏目	字数
29	我要抱着你走过一生一世	6月28日	T02版	1 000字
30	垃圾中转站的忠实守望者	6月28日	T03版	1 000字
31	李霞带百位老人共舞“俏夕阳”	6月28日	T03版	1 000字
32	一位让人敬重的公交车司机	6月28日	T03版	1 000字
33	社会各界群众热推西宁好人	7月4日	A02要闻版	900字
34	5 000封信件推荐西宁好人	7月7日	A01头版	1幅
35	社会各界人士祝好人有好报	7月7日	A02要闻版	1 300字
36	他与废旧电池的十年之缘	7月12日	T01版	800字
37	王玉珍：让孤寡老人不孤寂	7月12日	T01版	1 000字
38	守望在大山深处的“孩子王”	7月12日	T01版	1 000字
39	现代打井人的亲情牵挂	7月12日	T02版	1 000字
40	王梅：98岁孤寡老人的“福星”	7月12日	T02版	1 000字
41	要和大家过好日子的残疾人	7月12日	T02版	1 000字
42	“心灵鸡汤”让残疾人高昂起头	7月12日	T03版	1 000字
43	这条汉子酷爱自掏腰包管闲事	7月12日	T03版	1 000字
44	让我守护你人生的最后旅程	7月12日	T03版	1 000字
45	重新来一回我还选这个家	8月2日	T01版	1 000字
46	父亲，我们带你去看油菜花	8月2日	T01版	1 000字
47	这个肩挑几副担子的女人不简单	8月2日	T01版	1 000字
48	赵长贵：自掏腰包研制无毒农药	8月2日	T02版	1 000字
49	患难中见证不离不弃的亲情	8月2日	T02版	1 000字
50	社区大学生志愿者的80后视角	8月2日	T02版	1 000字
51	这个低保户老人特爱“管闲事”	8月2日	T02版	1 000字
52	卖报20年让家人住上新房	8月2日	T03版	1 000字
53	马宝祥：在玉树让人潸然泪下	8月2日	T03版	1 000字
54	李积梅：用歌声笑对人生	8月2日	T03版	1 000字
55	首届“西宁好人”颁奖典礼举行	9月24日	A02版	900字
56	西宁好人擎起真善美旗帜	9月26日	A02版、A07版	6 000字

案例二

西安电子科技大学“卡门”事件调查

主持人：西安电子科技大学的学生近日向中国之声的记者反映，他们从未申请办理过工商银行的信用卡，但是在当地的工商银行查询时却发现，自己名下平白无故地多出了一张信用卡。“中国之声”记者杨超前往西安调查采访，发现共有一万多学生在毫不知情的情况下，被校方冒用信息办理了信用卡。校方为什么这样做？银行方面是否违规，又从中得到了什么呢？学生的权益受到了哪些方面的侵害？请听记者从前方发回的报道。

一张小小的工行信用卡近日搅动了整个西安电子科技大学，事件的起因是12月8号一位西电学生在网上发布帖子，称自己去学校旁边的工商银行办理网上银行，被告知不能办理。原因是他名下已经有一张牡丹信用卡，并且已经开通网上银行，可他从未办理过工行信用卡。由此这起学生个人信息被盗用事件揭开冰山一角。此后很多学生开始查询工行的客服电话，发现自己的名下都有一张从未见过的工行信用卡。

学生1：宿舍里的、班里的同学都办了嘛。然后就说大家都打听问一下，95588。打了之后，他就说7月3号办了这样一张卡，但是我从来没有办过信用卡，但是（电脑）体现是有一张（信用卡）。

学生2：好像学校财务处给办的，学生根本不知道，我们根本什么都不知道，突然就有张卡了，都不知道这个卡怎么来的。他凭啥用我们的身份证啊。网上就有人说，我就不认可这张卡，因为没有我的签字嘛。

记者：大概多少人有这种情况？

学生：网上说至少是四位数的，上万了吧。

在西安电子科技大学，记者做了深入调查，发现在老校区的研究生和博士生被办卡的比例很大，在新校区2006、2007、2008级通信工程学院、电子工程学院、机电工程学院、经济管理学院都有学生反映，被冒用信息办了工行信用卡。

办理信用卡有着严格的规程，必须本人提出申请，提供详细信息，亲笔签名办理。可是这么多学生竟在毫不知情的情况下被办理了信用卡，银行方面是怎么操作的呢？记者查到这些冒名信用卡的办理银行是中国工商银行西安分行南关支行。信用卡部两位负责人承认，从今年4月份到7月份，一共给一万多名学生办理了信用卡，卡都是由学校统一办理的，那就是说连持卡人本人签字这样的事都由学校代劳了。

银行：这个卡我们就是针对学生批量办，办这个卡第一你是免五年年费，信用额度是零。办卡的流程呢，我们首先跟学校的校方签这个协议，我们是批量办卡的性质，双方都是在给学生做好事的基础上签了一个协议的，这是经过校方认可的。

记者：学生跟我们反映说，他们根本就没有拿到卡，根本就不知道有这么一个卡，是不是咱们之前在申请这个卡的时候应该对学生有一个告知，或者说让本人有一个签字？

银行：这个我们应该是跟学校谈的，学校在发卡的时候他应该宣传，他们校方今天也谈到这个。

记者：是发卡还是说办卡的时候就应该告诉学生？

银行：我们办的时候就是学校给我们提供身份证，然后给我们提供一些相关的资料，我们给他办了，这也是符合我们办卡条件的。发卡的时候你学生可以进行选择，你可以不要，你不要我们可以进行销卡。

记者：针对学生现在反应这么大，很多学生说他根本不知情，或者说他不想要这个卡，还有无法注销的情况，咱们下一步准备怎么办？

银行：针对这个，我们前期也跟学校协商过了，学校也把他们所有部门安排到一块儿开了个会。他们现在要针对每一个学生进行宣传，宣传的途径就是如果你学生要的话，那你就填表办理；如果你不要，我们就集中进行销户。现在目前这批卡已经做销户处理了。

记者：全部做销户处理了？

银行：对，这个流程里面，我们以后唯一要借鉴的就是我们跟校方在谈的时候要把这件事情让所有的学生知悉。

在学生们毫不知情的情况下办了一万多张信用卡，中国工商银行西安分行南关支行有关人员竟然说符合程序，不违规。他们为什么要这么做？真的是仅仅出于好心吗？记者采访了多位银行界业内人士：

记者：办一张卡都会有提成，有一个工作量是吧？

业内人士1：对。

记者：大概提成会有多少钱呢？一张卡。

业内人士1：上了一定量以后一张卡就会有10块（提成），多的二三十块的都有。

业内人士2：银行内部他有一个考核指标，比如说每个业务人员一年要开拓多少个客户，你一个学校一万个客户，他一下就能完成全年的工作目标。第二个问题是，银行通过这种途径，他可以培养自己潜在的客户，你大学毕业的时候，第一时间你接触了这家银行，你就有可能一生都会和这个银行打交道。

在学生不断反映以及舆论关注下，西安电子科技大学有关负责人终于承认：学校配合中国工商银行为学生集体办理了信用卡。

17号上午9点多，记者见到了学校宣传部长强建周以及一位自称是财务处处长的人。他们马上表示一个小时后就要发布一个情况说明，并向全体学生致歉。然而面对如此大规模的盗用学生个人信息事件，两位领导却没有表现出丝毫的歉意。

记者：怎么最后留的是财务处的电话啊？联系电话。

财务处长：这个没有问题，有啥问题？

记者：这个没有问题吗？可是为什么都说不知道呢？

财务处长：不知道就不知道嘛，不知道咋了？

记者：他不知道就给办了信用卡，这不是一个很严重的问题吗？

财务处长：这给你省事了，不好吗？

记者：学生被办了信用卡，没拿到卡也没签过名，他不知道，这个您觉得是省事了？

财务处长：不知道就不是你的卡了！就完了嘛！

记者：就在我的名下怎么能假装不是我的卡呢？

财务处长：这个卡呢，让我理解就是低成本无风险，这么好的事情为什么不去给学生做呢？

记者：可是办信用卡的时候一定是要本人签字，本人知道啊?!

财务处长：这是常规啊，我们中国讲一般情况下，这个东西，还有个“二般”啊。

记者：您指的“二般”是什么？

财务处长：还有个特殊情况嘛。这样办快嘛，银行效率高嘛，迟早会让他们知道的，对不对?!

记者：那为什么不能通知每个学生本人，他现在名下有一张卡，那这张卡你可以透支也好……（打断）

财务处长：这就是我们做得不对的嘛，这是我们大人做得不对！这个跟学生讲了！（念学生的信）在同学的提醒下，我尝试去了工商银行，确认该行为我办了一张信用卡，这应该是我们的个人信息，怎么能透露给第三方？这是我给这个同学的回复，原话是，据我了解，你所反映的是在我校与工商银行密切合作过程中出现的。为什么会出现这种事？我理解的是，这几年我校跨越式发展需要银行给予资金上大力支持，比如说，没有钱，我们咋建新校区？与此同时，银行也需要学校帮忙给他做一些事情，通过学生这种潜在的消费群体，完成一定量的办信用卡的任务，我认为合情合理！你在最困难的时候求银行，银行反过来也求你，双赢互利才是合作的基础，这个道理你们学生应该懂吧！

校方为了回报工商银行的支持，竟然毫不吝啬地将学生个人资料拱手相告。《中华人民共和国居民身份证法》第十七条明确规定，冒用他人居民身份证由公安机关处二百元以上一千元以下罚款，或者处十日以下拘留。如果校方稍有法律常识的话也不会对擅自使用学生身份证的行为表现得如此满不在乎。在采访中，当记者询问到学校对保护学生个人信息有何规定时，宣传部长强建周勃然大怒。

记者：学校对学生的个人信息在管理上有什么样的规定吗？比如说能保障学生的个人信息不被泄露？

宣传部长：你这个，我跟你说啊，你现在别按照你的思路，你跟着我的思路走。我们马上要在网上公布消息，而且要占领天涯，占领你们所有得到信息的渠道，所以你再不要挖这个事了，这是学校的一个集体行为。你一问我就理解你想做啥，你想说学校对学生的信息是否应该保密？

记者：那你觉得应该吗？

宣传部长：不是应该不应该，我们为啥要向银行保密？银行他是个信用单位。

财务处长：银行还要替储户保密，你懂不懂?!

记者：但是你们不应该对银行透露啊！

财务处长：我为什么不应该向银行透露，为什么不能给银行呢?!

记者：行，那谢谢你吧，我们了解情况了。

宣传部长：您稍等一下，既然来了啊，既来之则安之，西电是阳光的……

记者：那我们就先走了啊，谢谢。

宣传部长：先请坐，先请坐。

记者：不用了，不用了，我们还有别的工作！

宣传部长：你先别走，你要这样，我可以让保卫处来扣留你！我可以马上扣留你！

记者：你为什么让保卫处来扣留我呢？

宣传部长：你学习过这个没有，请坐，学习一下，让我们秦老师给你学习一下。

记者：我的采访已经结束了，谢谢您配合我的采访。

宣传部长：干吗啊?！啊！找门卫把她扣住。

记者：您刚刚说什么？

宣传部长：叫门卫把她扣下来！我今天要做一个轰动全国的事情！来！我要做一个轰动全国的事情！

记者：我的采访已经结束了，我为什么不能走呢？我的采访没有任何违规的地方！

反思整个事件，西安电子科技大学在得到学生的身份证等个人信息后，当作学校资产回报给了支持学校建设的银行，缺乏基本的法律常识；而中国工商银行西安分行南关支行为了追求业绩，违反操作规程，在学生不知情的情况下强制办卡，也体现出监管的缺失和法律意识的淡漠。

因个人信息被泄露给当事人带来损害的事情时有发生，例如，网站泄露用户信息、医院泄露病人信息等。而这次学生戏称的“西电卡门事件”再次为我们敲响警钟。有关专家呼吁，应尽快出台《个人信息保护法》，只有通过立法才能使困扰公众已久的个人信息泄露问题得到彻底解决。

（中央人民广播电台《新闻纵横》2008 年 12 月 18 日）

【赏读】

《西安电子科技大学“卡门”事件调查》是中央人民广播电台名牌新闻栏目《新闻纵横》中的一期新闻专题，是一篇具有很强新闻性和冲击力的调查性报道。播出后全国多家媒体全文转载，在新浪、搜狐等门户网站连续 3 天点击率位居前三名。由此引出的“史上最牛宣传部长”、“2008 年最后一句流行语”等话题被网友热议，据不完全统计，几家门户网站的留言达到数十万条。作品因为超强的社会影响力而获得第 19 届中国新闻奖二等奖。

这篇报道之所以社会关注度高，首先，新闻事件具有典型意义。因为个人信息泄露问题普遍存在，并且长期困扰着人们。而西安电子科技大学如此大规模地冒名为学生办理本来就属违规的信用卡，极具代表性。《西安电子科技大学“卡门”事件调查》虽然揭示的只是类似事件的一个小小个例，但是可能引起人们对其他相关问题的关注。其次，记者的报道工作质量非常高。女记者杨超在得到此条新闻线索后，连夜赶往西安电子科技大学，为了全面了解真实情况，三天内做了深入细致的调查工作，采访了近百位师生，获取了大量第一手材料。虽然在采访银行和校方时遇到极大阻力，但是她坚持不懈，终于将报道完成。记者在采访过程中作了深入、细致的调查取证，使整个报道有充分的事实根据。而记者对大量业内人士和法律专家的采访以及对相关部门人员采访过程的展现，使报道更加全面而公正。再次，声音的运用使本篇报道具有了独特的魅力。广播新闻唯一能运用的语言符号就是声音，这篇报道中，大量同期声的运用，使人身临其境，尤其是最后宣传部长失态地宣布“我们马上要在网上公布消息，而且要占领天涯，占领你们所有得到信息的渠道”、“我今天要做一个轰动全国的事情！来！我要做一个轰动全国的事情！”这个声音成为整个报道中吸引听众的一大亮点。虽然事后该宣传部长认为是因为记者当时采访时的态度太咄咄逼人，他不太习惯，所以失态。但作为一个宣传部长，面对直白的提问就失态，恐怕也是平时工作中只习惯于听好言好语，不愿意面对批评所致。报道在大量同期声的基础上，适当辅之以叙述性语言和简单议论点评，述评结合，在把握事实客观性的基础上使得事实真相逐步显现。

这条专题的后期制作也是十分出色的，整篇报道以因果关系为线索，先摆出结果，以悬念抓住受众，再顺藤摸瓜，层层剥笋，寻找出事件的真实原因，让受众渐入佳境，较好地把握了广播新闻线性叙事的结构特点。

案例三

瓮安之变

作者：王先宁　王友军　张　健　韦良成　徐齐飞

（片头）

（字幕）2008年6月28号，因为一名女中学生溺水身亡，由于各方处理不当，部分群众聚集瓮安县城，进而引发大规模群体事件，直至一场大火烧向县公安局、县委、县政府大楼……

映红瓮安县城夜空的熊熊烈火震惊全国、震惊世界。

三年时间过去了，从瓮安之乱到瓮安之治，再到瓮安之变。2011年，瓮安各项工作指标在贵州排名前列，其中，群众满意度位居全省第一。三年来我们一直关注瓮安，我们的记者用镜头真实记录下瓮安是怎么在艰难的1 000多个日日夜夜里最终实现破蛹化蝶的。

痛定思痛，化解矛盾释民怨

瓮安“6.28”事件看似偶然，实属必然。深层次的原因是在经济快速增长的背后却存在社会建设投入偏低，民生欠账越来越多；干部作风问题突出，干群关系比较紧张；治安状况严重恶化，警民矛盾日益凸显等诸多问题……当地流传这样一句顺口溜：“好人散了伙，坏人结了帮，治安搞不好，难以奔小康。”

2007年的有关调查统计表明，当地群众的安全感仅为59.09%，在全省列居后位，全州倒数第一。

瓮安“6.28”事件引起了党中央、国务院的高度重视。中央有关领导作出重要批示。

立党为公，执政为民。如果背离了全心全意为人民服务这个宗旨，就会动摇我们党的根基。

多年来，瓮安因矿群纠纷、库区移民搬迁、房屋强制拆迁、企业改制等社会矛盾导致的信访量逐年上升，而办结率仅为18%。

民怨积淀，警民关系似同水火。要想化解民怨，首先必须转变干部作风，面对群众，贴近群众，直面矛盾，化解矛盾。

2008年下半年，黔南州委率先在州、县、乡开展“三级联访”，广泛推行约访、下访、接访活动，层层化解矛盾。瓮安县新一任县委领导迅速在全县组织开展了县委书记大接访和机关干部大巡访、千名教师大家访、公检法司“四长”大联访、乡镇干部大走访等“五大访活动”。

2008年7月11日上午，“县委书记大接访”在县人民广场拉开大幕。9点不到，上访群众已达200多人，全天共接访900人次。

这一天，新任县委书记龙长春接访了88起。

三年时间来，全县信访量从2008年的2 000多起下降到2009年的600余起，2010年降至60多起。

广大党员干部纷纷深入基层群众，问需于民，化解民怨。公安干警也进村入户，与农民同吃同住同劳动。

（同期声）群众 姚建华：我们的一点点小事，他们都是亲自过问的，就拿那个小陈同志来说，我都和她亲如姊妹，感情好得很。

（同期声）瓮安县公安局 陈萍：我感觉和他们的关系很融洽，觉得老百姓很纯朴，久而久之，觉得大家就像一家人一样，大家基本上都是以兄弟姐妹相称。

与此同时，一场声势浩大的打黑除恶专项行动也迅速展开。长期称霸一方的“玉山帮”等20多个黑恶势力团伙被一网打尽，300多个犯罪分子受到法律严惩，9名充当黑恶势力“保护伞”的国家机关工作人员被依法审判。

2010年，瓮安群众安全感上升到96.92%，全省排名第三、全州第一。

在参与“6.28”事件的人群中，有相当一部分青少年是在黑恶势力的裹挟中盲从、盲动参与到打、砸、抢、烧之中的。

（同期声）原瓮安四中副校长：“6.28”事件，我觉得在学校教育这一块，我们也进行了一种深层次的反思，我觉得学校在法制教育上还有很不到位的地方。

（同期声）学生家长：从来没有好好管教过他，我们大人感到内疚，没有带好他。

涉案的104名未成年人，是严惩？还是挽救？省、州、县认真贯彻“宽严相济”的刑事司法政策，104名中有94名消除了记录，其中有54名还考上了大中专院校。

（同期声）学生家长：作为家长，深切的感谢，我们无法用语言来说出这份感激之情。

以人为本，民生优先解民忧

“6.28”事件发生前，瓮安县的GDP和财政收入增长虽然比较快，但用于改善民生的投入却明显滞后。经济发展与社会建设一条腿长一条腿短。

只有坚持发展为了人民、发展依靠人民、发展成果由人民共享，发展才能更好更快。

征地拆迁难是城市改造中最棘手的问题，很容易引发社会矛盾冲突。“6.28事件”的发生，就与此关系密切。

自2009年瓮安县委县政府提出“新旧并举，东改西扩，北推南移”的县城发展战略，三年来，县委坚持让利于民的原则，和谐拆迁4 000多户，拆迁面积达37.4万平方米，新建商品房208万平方米。城镇建设三年累计投入8.6亿元，城区面积从6.5平方公里扩大到10平方公里。月亮山下，瓮水河畔，一个绿草如茵、鲜花盛开的城市呈现群众眼前。

（同期声）群众：瓮安变化太大了，又出现了一个新的县城，几十年、几百年的旧房子都拆了，一去不复返了。

为了更好地保障民生，瓮安在社保救助、医疗卫生、教育、文化等方面做了大量工作。三年来，财政投入就达到10.5亿元，所有的努力都是为了让瓮安人民生活在景美人和、歌舞欢畅的和谐社会中。

（同期声）群众：我们每天来这里锻炼，心情很高兴。

执政理念决定发展思路。思路一变矛盾迎刃而解。

瓮安县城镇居民人均可支配收入和农民人均纯收入从2007年的8 278元、2 550元增加到2010年的11 090元、4 050元，年均增长10.22%和16.67%。

转变作风，凝聚民心构和谐

人民群众是我们党的力量源泉。群众看干部作风，就是从接触到的、看到的、听到的一点一滴看起，而且以此打分评判。从小处做起，细致入微显真情，一点一滴见作风。

“6.28”的沉痛教训，让黔南州、瓮安县的领导和干部清醒地认识到，干部的作风建设关乎民心向背，关乎事业成败。

三年来，瓮安县进行机关作风教育大整顿，深入开展“记民情日记，建民情台账”等活动，干部作风极大转变，真正走下去，知民情、听民意、解民忧、排民难。

肖宗平：现在就好得多了，把我安排在城管队工作，每天有事情做，心头很踏实，确实我要感谢党。

在抗凝救灾、抗旱救灾期间，瓮安县各级党组织主要领导亲自带队，发扬艰苦奋斗的优良作风，日夜奋战在抗灾第一线，与受灾群众共渡难关。抢修电路、护送学生、公安交警疏通道路、送水等等一幕幕的感人场景，再现了大灾面前干部和群众之间的鱼水情。

据省调查队抽样调查，“瓮安事件”前，群众对瓮安干部作风满意率仅为27.60%，开展作风教育整顿活动后，群众对干部作风满意率为85.6%，上升了58个百分点。

浴火重生，和谐稳定促发展

三年多来，中央、省、州领导多次到瓮安视察指导工作按照州委“三实三创”，狠抓发展第一要务，勇担维护稳定第一责任的要求，各级各部门的大力关心支持下，瓮安在扎实抓好化解矛盾、转变作风、改善民生工作的同时，深深地认识到，只有真正践行和落实科学发展观，正确处理好“发展、民生、稳定”的关系，才能促进县域经济社会的持续健康发展，实现瓮安经济社会又好又快更好更快发展。

（同期声）贵州省委常委、政法委书记崔亚东：这三年来，瓮安县委县政府在省委省政府领导下，始终把教训变为财富，整个瓮安发生了翻天覆地的变化，经济发展，民生改善，社会和谐，群众安全感有明显的提高。

当前，瓮安新一轮城镇建设又迈开了矫健的步伐。按照“城乡统筹”的要求，正集中力量推进县城及周边乡镇同城化，培育各具特色的小城镇，以村庄整治为龙头，打造具有瓮安特色的新农村。并以“185”工程为抓手，加快农业产业结构调整的步伐，真正使群众增收致富。

如今的瓮安政通人和，民心舒畅，经济社会发展势头喜人。瓮安人民正励精图治，豪情满怀地迈向新的征程，走向新的跨越。

（黔南广播电视台新闻综合频道 2011年11月5日）

【赏读】

《瓮安之变》是一部针对性很强的电视新闻专题片。2008年6月28日，以17岁的初中女生李树芬溺水身亡为导火线，贵州省黔南州瓮安县爆发了一场虽无人员死亡、但财产损失惨重的群体性事件，该事件立即轰动全国，让这个原本默默无闻的小县城知名度大增。时隔三年多后，当地紧张的干群关系是否得到了缓解？造成瓮安事件的深层次矛盾是否得到了解决？这篇电视专题报道给出了答案。

层次清晰、结构完整是这部长达 14 分 08 秒的电视新闻专题片最大的特色。作品主要记录从瓮安之乱到瓮安之治，再到瓮安之变的过程，通过“痛定思痛，化解矛盾释民怨”、“以人为本，优先解民忧”、“转变作风，凝聚民心构和谐”、“浴火重生，和谐稳定促发展”等多个小标题有层次地将主题凸显出来。其中心线索始终围绕职能部门如何做，老百姓如何评价两方面来进行，从而较好地揭示瓮安之变的根本原因，层次清晰又井然有序。

为了使得专题片更能让人信服，该片坚持用事实和数据说话。片子开头处就开门见山，回顾了三年多前那场让人心情沉重的事件，并指出了其深层次的原因：在经济快速增长的背后却存在社会建设投入偏低、民生欠账越来越多的问题；干部作风问题突出，干群关系比较紧张；治安状况严重恶化，警民矛盾日益凸显等诸多问题……在说明这些问题的同时，又列举了两个方面的数据：2007 年当地群众的安全感仅为 59. 09%，在全省列居后位，全州倒数第一；信访量逐年上升，而办结率仅为 18%。从危机说起，使得后面的瓮安之“变”就有了可比较性。在具体的瓮安之治的陈述中，重点从化解民怨、打黑除恶、加强学校教育、加大民生投入等方面介绍了瓮安之“变”的内涵，全文用大量的事例和数据来说话，并运用当地群众的现身说法来增强说服力。如“瓮安县城镇居民人均可支配收入和农民人均纯收入从 2007 年的 8 278 元、2 550 元增加到 2010 年的 11 090 元、4 050 元，年均增长 10. 22% 和 16. 67%”，“‘瓮安事件’前，群众对瓮安干部作风满意率仅为 27. 6%，开展作风教育整顿活动后，群众对干部作风满意率为 85. 6%，上升了 58 个百分点”等。是真变还是假变，可谓是一目了然。

多种电视表达手法的丰富运用，使得这部篇幅较长的电视新闻专题片视觉效果好、节奏感强、说服力十足，显示了采编者深厚的电视新闻采编和制作功底。

案例四

东方网·神舟九号发射

（资料来源：东方网截图）

【赏读】

网络媒体在传达信息方面具有内容上的海量性和多样化，形式上的多媒体、超文本等特点，在进行专题报道时最能够彰显其本质特征。网络媒体是一种集合式媒体，能够在最大限度整合各种传统媒体资源的基础上进一步发挥自身的优长，具有多媒体集合策划的功能，并能使专题即时流动起来，这是传统媒体新闻专题望尘莫及的。

正式启动于2000年5月28日零点的东方网，甫一亮相便获得了大众的认可，因真正实现新闻单位的强势联合而被业界称为“东方模式”。随着时间的推移，东方网已经成长为国内最有影响力的综合性新闻网站。同传统媒体一样，网络媒体在选择新闻对象做专题报道时仍然要恪守题材的重大性。虽然我国已经多次发射载人宇宙飞船，但是神舟九号飞天是我国实施的首次载人空间交会对接，仍然为世人所瞩目。2012年6月16日“神九”发射成功不但标志着我国航天事业的进一步发展，同时也是我国综合国力进一步提升的表现，因此，将其作为一个专题进行报道是非常恰当的。

东方网的《神舟九号发射》新闻专题报道同一般网络新闻专题一样，对各大传统媒体上与之相关的新闻报道进行了整合。但是它没有简单地根据来源形式将其分为纸媒、音频、视频等，而是根据内容将其分为重大新闻、最新报道、分析评论、飞天故事、亮点展示、图片报道、新闻排行、资料集锦等若干个板块，相互交融而又不显得重复累赘，形式多样又不至于让人眼花缭乱，将新闻报道的时效性、深入性以及厚重感很好地彰显出来。这就是专题报道的魅力之所在。

同时，由于人们对于网络内容浏览的习惯，一则网络新闻专题能否在很短时间内抓住网民的眼球显得至为关键，甚至决定其得失成败。东方网的《神舟九号发射》专题报道在色彩搭配、故事挖掘、图片运用等方面都是可圈可点的。比如在色彩搭配上，以蓝色为主色调，与航天的主题相契合，但是在蓝色中也有差别，使得层次清晰、过渡自然。在故事挖掘方面以人物为主体，多关注生活性话题，使得相关内容可读性强，从而较好地抓住受众的眼球。在图片的运用上，注重突出细节与人物，并且采用自动播放技术，让受众能够在最短时间内抓住精彩瞬间。

第三节 专题类新闻写作要略

专题类新闻涵盖的范围是相当广泛的，不同媒体样式在专题类新闻的写作上既有共性，也有特殊性。但是万变不离其宗，我们这里对专题类新闻在选题策划、标题制作以及结构特点等几个方面进行论述，以期引导读者更好地掌握其写作要略。

一、选题策划

究竟什么样的题材可以做成新闻专题，虽然没有一个严格的界定，但是事件的重大性是一个基本前提。随着时代的发展与新闻观念的突破，新闻专题的题材也更为丰富。从时间的角度我们可以将其分为预知性题材和不可预知性题材等两种类型。从媒体的主动性系数的角度，我们可以将其分为跟随性题材和主动性题材等两种类型。

“预则立，不预则废。”不管是什么题材，在进行专题报道之前都应当进行相应的策划，这样才能使得新闻专题发挥相应的价值和影响。对于预知性的新闻题材来说，因为对新闻事件发生的时间和基本情况有一定的了解，媒体有相对充足的时间准备，可以根据自身定位从容不迫、精心策划推出有自己特色的新闻“大餐”。如在迎接2000年1月1日“千禧年”来临时，国内各报纷纷推出专版：《羊城晚报》有“跨世纪金版”等40版、《北京青年报》有“北京新年手册”等100版，《北京晚报》有“20世纪的20个记录”、“21世纪的21个趋势”等92版；《今晚报》有100版……又如2012年8月在伦敦举办奥运会，报纸、广播、电视、网络等都事先进行了精心准备，推出了不少堪称精品的专题报道，内容琳琅满目。如没有提前的较长时间准备，这些新闻专题显然是不可能完成的。

对于不可预知的新闻题材来说，因为其发生具有突然性，只有在事件发生之后才能进行报道，所以对媒体的即时反应能力和策划能力提出了更高的要求，媒体应该立即行动，组织力量进行报道，并突出自己的特色，在新闻大战中不落人后。如2008年5月12日我国发生的“汶川特大地震”，中央电视台在很短时间内就全方位介入，推出一系列专题，在抗震救灾中发挥了积极的作用，同时也改变了相当长时间内媒体对灾难性题材新闻报道中存在的误区，获得大众的一致好评。又如2012年8月24日5时30分左右哈尔滨市发生了阳明滩大桥引桥断裂事故，造成3死5伤，凤凰网立刻于当日7时45分推出了“哈尔滨阳明滩大桥引桥断裂”专题。

对于跟随性的新闻题材来说，其报道的对象往往不是单一的新闻事件，而是一些热点现象或者问题，在时效性方面没有突发性新闻事件的要求高。在进行相应的专题报道时，媒体应该进行认真选择，有所为，有所不为，这样才能策划出既能揭示事物本质又令人耳目一新的新闻专题来。如针对一些媒体关于东莞制造业出现倒闭潮的报道和全国工商联作出的“生存困难超过2008年金融危机初期”的结论，《中国产经新闻》记者深入东莞进行调查，最后于2011年8月推出“东莞中小企业现倒闭潮　传闻还是真相?”的专题报道，揭示了东莞并未真正出现中小企业倒闭潮，但确实面临诸多经营难题的真相。

主动性的新闻题材最能体现媒体的新闻挖掘和采编能力，对于媒体树立品牌有着重要作用。而要想取得良好的效果，在策划中就要突出“独家性”，体现采编人员敏感的新闻观察判断能力，并要宣传造势，从而达到传播效果。如《南方都市报》于2005年9月13日开始推出“关注广州火车站背包党”系列专题，通过大量的深度报道，第一次向世人全面揭示了这个复杂群体的真实面目。报道推出后，引起广泛关注，其他媒体也纷纷跟进，从而形成强大的影响力。《西宁晚报》推出的“寻找西宁好人”系列性的专题报道也是媒体主动性选择的结果，将平凡人的平凡生活揭示出来，在弘扬人间真善美方面发挥了重要作用，产生了不平凡的效果。

不同的新闻题材，在进行专题报道时，其策划的重点和思路各有不同。但无论哪种类型的新闻专题，在策划过程中都必须考虑以下几个方面的问题：

第一，选题的重要性、显著性。专题类新闻是媒体的重头戏，要做到“少而精”，因此，在选题上必须把好关，媒体应该关注国内外重要的社会、经济、政治发展大局，追踪一些热点、难点问题，针对这些问题去策划专题，通过全面、客观、深入的报道让受众了解事实真相，认识社会发展的趋势。

第二，选题的时效性。虽然新闻专题并非都是分秒必争的事件性报道，但构成专题的主要素材必须是最新鲜的，专题的制作也必须迅速、及时更新，这与其他新闻的写作是一致的。现在对专题新闻有一种误解，认为凡是搞专题就得加大量的背景资料，结果把新闻湮没在了故纸堆中，把专题做成了资料汇总。也有一些媒体因为原创能力不足，热衷于做各种盘点类的专题，虽然有一定的策划思路，但是却不能体现相应的时效性。

第三，选题的差异性。重大的新闻事件或主题都会受到媒体的追捧，但如果一有重大事件发生，各路媒体一拥而上，就会造成专题新闻的同质化，给新闻受众造成审美疲劳。所以在关注重大新闻事件或主题时，媒体要认真思考从什么样的角度切入，与其他媒体进行差异化的竞争。2005 年 2 月的《瞭望东方周刊》推出了一个“过年洗个澡”的专题，以洗“过年澡”这个中国人过年再普遍不过的习俗，反映出社会的演变轨迹、社会成员的生存状态，让人耳目一新，从而区别于其他媒体关注春运等常规性专题的做法。

第四，选题的可行性。专题报道是对一个复杂事实或者重要事件进行综合演绎，许多时候需要多路记者分头采访，然后汇总，整个过程需要耗费大量的人力物力。因此，专题策划需要认真考虑其是否具有可行性，做到有所为，有所不为。比如地方媒体在国际新闻时事专题报道方面一般不具有优势，但在本地的新闻专题方面却有独特的优势，如《瓮安之变》就是由黔南地区电视台采制的新闻专题。

二、标题制作

标题是新闻的眼睛，是吸引受众眼球的第一落点，在新闻写作中也常有“题好一半文”的说法。专题类新闻因为耗费了大量的人力物力，更应该重视标题的制作，以防止受众轻易放弃对专题的关注。专题报道的标题制作总的要求是概括力强、言简意赅，并尽可能在文字上体现文采，吸引受众的注意力。

专题标题的制作，具体又分为两种情况：一种是为集合性的新闻专题制作标题；另一种是为单篇的专题报道制作标题。其中集合性的专题新闻报道在标题制作上更显示其丰富性，应该根据不同情况而加以考虑。

重大的时事新闻专题，标题应该力求明确、简洁、有力，少用一些情感色彩浓厚的词语，让受众能够对新闻事实一目了然。形式上可以采取单行题、双行题或三行题等。单行题如“威廉王子大婚”、“穆巴拉克生命垂危”，事实清楚又简洁明了。双行题如“美国国会议员遭枪击（主标题）；美国民主党女议员布里埃尔·吉福兹选民见面会现场遭枪手袭击，事故致 19 人伤亡，其中 6 人不治身亡（副标题）”、“泰国遇 50 年最严重洪灾（主标题）；首都曼谷被淹，数百万民众受灾（副标题）”。主标题是对事件本质的概括，副标题则是对事件的若干细节进行披露，以期让受众对相关内容进行深入了解。三行题如“谋求总统连任失败，宣布永别政坛（引题）；别了，萨科奇（主标题）；解析萨科奇从移民到政治明星、参选总统胜败之间的悲喜人生路（副标题）”。主标题概括新闻事实，引题引导、烘托或渲染主题，副标题补充说明事实的若干细节。

一些社会性新闻专题或非时事性新闻专题，其标题可以适当用一些感情色彩比较浓厚的标题词语，表明媒体的立场，引发读者的思考。如“最美司机——吴斌”、“步步惊心——城市建设不能短视”（新浪新闻专题，对国内屡屡出现城市基础设施致死人命的事件进行报道）、“南京大巴人质劫持案：成功营救背后的质疑”、“日本‘科研’捕鲸：谎言下的杀戮”、“高温酷暑：穷人的灾难（主标题）；中国城市热灾应急机制缺失（副标题）”等。这些具有褒贬色彩的词语可以说体现了媒体的舆论导向乃至整个社会的总体倾向，因为任何新闻报道最终的目的都是为了维护人类社会平衡有序的发展。

三、叙事结构

现在的新闻已不是“故事”时代，而是进入了“讲述故事”的时代。同时，在讲述故事时，我们不光是要讲一个“好故事”，更要“讲好”一个故事。在人类进入信息时代的今天，任何一家新闻媒体想依靠某种优势获取独家新闻而使作品脱颖而出，这种可能性已经越来越小了。通过精心构思，把新闻故事讲好，这是新闻专题写作中的重中之重。讲好故事，叙事结构就显得非常重要。叙事结构一方面保证故事线索的明晰性，另一方面也是吸引受众的一种重要手段。

新闻专题常用的叙事结构有三种：

一是纵式结构，也称线性结构，即按新闻事实发生、发展的时间顺序组合和编排材料的一种结构形式，也叫单线条链接式。这种结构比较适合事件性或人物事迹报道专题。比如本章第二节中介绍的《我要抱着你走过一生一世》，就是按照这对患难夫妻走过的人生轨迹来组织材料，从幸福的结合开始，到噩梦来临，再到不离不弃，最终表达出“爱在苦难中升华”的主题。许多新闻专题采用连续性报道的方式来进行，总体上也是一种纵式结构，因为每次报道都是事实最新进展的刷新。

二是横式结构，也称并列结构，所写事实之间的关系是并列的，选取几个事实共同说明一个主题，或选取事物的一个个侧面来共同说明主题。这种结构比较适合从多侧面来表现人物先进事迹或探讨某种问题及反映重大成就的报道。例如，中央电视台连续推出的“回眸十一五，展望十二五”就是采用并列的结构来展现“十一五”以来我国各行各业的巨大变化。这种专题报道的结构模式在单篇作品中可以立体揭示事物本质或者多面人物形象特征，在组合式报道中则可以全方位揭示主题，通常稿件的顺序都可以进行适当调整。

三是综合式结构，透过现象层层深入到事实的背后，步步深入、环环相扣，从现象到本质的一种结构方式，将纵式结构和横式结构混同使用。这种结构比较适合对新闻事件的深入调查报道，如中央电视台《新闻调查》栏目于2011年1月26日播出的新闻专题“钱云会之死”，该专题以在全国闹得沸沸扬扬的浙江乐清上访村主任钱云会突然遇车祸死亡事件为调查对象，专题先是简要介绍事件过程，再列举其他媒体和网友对钱云会之死的五大疑问，即“工程车逆行之谜”、“死者身体方向之谜”、“路口摄像头失效之谜”、“工程车不刹车之谜”及“肇事司机被带走之谜”。然后记者再深入事发地，通过对目击者、关键证人、死者亲属、公安部门人员的采访，逐步解开了这五个疑团，最大限度地还原了事实真相。

第四节　常见问题举隅

专题类新闻的写作与编辑是个系统工程，这其中既涉及单篇新闻报道的写作，又涉及整个专题报道的组合优化，因此，要求比较高。就目前来看，在专题类新闻的写作编辑中主要存在以下常见问题。

一、报道选题的同质化

专题类新闻是媒体竞争的重要方面，因此，受到各媒体的重视。但要使专题在激烈的媒体大战中脱颖而出，首先需要在选题策划上下一番苦功夫，尤其是要注重对原创专题、特色专题的挖掘。在实际操作中，不少媒体没有在专题的特色化、差异化上动脑筋，而主要是盲目跟风，因此，出现严重的同质化倾向。

目前，充斥各大媒体的专题报道多为事件性新闻。诚然，事件性新闻因为有着强烈的动态变化，有相关的人物和故事，对于“浅阅读”时代的媒体来说，制作成专题报道可谓是驾轻就熟。一旦有大事件发生，各路记者即时云集，长枪短炮各显神通，虽然各有侧重，但是制作出来的专题却大同小异。专题报道选题的同质化已经成为困扰各大媒体的一个重要问题。在事件性新闻专题中，大媒体因为有着先天的人力物力优势，在竞争中可能因为天时地利而占据上风，中小媒体如果无以抗衡，恐怕只能拾人牙慧了。这就使得中小媒体的生存压力更大。在不同的媒体样式中，网络媒体在专题报道上同质化最为严重。因为不少网络媒体没有新闻采编权，在制作新闻专题时只能以信息整合为基本手段，这就使得它们因为源于传统媒体的相关信息而大面积相同，不相同的往往只是在网页设计、评论观点上。

要避免报道选题的同质化，我们可以尝试着从以下两个方面去思考：

其一，在做好常规事件性新闻选题外，多做非事件性新闻专题。事件性新闻多属于硬新闻，使得不少媒体在做专题时更多关注事件发展演变本身。非事件性新闻多属于软新闻，这给媒体在视角、观点等方面提供了很大的发挥空间。如前所述，《瞭望东方周刊》在春节期间推出的“过年洗个澡”专题，就是抓住了一个独特的视角，有别于众多媒体关注春晚、回家路上、年夜饭、各地民俗等的常规做法，让人耳目一新。这个专题在开篇概括洗澡蕴含的文化心理、社会问题、礼仪传统、发展历史、政治原因、消费经济等，然后分成“洗澡的人”、“为洗澡者提供服务的人”、“今天我们怎样洗澡”、“洗澡经济学”、“消逝中的洗澡记忆”等若干个板块，每个板块下又有若干文章。如“洗澡经济学”是由《十里扬州路，处处尽澡堂》、《百乐门董事长的商道》、《建一座9亿农民的大澡堂》、《“美女当众洗澡”的商业策划》、《校园洗澡经济学》、《华清池上市猜想记》等多篇文章构成。这个选题虽然并没有体现宏大叙事，但也关乎国计民生，表达了大众的情感诉求，因此，获得较大成功。

其二，在做好全国影响的新闻专题外，多做本土性的新闻专题。能够彰显地方特色的新闻专题，往往视角独特，同时因为具有本土化特色而具有不可替代性。这尤其是地方性媒体和“国字号”媒体抗衡的重要法宝。地方媒体将更多的精力投向本地，因此，较之全国性更熟悉本地情形，在制作本土性的新闻专题时能够更加深入，同时也因为话题和当地百姓生活密切相关而具有接近性。如“瓮安事件”让瓮安“一夜成名”，各路记者蜂拥而入，但是在事态平息之后，媒体却少有关注，在这种情况下，黔南广播电视台发挥本土性优势制作的《瓮安之变》立足瓮安之乱这一话题，重点关注瓮安之治，从而得出瓮安之变的结论，充满了忧思，安抚了人心，发挥了较好的传播效果。这个新闻专题，如果没有扎实深入的采访是断然不可能成功的。又如在各地拼命招商引资时，南海网制作的网络专题“警惕央企带给海南的‘项目恐慌’”，在扎实采访的基础上发出令人深思、催人警醒的呼吁——“海南的发展，需要并真心实意地欢迎那一些遵守法律、遵循国际旅游岛建设规划的央企，而不是胡作非为的央企”，较好地彰显了地方媒体为本地服务的理念。

二、报道内容的碎片化

新闻专题报道许多时候是通过多篇短小的作品组合而成。这些短小的作品虽然一定程度上能够独立成篇，但是组合在一起却能表达一个更加深入的主题，达到“1+1>2”的共振效果。但是在实际操作中，不少新闻专题在内容上却呈现出明显的碎片化倾向。所谓报道内容的碎片化，是指整个专题报道的材料组织比较凌乱，缺乏清晰的线索，不能体现出整合的功效。

在传统媒体中，报道内容的碎片化，主要表现在整体构架上缺乏全局观念，没有给受众足够清晰的提示，多篇报道各自为政。比如一些报纸的专题报道，最初刊发时没有相关导读文字（如加上“编者按”等），事后也没有相关的总结（如刊发相关的总结性新闻评论），在零散地推出一期或几期报道后，就没有下文了。这样，读者对事件的整个发展过程或者专题的总体思路仍缺乏清晰的认知，报道的整体性传播效果无疑就会逊色很多。如前所述，《西宁晚报》的“寻找西宁好人”专题中，因为有着整合性的思路，因此，在避免报道内容的碎片化上就做得很好。在活动开始时，就先推出了“本报今日起寻找西宁好人”、“我们身边的西宁好人太多了”等带有总括性的文字。在推出系列专题的时候，还通过“社会各界群众热推西宁好人”、“5 000 封信件推荐西宁好人”、“社会各界人士祝好人有好报”等引导性的文字对先期报道予以整合。在活动行将结束时，又通过“首届‘西宁好人’颁奖典礼举行”、“西宁好人擎起真善美旗帜”等文字来收尾，漂亮地结束专题报道。正因为《西宁晚报》在系列报道中注重整合性，才使得各个独立成篇的个体的“西宁好人”变成群体的“西宁好人”，从而对整个社会产生强烈的引领效果。

在网络媒体中，报道内容的碎片化主要是指专题信息的组织方面主次不分、布局混乱。一般来说，网络新闻专题的信息可以分为核心信息、周边信息和辐射信息。有些网络新闻专题，核心信息不突出，而且在周边信息和辐射信息的提供方面也滥竽充数。例如，背景与资料信息可以延伸受众的阅读面，拓展信息的广度，但是有些网站在这方面明显有着“拉郎配”的痕迹，表面上让人感觉内容丰富，非常热闹，实际上干扰了受众对主要核心信息的阅读。这实际上是事先对专题缺少策划、对信息缺乏选择的结果。由于多数网站没有新闻采编权，因此，许多时候只能以“拿来”作为主要的信息来源，但是这与事先的精心策划挑选并不冲突。如果只是一味“拿来”，不能体现相应的思路，自然只能是一种拼图式的碎片了。

三、报道力度的平面化

相比一般新闻报道而言，专题新闻一般都属于深度报道。深度报道是一种系统反映重大新闻事件或社会问题，深入挖掘和阐明事件前因后果以揭示其实质和意义、追踪和探索其发展趋向的报道方式。它通过对主体新闻的生成背景、波及影响和发展趋势进行全面展示与剖析，从而深刻地反映客观环境的最新变动状态。但是在实际操作中，不少专题新闻对新闻事件或主题没有立体地开掘，只浮于表面的事实信息的提供，这样其深度就很有限，而仅仅停留在平面化层次上。

专题新闻的深度一方面要靠内容的选择来体现，另一方面要通过表达手段来体现。例如，对于事件性新闻专题来说只有最新消息、各方反应这样的内容，是很难让人体会到专题的深度的。因此，在进行栏目策划时，应该站在一定的高度上思考专题所表现的主题，应该设置一些反映当前对象的独特思考的栏目，通过横向或纵向的比较，或通过对事件来龙去脉、长远影响等的思考，来深入地表现主题。这些栏目不仅是专题的特色所在，也是它的深度所在。例如，中央电视台制作的“钱云会之死”专题，从五个方面的疑问入手，层层推进，从而很好地还原了事实真相，所达到的深度是其他媒体很难比拟的。2007 年，新浪网在制作“嫦娥一号”发射升空的相关专题时，除了“最新消息”、“热点聚焦”、“精彩图集”、“嘉宾访谈”等一系列常规做法之外，还特辟板块做“中日探月对比”，这样就更加显示出“嫦娥一号”的重大意义，使得这个深度报道真正意义上凸显其深度。凤凰网新闻专题做得好，就在于它力避平面化的做法，发挥凤凰卫视媒体自身的原创优势，通过“独家策划”、“独家赏读”等栏目，引导受众深入认识、思考事件，将专题的向纵深处推进。如在红学家周汝昌逝世后，凤凰网推出了“红楼梦里人，千秋一寸心”的专题，以“生平图集”、“视频回顾”、“先生品格”、“红楼研究”、“红学派系”、“派系之争”等相关板块将周汝昌纪念以及红学研究盘点两者很好地结合，既体现其广度又体现其深度，很好地避免了人物纪念专题的常规化、程式化。此外，凤凰网还结合自身的优势推出了“独家追忆”的板块，通过对刘心武、解玺璋、鄂力、俞心焦等的采访，更好地展现了逝者的立体形象。

四、报道模式的雷同化

专题类新闻一般由消息、通讯、评论、资料汇集等多种类型组合而成。但现在有一种倾向是，一搞专题就陷入雷同的境地，如事件性新闻专题套用“动态 + 言论 + 综述 + 资料”四段式结构，非事件性新闻专题套用“现象描述 + 专家观点 + 未来趋势”三段式结构，且长期没有什么变化，出现一种程式化的做法，让受众产生严重的审美疲劳，难免会影响专题的传播效果。

要突破专题报道模式的雷同化，应该从内容和形式两方面下功夫。在内容上，除了常规的动态、言论、综述、资料汇集等外，是否还可以从新的方面去把握？仍然以《瞭望新闻周刊》的“过年洗个澡”专题为例，这个非事件性的新闻专题，编者以人为本，从文化心理、社会问题、礼仪传统、发展历史、政治原因、消费经济等各个角度切入，既有广度又有深度，不流于现象、不止于观点、不追求趋势，却使得“洗澡”这个司空见惯的话题焕发生机，让读者兴致盎然。这种另辟蹊径的做法是值得我们借鉴的。

在报道形式上，新闻专题也应该常变常新，不落窠臼，这样才能让人眼前一亮。但是目前不少网络专题仅仅满足于各种媒体形式资料汇编，很少有自我原创性的作品，这样的专题只能是一个大杂烩，粗看什么都有，但是细看却什么都没有，因为所有的东西都似曾相识，单纯的“拿来”是很难打造自己的特色的。大众网制作的新闻专题“生死抉择，惊天一坠”曾经获得第21 届中国新闻奖网页设计一等奖，报道内容是飞行员冯思广于 2010 年 5 月 6 日牺牲自己生命挽救人民生命财产损失的英雄事迹。该专题在采用一般新闻网站常用的集纳手段之外，还在显示事件过程的动画中，加入了一个别出心裁的新功能，就是在显示军机返航过程中遇到故障时必须迫降跳伞的时候，给出了两个选择项，“不改变飞行轨迹”、“改变飞行轨迹”。网友点击相应的选项，动画就会显示不同的结果——“不改变飞行轨迹：前方是繁华闹市，仅常驻居民就有 4 000 多人，飞机坠地会把城区炸出一片火海”；“改变飞行轨迹：飞机飞行高度达不到跳伞要求，前舱飞行员冯思广跳伞时，高度仅有32 米，且带有 16 度俯角，弹射后降落伞尚未张开即触地，壮烈牺牲，用自己的身躯保护了千千万万群众的生命财产安全”。这段动画生动体现了英雄在面临两种不同选项时的毅然抉择，有着强烈的视觉冲击力，让网友直观地感受英雄伟大的同时，也经历了一次灵魂的拷问。

第四章 评论类新闻作品赏读

内容提要

评论类新闻作品的基本特点：强烈的新闻性；鲜明的针对性；广泛的群众性；直接的指导性——评论类新闻作品赏读——评论类新闻作品写作要略：精心选择论题；立意准确、新颖、有深度；论证严密充分；文风活泼通俗——常见问题举隅：引用新闻材料失实；缺乏时效性；论证逻辑失范；评论分寸失度。

第一节 评论类新闻的基本特点

新闻评论是媒体以集体（比如“本报评论员”等）或者个人通过大众传播媒介，针对现实生活中新近发生的具有普遍意义的新闻事件、迫切需要解决的现实问题或者公众关注的焦点话题，发表议论、表达观点和态度的一种新闻文体。新闻报道以传播信息为主，如实地把事情的真相展示给受众，“用事实说话”是新闻的基本原则。新闻报道把事实叙述清楚要注重客观性，所以一般不发表看法，至于事件本身的意义以及对社会的影响等，则留给受众去思考。新闻评论则不同，它一般以新闻提供的事实为出发点，深入挖掘事实表象所掩盖的本质，然后进行分析说理，由点到面、由表及里，深刻揭示新闻事实所蕴含的意义，直接阐述作者对事实的评价和看法。新闻评论重在分析和讲理，通常以议论为主，要求论点准确、论据充分、论证严密。

由于新闻报道在真实性的基础上力求客观，因此，受众在接受层面会有多种可能，这主要是因为受众在年龄、学历结构、职业背景以及立场等方面都存在不可忽视的差异性。新闻评论虽然是由可能产生多方面解读的新闻报道生发开来，但是由于是以观点取胜，因此，受众接受层面更显客观。好的新闻评论往往可以达到“一锤定音”的功效。在媒体竞争日趋剧烈的今天，独家新闻已经从“独家题材”演变成“独家观点”，以观点取胜的新闻评论更显示其重要性。

一般来说，新闻评论有四个特点，即强烈的新闻性、鲜明的针对性、广泛的群众性以及直接的指导性。

第一，强烈的新闻性。新闻评论所评论的对象一般都是新近发生的或正在发生的有价值的新闻事件，或者是最近现实生活中迫切需要解决的问题。新闻事件要求最近发生或者正在发生，时效性越强越好。新闻评论追求在社会“热点”和紧迫性问题上做文章，只有抓住当前人民群众关心的问题，才能引起社会的反响，才有指导意义和社会价值。对“过了气”的新闻展开评论，即使观点独到，也只能是一种“马后炮”。

第二，鲜明的针对性。新闻评论要求针对当前有价值的新闻事件和问题来发表意见和观点，评论对象都是客观、具体的，都是实际工作中迫切需要解决和人民群众迫切需要解释的问题。新闻评论要求有的放矢，一般都是由最新的新闻事件展开评论，如果离开了新闻事件或者是人民群众关心的热点问题，那么新闻评论就失去了明确的目标。针对性强不强，是新闻评论能否吸引人、打动人的关键。

第三，广泛的群众性。新闻评论所提出和解决的问题一般都是有现实意义的问题，都是当前实际工作和日常生活中迫切需要解决的问题，也是与广大人民群众的利益密切相关的能反映他们要求和呼声的问题。新闻评论要站在群众的角度思考问题，为民立言、为民请愿，正确引导群众的思想和情绪。因此，新闻评论在语言表述上和论述方式上都需照顾到群众的兴趣和爱好，为他们喜闻乐见。

第四，直接的指导性。新闻评论一般就当前人们关心的热点问题、新近发生或者正在发展的重大事件、重大决策、重大问题等发表意见或表明态度，或赞成、或反对，旗帜鲜明、态度明朗、释疑解惑、直截了当。新闻评论的地位和意义在于它能够引领时代潮流，体现正确的导向，尤其是社论、广播评论、电视评论等，它们是报社、电台、电视台的灵魂和旗帜，代表媒体给广大的受众以指导性的意见和建议。

第二节 评论类新闻作品赏读

新闻评论在整个新闻媒体格局中不可能占据大量的时间和空间，但是由于其强大的社会功能，越来越显示出其重要地位。新闻评论在报纸、广播、电视、网络等媒体中均有体现。由于媒体样式的不同，在具体表现上也有所不同，即便在同一种媒体中也有多种表现形式。例如，在电视中，既有专门的电视新闻评论节目，也有在某条新闻后附上短评的；既有事先拟定的由主持人播出严谨的评论文章的，也有请评论员在演播室现场表达观点的等。本节选择七篇新闻评论作品进行赏读，在考虑媒体样式区别的同时，也适当兼顾同种媒体评论的不同表现形式。

案例一

领导干部要做事别作秀

宋 斌

一段时期以来，在一些领导干部中出现了一种不良风气："作秀"。

有的干部为了给自己装门面、数功绩，把所谓的"农业示范园"、"农民别墅群"、"现代养牛场"等集中"秀"到公路边，好让参观者和上级领导

“一目了然”；有的地方领导不顾经济承受能力，举债集资，甚至挪用救灾款，竞相建设“大广场”、“大马路”、“大高楼”等“标志工程秀”，严重脱离发展实际；有的干部平时不下基层、不搞调研，偶尔下去一次是小车一大溜，蜻蜓点水走一圈，“秀”得轰轰烈烈……

还有随意编造的“数字秀”，不切实接的“口号秀”，夸夸其谈的“报告秀”，虚假夸大的“政绩秀”等等，可谓花样百出，“秀”工十足。

“作秀”带来的恶果不可小视。一批劳民伤财的“形象工程”、“政绩项目”、“路边亮点”加重了群众的负担，这些中看不中用的“大好风光”掩盖了实际工作中存在的问题和基层的真实情况。“作秀”坑苦了百姓，蒙骗了上级，搞坏了作风，直接损害了党和政府的威望，败坏了领导干部的形象，疏远了党同人民群众的血肉联系。“作秀”贴了干部脸上的金，失了人民群众的心。

做事与“作秀”，一字之差，却集中反映了领导干部完全不同的“官念”。领导干部是做事还是“作秀”，是树立什么样的权力观的大问题。领导干部是用人民赋予的权力为人民服务，还是利用手中的权力捞取个人好处，是衡量领导干部是否真正实践“三个代表”的标志，是判断领导干部是否立党为公、执政为民的试金石。

一些领导干部热衷于“作秀”，其根源在于心中没有群众利益，只有个人得失。这些干部“私”字当头，只想着自己升迁做官，不想着为民操心做事；只对上“作秀”逢迎，不对下干事负责。

“作秀”是形式主义在部分干部工作作风中的具体表现。有的干部什么抢眼“秀”什么，做起“秀”来认真到位，驾轻就熟，做起事来却马虎应付，一筹莫展。时间一长，作秀的本事日渐长进，做事的本领则每况愈下。

“作秀”是投机取巧的心理在作祟。做事需要真才实干和奉献精神，需要殚精竭虑、呕心沥血。作秀则轻松容易，只要“秀”得惟妙惟肖即可“立竿见影”，“见效快，效益高”。

“作秀”从本质上说是一种欺骗。“作秀”者通过堂而皇之的表演，弄虚作假，欺上瞒下，没有做过的事可以编出来，做了一点小事可以粉饰夸张成丰功伟绩。个别干部甚至通过“作秀”骗取了荣誉，升迁了职位。

要根治领导干部“作秀风”，必须加强对干部的教育，提高干部的思想境界和道德修养，牢固树立全心全意为热门服务的公仆意识，使各级干部把“三个代表”落实到为民着想、为民办事、为民解忧，为民谋利的实际行动中。

要根治领导干部“作秀风”，必须创新领导干部选拔任用的制度，制定选贤任能的标准，健全和完善干部考察、评价、监督、激励的科学机制，从源头上遏制“作秀风”的盛行。

要发挥群众在刹“作秀风”中的监督作用。领导干部有多少政绩群众最清楚。一个干部为群众做了事，即使你不张扬，群众也会牢记心中。一个干部不做事，任你如何“作秀”，群众也不会买账。百姓心中一杆秤，他们会公正准确地秤出做事与作秀的轻重。

我们面临的各项工作任务繁重而艰巨，各级领导干部要立志做大事，不要立志当大官，要把心思用在为人民群众谋利益上，踏踏实实做好每件事。

（新华社合肥2002年4月8日电）

【赏读】

这是一篇很精彩的新闻评论，在2003年第13届中国新闻奖评选中被评为三等奖。它的精彩之处在于它将各种“作秀”者的种种表现揭露得淋漓尽致，同时也分析了“作秀”的根源、危害，以及根治“作秀风”的措施等。通篇评论有很多可借鉴之处，具体有以下几点：

一是抓住现实生活中普遍存在的问题，具有相当的警示性。新闻评论最关键的是要能够抓住现实生活中具有普遍重大意义、同时又迫切需要解决的问题，并且针对这些问题进行分析和评论，回答人民群众心中的疑惑，对他们的思想和行为起到导向作用。新闻评论如果脱离了现实生活，评论就失去了意义，也不会引起读者的共鸣和重视。《领导干部要做事别作秀》抓住了当前干部作风中存在的有些干部为出政绩、为了提升，把心思用在“作秀”上，大搞形式主义，严重损害了党和政府形象的普遍问题。“作秀”现象不仅普遍存在于一些领导干部中，更重要的是这些“作秀”行为弄虚作假、欺上瞒下，伤了百姓的心。对这些“作秀”现象进行揭露和批判具有强烈的现实意义。

二是用犀利的文笔对“作秀”进行深刻的剖析。批评性的新闻评论能否有战斗力，能否解决一点思想问题和实际问题，就看这篇评论是否能一针见血地指出问题所在，只有把问题剖析得透透彻彻的，才能找到解决问题的方法和思路。这篇评论在对待“作秀”的论述中，作者毫不留情地对其进行了剖析和批评。如评论中在写“作秀”的根源时说“其根源在于心中没有群众利益，只有个人得失”，“‘作秀’是投机取巧的心理在作祟”，“‘作秀’从本质上说是一种欺骗”等。这些犀利的论述，可谓一针见血，毫不留情。

三是用形象生动的语言增强感染力。批评性的新闻评论并不是长篇大论、泛泛而谈，板起脸来说话，如果是这样，写出来的文章就会显得干巴巴的，没有吸引力和感染力。批评性的新闻评论同样需要语言形象生动、通俗易懂。

如“有的干部平时不下基层、不搞调研，偶尔下去一次是小车一大溜，蜻蜓点水走一圈，‘秀’得轰轰烈烈”；“只想着自己升迁做官，不想着为民操心做事；只对上‘作秀’逢迎，不对下干事负责”；“做起‘秀’来认真到位、驾轻就熟，做起事来却马虎应付、一筹莫展。时间一长，作秀的本事日渐长进，做事的本领则每况愈下”等。这些语言生动形象，读来朗朗上口，有力地增强了评论的感染力。同时，作品使用短小的段落进行论说，显得铿锵有力，同时也方便读者快速阅读，提升传播速度与传播效果。

案例二

“真抓”与“假抓”

海　纳

最近召开的中央工作会议，再一次强调了这样的要求：“认清形势，把握大局，齐心协力，真抓实干。”在我的印象里，“真抓实干”这四个字，已经讲过很多遍了。不仅中央领导讲，省、市、县、乡各级领导也都在讲。但现在的情形怎样呢？应该说，有很多地方确实是“真抓”了，“实干”了，但也有不少地方却仍在“假抓”、“虚干”。这正如一位省领导所说：我们有许多工作，是在一片落实声中落空了。

像山西绛县的科技大跃进，像河南洛阳娱乐场所的防火工作……你能说是“真抓”了吗？

让人难以区分的是，“假抓”不是不抓，而是和“真抓”一样在抓。一样的招招呼呼，一样的忙忙碌碌，一样的跑上跑下，一样的辛辛苦苦。如果不下一番功夫，就很难分清谁是在“真抓”，谁是在“假抓”，谁是在“做事”，谁是在“做戏”。

“真抓”者开会，“假抓”者也开会。“真抓”者重视的是会议的效果，“假抓”者重视的是会议的形式，关心的是会议的消息见没见报纸，上没上电视，并想方设法让上上下下都知道，自己已经积极行动，正准备大干一场。

“真抓”者讲话，“假抓”者也讲话。“真抓”者讲的是根据本地的实际情况，应该解决的具体问题和应该采取的具体措施，是自己应该承担的具体任务和责任。而“假抓”者讲的则多是套话、空话、照本宣科的话和要求下边干的话。

“真抓”者抓先进典型，“假抓”者也抓先进典型。“真抓”者抓的典型是给下边看的，而“假抓”者抓的典型是给上边看的；“真抓”者抓的典型是经得起时间考验的，“假抓”者抓的典型却多是“现使现抓”、昙花一现的。

“真抓”者下去检查，“假抓”者也下去检查。“真抓”者下去，是下到最基层，找问题，找死角，找仍然不满意的地方，然后再对症下药。“假抓”者检查，多是小车未动，通知先行，专门去看那些已经摆好了的“漂亮”场面。

“真抓”者总结工作，“假抓”者也总结工作。“真抓”者注意总结经验教训，“假抓”者惦记的只是搜集工作成果；“真抓”者关注的是下边的反映，“假抓”者注重的是上边的评价。所以，汇报工作时，“假抓”者往往讲得更加头头是道，口若悬河。

同样一项工作，“真抓”者往往用100%的力，而“假抓”者却只用50%的力，但他却常给人一种更卖力、更辛苦、效果也更显著的感觉。这是因为“假抓”者非常善于造势，非常善于制造广告效应、轰动效应，善于利用“勤请示、勤汇报、勤和领导接触”的“三勤”效应。所以，“假抓”者当中，也时不时有人被提拔，被重用，被评先。

说重一点，“假抓”也是一种欺诈行为，既欺骗上级，也欺骗下级和群众。“假抓”者当中有些是无能者，但更多的则是投机者。如果让“假抓”者得逞，那就会越抓越假，越抓越空。因此，我们上上下下应该提高鉴别真假的能力，对那些“假抓”者，一经发现，就一齐喊打，绝不能让“吹牛者”得“牛”，也不能让“南郭”们充数。

（《河北日报》2001年4月11日）

【赏读】

这篇非事件新闻评论曾经获得第12届中国新闻奖评论一等奖，可见得到大家的一致好评。其主要有如下几点特色：

一是主题重大，立意深刻。主题是文章的灵魂，一篇评论的写作水平首先反映在主题的开掘上，具体体现在是否摸准了社会生活的脉搏，是否抓住了牵动国计民生的热门话题。这篇评论就是以党和国家关注的、群众普遍关心的工作作风建设为切口，揭示了怎样才能实现加强和改进作风建设的问题，无疑主题是重大的，具有很强的现实意义和警示作用的。现实工作中的“假抓”的确能够迷惑很多人，危害也很大，这篇评论抓住这个大家已经见怪不怪却又无可奈何的问题进行深入解读，自然能够发人深省。好评论就是要从人们司空见惯的现象中发掘出独家观点，《“真抓”与“假抓”》就是一个成功的例子。

二是手法新颖，角度巧妙。这篇评论将“真抓”和“假抓”的“相似”之处列举出来，从而揭示“假抓”的本质，使“假抓”者的真面目暴露在众目睽睽之下。文中运用正反对比，使人能够很清晰地看出所谓“假抓”与“真抓”只是“形似”，而实质上相去甚远，从而提高大家鉴别真假的能力。对那些“假抓”者，论者的态度也非常坚决：“一经发现，就一齐喊打，不让‘吹牛者’得‘牛’，也不让‘南郭’们充数。”评论很好地贴近了实际，贴近了生活，评论的道理深入浅出，从而增加了文章的可读性、可信性和说服力，也提高了评论的传播效果。论者是为了让“假抓”者现形，但是并没有对其进行严厉指责抨击，只是将其相关表征揭示出来，让其对号入座，也让读者看得清楚明白，从而达到批评效果。这种做法远比板起面孔来教训人好得多。

三是语言清新，活泼自然。如文中所写的：“一样的招招呼呼，一样的忙忙碌碌，一样的跑上跑下，一样的辛辛苦苦”，“ 谁是在‘做事’，谁是在‘做戏’”，“‘假抓’者重视的是会议的形式，关心的是会议的消息见没见报纸，上没上电视”，“‘假抓’者往往讲得更加头头是道，口若悬河”，“善于利用‘勤请示、勤汇报、勤和领导接触’的‘三勤’效应”，“不能让‘吹牛者’得‘牛’，也不能让‘南郭’们充数”等，这些形象、生动的句子，在文中很多，就像是一幅多彩的漫画，将“假抓”者刻画得入木三分。评论能够有这样清新活泼的语言，是难能可贵的。同时，论者也并没有一味用同一种语言来剥开“假抓”者伪装之皮，而是性情所致、率意而言，却有一股穿透力。

此外，从结构上看，这篇评论运用了正反对比的手法，避免了平铺直叙带来的干巴、枯燥，也使得有限的篇幅里包含了丰富的内容，张力十足。

案例三

谁来主导灾后救援行动？

张　敏

（女声）：这里是中国国际广播电台！各位听众，印度尼西亚苏门答腊岛附近海域发生的强烈地震和海啸，对印度洋沿岸的东南亚、南亚乃至东非的11个国家造成空前灾难。12万多条生命惨遭不幸，受灾人口多达500万，财产损失超过130亿美元。面对这场灾难，历史上最大规模和最复杂的国际救援行动由此展开，协调国际救援行动也遇到空前的挑战。请听评论员康曼撰写的评论，题目是：谁来主导灾后救援行动？

（男声）：面对突如其来的灾难，受灾国家纷纷采取措施进行救援，但这些受灾的发展中国家既没有足够的财力，也缺乏必要的经验和手段，在如何处理尸体、救治伤员、安置灾民、防止疫情发生、重建家园等方面不堪重负。世界卫生组织高级专家戴维·纳巴罗博士警告说，除非赈灾用医疗救治设备和饮用水迅速到位，否则一旦发生传染病疫情，其后果可能比目前的死亡人数更可怕。

但是，同时展开如此大规模的救援行动，是摆在国际社会面前的难题。灾难发生后，已有30多个国家和一些国际组织乃至个人或提供捐款，或提供物资、或派遣救援队加入救灾的行列。如何评估灾区的受灾程度和所需援助，如何调配各国派出的数百架运载救灾物资的飞机以及确保这些救援物资迅速有效地分发到灾民手中，受援国恐怕已无暇顾及，因此急需国际社会对救援行动加以协调。

人们注意到，作为世界上最大的国际组织，联合国责无旁贷地承担起这一重任。联合国秘书长安南已与所有受灾国家的领导人通了电话，详细了解各国的救援需要；他还与主要捐助国的领导人通了话，了解救灾工作的进展。安南30日表示，联合国是受灾国家的坚强后盾。他还指出，现在最需要的是国际社会协调一致进行抗灾工作，这是抗灾工作取得成功的前提。联合国负责人道救援事务的副秘书长扬·埃格兰28日呼吁各国特别是发达国家向受灾国提供人道援助，帮助他们进行救灾和重建。联合国已派出4个灾害评估和救灾协调工作组帮助遭灾严重的亚洲国家开展救援工作。联合国各救援机构目前正向受灾国紧急运送安全用水、污水处理剂和防治腹泻的药。

正如人道主义援助专家克莱尔·戈弗雷所说，联合国在这次国际救援行动中所扮演的角色至关重要。人们注意到，一些国家提出成立由美国、日本、澳大利亚和印度为核心的救援联盟。我们认为，国际救援行动应由联合国发挥主导作用，发达国家应响应联合国的号召，主动把自己的救援行动纳入到联合国的框架内，而不是试图撇开联合国。只有这样，国际社会的救灾努力才能朝着迅速、高效、有序的方向发展。

（中国国际广播电台《国际时评》2004年12月30日）

【赏读】

这篇广播评论曾经获得第15届中国新闻奖二等奖。在印度尼西亚大海啸之后，中国国际广播电台在国内外媒体中较早提出了“谁来主导灾后救援行动”这一重大问题。它贯穿的中心思想就是只有联合国才能主导国际救援行动，才能使国际救援行动朝着迅速、高效和有序的方向发展，而任何国家或所谓的国际救援联盟都无法单独承担空前复杂的救援行动。事态的发展证明了记者的判断和观点是正确的。在评论播发一周之后的2005年1月6日举行的雅加达特别峰会上，国际社会一致同意将救援行动纳入联合国的领导和协调之下，而由美国倡导的“四国救援联盟”宣告解散。我们不能说联合国来主导灾后救援行动的实现一定是本新闻评论发挥了相应的功用，但是这至少印证了作者的前瞻性判断，可以说是独家视野、独家观点。这恐怕是这篇作品之所以能获得全国大奖的重要原因吧。

逻辑严密、步步为营是本新闻评论的一个亮点。首先以基本新闻事实导入，既彰显了评论的由头，又保证了评论的时效性。然后将严峻的事实摆出来，还引用了世界卫生组织高级专家戴维·纳巴罗博士的观点，以及交代受援国在“评估”、“调配”、“分发”等问题上“无暇顾及”，借以强化自己的判断，从而为自己观点顺理成章的推出做好了铺垫。接着借联合国的各项行动以及秘书长安南的表态，表明只有联合国出面才能使得“国际社会的救灾努力才能朝着迅速、高效、有序的方向发展”，以此漂亮地结束评论，显得简短而又有力度，其传播效果可想而知。

以时效性来确保新闻评论的功效在这篇评论中得到鲜明的体现。新闻评论不仅仅是在办公室研究，而且还要和实时报道随时对接，这样才更有吸引力。在这篇作品中，受灾国家和地区的最新伤亡以及财产损失等均有体现，联合国的最新行动以及秘书长安南的观点也得到呈现，信息饱满、时效性强，使得作品不仅仅以观点取胜，而且时效性突出。

强化观点，有意回避“树靶子”也是这篇评论的一个特色。新闻评论在实际表现中有正面引导性评论、有批评性评论，还有批判性评论。这三者之间的力度是不一样的，情感态度也是不一样的。即便是批评性、批判性评论，本质目的也是为了让事情往更好的方向发展，也不纯粹是为了图一时之快进行批倒批臭。《谁来主导灾后救援行动?》是有一定话语前提的。在大海啸发生后，一方面是国际救援活动拉开帷幕，另一方面则是美国等国家出于私欲建议组建由美、日、澳、印为核心的国际救援联盟。对于这种局面，中国的媒体进行相应的表态是非常有必要的。但是面对问题呈现观点并不见得一定对对方采用批驳、批判的方式进行。这篇评论并没有对美国等国家的做法进行相应的评价，更没有义正词严地进行严厉指责，只是在立足事实的基础上呼吁联合国应该主导救援行动，这就使得美国等国出于私欲的做法站不住脚了。可见，批评方法在新闻评论中也至关重要。

此外，作为广播评论，这篇作品大量使用短句，注重口语化表达，符合广播传播的基本特性，同时，也使得语言铿锵有力、观点鲜明突出，能较好地发挥引导性功能。

案例四

70亿维修基金的困惑

陈大立 袁子勇 史月光 王 宇 苑秋宝

（主持人）

您好！欢迎收看今天的节目。

对人们来说，“养老金”早已经是个挺普及的概念了，可您知道房子也有“养老金”吗？其实，咱们现在住的这个商品房都有这么一笔“养老金”，名字就叫做“住宅公共维修基金”，它是按照购房款2%的比例，在购房时必须缴纳的一笔费用。因为是用于房子大修的费用，所以，形象的说法，叫它住宅“养老金”。

要是买过房，这张单据您肯定有，它就是北京市住宅公共维修基金的专用收据，然而，单据虽然在您手里，可您知道这笔钱在谁那儿、怎样使用吗？据媒体调查，90%的被访业主并不知情。大兴区金华园小区的业主就对此表示了他们的疑问。

（旁白）记者刚到位于大兴区西红门镇的金华园小区，住在甲6号楼4单元502室的李女士就急切地诉说起他们小区的房屋质量问题。

（采访）金华园小区 业主 李雪玲

你看这个缝这么看，好像错位着呢，上面进去了，底下往外撇着呢。楼顶防水没处理好，下雨往下渗水，你看灰皮整个就掉了。

（旁白）李女士是2001年1月入住的，仅仅三个月后，家里的墙面就开始出现断裂，她说，到现在，家里每面墙都开裂过。虽然开发商也一直在修补裂缝，但住在这样的房子里，李女士和她的家人都非常担忧。

（采访）金华园小区 业主 李雪玲

每天提心吊胆的，你说给我们生活带来多大的麻烦，你说我们大半辈子的心血，都投到这来了，我们现在特别为难。

（旁白）像李女士这样遭遇家里墙面裂缝、楼顶渗水的在金华园小区有100多户。而对于小区公共建筑部分，业主们反映问题也不少。

（采访）小区居民

像这个房墙外面都裂了，住了没多长时间就裂了，他们也不知道拿什么腻子呀给糊上的，去年就开始修，现在差不多每栋楼都有修补的痕迹。

（旁白）面对小区楼房出现的种种质量问题，和开发商隔三差五的修修补补，2002 年，金华园小区的业主们开始注意起维修基金的问题。

（采访）金华园小区原物业管理委员会主任 芦京长

当时购房的时候是强制交（维修基金）的，咱们都知道你不交不行，但是不是交给小区办，当时是由我们小区指派的金华园物业管理有限公司代收的。

（旁白）芦京长告诉记者，金华园小区分为甲、乙、丙、丁四期，整个小区共有业主 1 040 户左右，业主大规模入住是在 2001 年到 2002 年间。小区物业一直是开发商委托的金华园物业管理有限责任公司进行管理。

（采访）金华园小区原物业管理委员会 副主任 庯静姝

我们到北京市小区办去查，2003 年 4 月份北京市小区办给了我们一份传真，当时它是这样写的：说目前电脑查询，金华园小区是 292 户 1 837 700 元，这个数和我们小区的入住率差距很大。

（记者）您为什么确认这个数字不对呢？

（庯静姝）因为我们要是组建管委会的时候，国家有一个文件，就是入住率达到 50% 才能组建，那么我们已经组建了管委会，小区办已经批了我们公章、批复，所以我们就认为将近是 500 户的概念。

（旁白）随着追查的深入，业主们又发现新的问题。这位赵女士是在 2001 年 6 月底办理的入住手续，直到一年之后的 2002 年 6 月 24 日，才拿到由大兴区小区办开出的维修基金专用收据，当年的 10 月 18 号正式拿到房产证。也就是说，她所缴纳的 5 000 多元维修基金，在长达一年的时间里去了哪里她毫不知情。2004 年 11 月，庯静姝他们最后一次到北京市小区办查询的结果显示，金华园小区共有 879 户业主的维修基金入账，和他们认为的 1 040 户仍然有差距，就此问题，他们向大兴区检察院进行了举报。

（采访）金华园小区原物业管理委员会 副主任 庯静姝

我们认为这个钱确实存在着被挪用，或者被滞留在哪儿了，希望区里能查清楚。

（旁白）带着业主们的疑问，记者来到金华园小区开发商北京军建利斯达房地产开发有限公司，试图采访开发商和前期物业公司，却没能见到相关负责人。倒是这里工作人员的警惕性颇有些耐人寻味。

（同期）小区保安对讲机声音：

让他们上去了吗？没有啊，给办公室打电话，办公室让他们上，再让他们上，不让上，别让上去。

办公室没人，我跟你说了没有啊。

（主持人）

您看，记者总是遇到这样的情况，本来也许可以摆在桌面上谈的问题，偏要回避，反而让人生出更多的疑问。

就金华园这个事例而言，虽然业主至今仍觉得有很多不清不楚的地方，但一直就没有人给他们一个明确的答案。不过，他们追求答案的过程，至少让人们明白了自己对于这笔维修基金的所有权、知情权和支配权，而且现在已经有人对这个问题的普遍性进行调研了。

（旁白）中国人民大学公共管理学院教授陈幽泓，曾经对金华园小区进行过长达两年的调研，她发现，金华园小区的问题带有普遍性。

（采访）中国人民大学公共管理学院教授 陈幽泓

通过金华园小区的个案，我们发现公共维修基金数量上欠缺的情况是普遍存在的。

（记者）对于全市来讲吗？

（陈幽泓）对于全市甚至全国来说，公共维修基金从实践的两个方面来说，在收缴和管理等各个方面都存在漏洞，现在主要的问题是不透明，这笔钱存在哪？它应该如何使用？这方面相关的法律法规都不够健全。

（旁白）刘子华，北京市政协委员、主任律师，他从法律专业角度，对住宅维修基金管理中的问题也给予了长时间关注。在今年北京市政协十届三次会议上，他提交了一份《关于北京市政府房管部门应加大对商品住宅维修基金监管力度》的提案，这份提案，也得到了50名政协委员的共同附议。

（采访）北京市政协委员、主任律师 刘子华

我们现在政府核验这块时，是等房屋产权办理过户手续的时候，核验业主是否交了公共维修基金。那么这段时间就会很长，那么很长的时间里面来讲就有可能被挪用、无偿地占用了应该属于业主的这部分资金，有可能由于发展商经营不善，或者物业公司更迭的问题，难以将这部分返还回来，造成关于这方面的资金的纠纷，这是一个很大的风险。

（旁白）根据北京市建委公布的数字，从2000年2月到2004年底，全市共归集商品住宅维修资金43.35亿元，2001年4月到2004年底共归集房改房维修基金27.99亿元，两项合计达71亿多元。这笔基金存在银行专用户头，以活期利率计息。

（采访）北京市政协委员 王华民

维修基金从业主缴纳到使用一般有三年的时间第一次使用，目前是按照活期利息来计算的，那么这个应该是不合理的，最好是按照三年期利率，按

照这样调整后，至少增加利息比现在要高出一到两倍。

（旁白）同时从市建委传来消息，这71亿元的维修基金，至今没动用过一笔。那么，是否因为没有小区需要维修，所以至今使用率仍是零呢？位于郎家园的盛世嘉园小区，1999年交付业主，如今五六年时间过去了，昔日鲜亮的外立面历经风雨侵蚀已显得有些沧桑，而电梯间等一些公共部位漏水、墙皮脱落也急需维修。

（采访）盛世嘉园业主委员会 副主任 沈飞

我们是在2003年年底2004年初，根据房屋的情况进行了一些调查、评估以后，很多业主进行了反映：第一，房屋以及内外墙的损坏非常严重；第二，我们的一些设施到了必须整改的地步，否则可能出现一些安全隐患，因此我们当时就进行了申报。

（旁白）时至今日，盛世嘉园小区希望使用维修基金的申请仍未得到批复，市小区办的答复是：按照国务院2003年《物业管理条例》规定，动用这笔资金的前提必须是成立了业主委员会，经过全体业主大会2/3以上业主同意，同时，北京市还没有关于使用维修基金的技术标准、费用额度等实施细则，从而无法批复。采访中记者了解到，目前，北京市2 911个居住小区中，成立业主委员会的仅有241个，还不到10%。

（采访）北京市政协委员 李晓林

2003年，国务院有一个文件，就是要动用这笔基金必须要征得2/3以上业主的同意，才能支取。因为咱们北京有的社区非常大，上千人的社区，开几千人的大会，我觉得这种会很难开成，很难能达到2/3业主同意，这样的话实际操作的可能性很低。

（主持人）

从建设部、财政部相关文件的规定，到国务院2003年发布《物业管理条例》，都给予了广大业主在小区事务中的决策权和监督权。在现代的公民社会中，任何尊重个人乃至整体权利的意图都应该说是好的，但这种尊重如果不能确保人们拥有的权利得到行使，这又无异于望梅止渴、画饼充饥。

譬如我们上面说到的那项出台了将近六年的政策，至今仍然没有任何具体的实施细则，就很难让人体会到政策的优越性。目前，这件事已经引起了政协委员们的关注。

（旁白）今年，北京市政协将20件提案上网征求市民意见，而关于公共维修基金的提案，因为其较高的关注度，成为今年市政协6件主席重点督办的提案之一。5月17日，市政协副主席黄承祥与部分委员一起，来到市建委对提案进行第一次督办。会上，委员们就维修基金的管理使用以及尽快出台条例等问题，提出了建议。

（会场同期）政协委员 刘猗菲

今年我的提案就是说，要公众参与，因为这笔钱明确了是一笔私有财产，所以我觉得这个部分，必须得有业主的人参与条例的制定，否则就弄成不可操作性了。

（会场同期）政协委员 李惠玲

我觉得在利息管理也好，是账务管理也好，我们应该通过委员的视察来一个彻底的清查，这也是对民众的负责任，到底各个分管公司的账以前是不是能对得上，拿银行对账单一看就知道，这钱到底哪去了。

（会场同期）委员 王安耕

当务之急是先把这个信息放到网上，先公开了。媒体可以监督、所有人可以监督、政府可以监督、各方面都可以监督，先做这一点。

（旁白）会上，市建委相关领导表示，近期将就业主反映的开发商代收中存在的问题加强管理查处。

（会场同期）北京市建设委员会副主任 苗乐如

依照规定我们将严肃查处业主投诉的开发企业，严格查处有关的违纪行为、违规行为，通过专项维修基金管理系统的建立，能够实现直接从互联网上查询到自己的维修基金的专户资金情况。

（旁白）另外，关于维修基金使用管理实施细则也将于近期发布。

（主持人）

据了解，为了实施国务院《物业管理条例》，《北京市物业管理办法》已经列入今年市政府的立法计划，其中将细化专项维修基金的使用与管理，并且提供法律保障。在一些具体的细节上，比如说是不是必须经过业主大会2/3以上同意方可生效，都将会适当加以变通，这样，既保持条例的基本原则，又可切实地解决问题。

今天，咱们看到了在复杂的社会环境下，一个大的政策在具体实施中所遭遇的困惑和尴尬，其实，改革开放至今，很多事物从无到有，没有先例可循，这些都是正常的。对于政策的超前也好，前瞻也好，大家并无强求。可是关系到百姓切身利益的事情，如果长期滞后，就容易让人联想“不作为”。透过维修基金这件事，检验一下我们的现代管理水平，能否适应这个快速发展的社会，这，才是人们应该深思和记取的。

感谢收看《今日话题》节目，明天同一时间再会。

（北京电视台《今日话题》2005年5月30日）

【赏读】

《70亿维修基金的困惑》是北京电视台《今日话题》栏目2005年5月20日播出的新闻评论，该作品在第16届中国新闻奖评比中荣获电视评论一等奖，评委当时对其评价说："节目有高度，开题有新发现，破题有策略，评论有建设性。"

该评论之所以获奖，首先是因为它抓住了社会热点问题做文章。住房公共维修基金的管理和使用问题不仅是北京市一个小区的问题，而是全国普遍存在的问题。住房公共维修基金在收缴、管理和使用等各方面都存在着漏洞，这笔钱存放在哪？应该如何使用？全国那么多住房公共维修金，利息是如何支配的？这都是一笔糊涂账。甚至有的应该用到维修基金了，却出现申请无法批复的尴尬，而北京市全市71亿元的维修基金至今没有动用过一笔。原因是按照国务院2003年的《物业管理条例》，动用维修基金需要成立业主委员会，并且要全体业主大会2/3以上同意才行，条例脱离现实的条件限制使得人们无法保障自己的权益。住房公共维修基金是人们都普遍关心的问题，作者抓住了这个问题进行报道，自然能引起广大受众的共鸣。

该评论从北京大兴区金华园小区的住房公共维修基金存在的问题入手，层层展示、剖析和评论，揭示问题也比较深刻、到位，最后水到渠成地指出70亿维修基金的困惑，其实是一个大的政策在具体实施中所遭遇的困惑和尴尬，是现代管理水平与快速发展的社会之间严重脱节所致，从而使整篇评论的主题得以升华。

各方人士共同参与评说，是这篇电视评论的又一显著特色。和报纸评论不同，电视评论的观点言说既有记者、主持人的即席论证，也有群众的议论，还有专家、学者的评说。在这篇评论中，记者大量地走访了北京居民小区，通过对具体事例深入地调查采访，结合政协委员的调研、访谈，展示了住房公共维修基金目前存在的问题和面临的困惑，抓住了几个重点环节，逐层分析和评论，使评论有很强的针对性和说服力。大量同期声的使用，保证了节目的真实性与客观性，问题实质的揭示也就顺理成章。无论是事例的深入采访，还是专家学者的言说，都为观点的揭示打下了较好基础，因此，主持人站在相当的高度如此总结："其实，改革开放至今，很多事物从无到有，没有先例可循，这些都是正常的。对于政策的超前也好，前瞻也好，大家并无强求。可是关系到百姓切身利益的事情，如果长期滞后，就容易让人联想到'不作为'。透过维修基金这件事，检验一下我们的现代管理水平，能否适应这个快速发展的社会，这才是人们应该深思和记取的。"言简意赅却又发人深省。

该节目播出后，引起了许多购房市民和社会各界的强烈关注，对住房公共维修基金在北京的具体实施起到了极大的推进作用。北京市建委在当年年底出台了《住房维修基金使用管理实施细则》。随后，公共维修基金开始在北京四个小区进行试点，零使用率的情况得以突破。可见节目在舆论监督方面起到了较好的作用。

案例五

倾听那些“沉没的声音”

人民日报评论部

有利益的表达才有相对的利益均衡，有相对的利益均衡才有长久的社会稳定，尽可能多地倾听社会各方面的声音，对于维稳大有好处。以政府之力，维护弱势人群的表达权，使他们的利益能够通过制度化规范化渠道正常表达，这是共建共享的应有之义，是构建和谐社会的关键所在。

在今天的中国，能听到各种声音。两会会场中代表、委员纵论国是，报纸杂志上不同思想交流探讨，新闻评论跟帖动辄上千条，近2亿网民随时写下140字微博……条条声轨，汇成合奏，呈现这个时代多元多样的复杂图景和蓬勃活力。

我们迎来了表达的“黄金时代”，但仍有许多声音未被倾听。一方面，有些声音被淹没在强大的声场之中，难以浮出水面；另一方面，也有些声音只是“说也白说”，意愿虽表达，问题未解决。这些，都可谓无效表达，有人称之为“沉没的声音”。

无效的表达，不是没有表达，更不是不愿表达。广州市领导公开接访，市民带上铺盖卷、排队3天，就是为了能跟领导“说上话”；首位农民工全国人大代表胡小燕公开自己手机号，却因每天上千个电话、上千条短信被迫关机。那些为网络关注、被媒体聚焦的热点事件，只是“冰山的一角”，海面之下这些体量更大的冰块，才是让冰尖浮出水面的庞大基石，也才是决定社会心态的“潜意识”、“核心层”。

在一定程度上，表达上的弱势群体，也是现实中的弱势群体。在社会层面，他们既缺乏影响公共舆论的资源，又鲜有参与政府决策的渠道，甚至无法得到与自身密切相关的信息，表达和追求自己利益的能力同样薄弱。因此，尽管可能人数不少，他们的声音却很难在社会中听到。

听见与被人听见，本是“社会人”的基本诉求；说话与听人说话，更是现代文明的基本共识。当表达权已成为一项基本的政治权利，重视这些声音，是协调利益关系、理顺社会心态的起点。在一个有着13亿人口、正经历着急剧社会转型的国家，广大群众的声音被聆听、被重视，尤为重要。

大部分沉没的声音背后，都有未被满足的诉求，都有被压抑、待纾解的情绪。儿子车祸致残，云南父亲欲法院“自爆”走上极端维权之路；幼女身患绝症，湖北母亲参与“跪行救女”网络炒作……让舆论哗然的事件，都肇始于被忽视的声音。不可倾诉、不被倾听、不能解决，如果不主动“打捞”，太多声音沉没，难免会淤塞社会心态，导致矛盾激化。

发出声音，是主张利益的基础。有利益的表达才有相对的利益均衡，有相对的利益均衡才有长久的社会稳定。事实表明，诸多矛盾冲突事件背后，往往是利益表达机制的缺失。从这个角度看，维权就是维稳，维权才能维稳。尽可能多地倾听社会各方面的声音，兑现社会公众的表达权，对于维稳大有好处。

在众声喧哗中，尽可能打捞那些沉没的声音，是社会管理者应尽之责。以政府之力，维护弱势人群的表达权，使他们的利益能够通过制度化规范化渠道正常表达，这是共建共享的应有之义，是构建和谐社会的关键所在。只有这样，才能让“说话”、“发声”不仅是表达诉求的基本手段，更成为培育健康社会心态的重要环节，成为社会长治久安的坚实基础。

（《人民日报》2011年5月26日）

【赏读】

自2011年起，《人民日报》在每周四观点版（14版）推出署名为“本报评论部”的系列评论文章，如“如何协调社会关系”系列、“深化改革认识论”系列和“关注社会心态”系列等，都引起了极大的社会反响。《倾听那些“沉没的声音”》是“关注社会心态”系列的第五篇，获得了2012年第22届中国新闻奖报纸评论一等奖。据《人民日报》介绍，此文及“关注社会心态”系列评论发表后，出现了“媒体转载洛阳纸贵、呼应文章应者如潮、读者网民争相评论”的罕见现象，共有《工人日报》、《中国青年报》、《大公报》等367家传统媒体进行了转载或评论，强国论坛、天涯社区、腾讯社区等有4万多篇相关论坛贴文。舆论认为这一系列评论从主流舆论和民间舆论的重叠地带切入，显示出党报的话语权、公信力，在疏导公众情绪上起到了很好作用，不仅有效引导了社会舆论，而且有利于维护社会稳定。

《倾听那些“沉没的声音”》针对现实热点，关注群众利益表达问题。文章认为，群众不可倾诉、不被倾听、不能解决的利益表达，正是执政者需要

“尽可能打捞”的“沉没的声音”。“有利益的表达才有相对的利益均衡，有相对的利益均衡才有长久的社会稳定。”“维权就是维稳，维权才能维稳。”观点鲜明、立论精准、逻辑严密。先从表达的“黄金时代”提出“沉没的声音”，可谓是发人深省。接着分析“沉没的声音”出现的原因——“大部分沉没的声音背后，都有未被满足的诉求，都有被压抑、待纾解的情绪。”再分析其潜藏的危机——如果对其不进行及时而主动的“打捞”，“难免会淤塞社会心态，导致矛盾激化”。最后顺理成章提出观点：“在众声喧哗中，尽可能打捞那些沉没的声音，是社会管理者应尽之责。”

这篇评论能够敏感把握现实生活容易被人们忽视却又有针对性的问题来深入剖析，体现了新闻评论积极介入社会的功效，也体现了创作者独特的观察能力和强烈的社会责任感。这正是新闻评论的生命力所在。同时，在表达创新上寻求突破，以平等对话的方式娓娓道来，既不说教也不居高临下，语言清新、简单直白，具有很强的说服力，也是其亮点之一。

案例六

“老何说和”说了些什么

李广华

宁波市宁海县出了个“老何说和”，成为近期网上人们议论的话题。“老何”是指人，“说和”是指事。最初，大佳何镇退下来的何姓村干部，自愿进行民间矛盾调解，受到老百姓欢迎。后来，县里发现这个做法好，在全县进行推广，成了一个品牌。据5个乡镇统计，在不到一年的时间里，像老何这样的调解室调解民间案件300余件，涉案金额300余万元，没有一起因调解不当而转为刑事案件和群体性上访事件。

当前，农村乡镇（街道）的经济社会发展较快，相伴而来的因土地纠纷、宅基地纠纷、山林承包纠纷、家长里短、邻里矛盾等问题也随之出现，有些还很激烈。而很多群众对法律知识和司法程序不是很清楚，打起官司来还会产生费用，因此希望通过调解得以解决。而在基层确有一批像老何这样有威望、地缘熟、懂法律、热心肠的老同志，他们出面，很多矛盾会迎刃而解，避免了乡里乡亲的伤和气，节省了时间和由此而产生的费用。宁海县注意到了这一点，积极扶持这一新出现的事物，发挥“老何”们的作用，收到意想不到的效果。至目前，全县18个乡镇（街道）已全部建立了“老何说和”专职人民调解室。

那么“老何”到底说了些什么呢?

“老何说和”,首先是说出了“公平公正”。“老何”们都是当地有一定威望的人,了解周围的人和事,矛盾面前能够有的放矢。在调理过程中,通过说事拉理,给群众一个诉求的机会,倾听他们的心声,并站在公正的角度,不袒护,不偏向,没有个人的私利,群众打心里信服。

说出了存在于基层,外人又难以触摸到的矛盾点。农村“鸡毛蒜皮”的琐事,一般不为外人所知。农村群众相对文化知识有限,遇到问题时,更加渴望得到政策指导、法律服务,需要有针对性的办法。问题面前,“老何”们一看便知,能对症下药。今年年初,溪下王村养殖户王某反映,因承包塘管闸门的人脱岗,导致潮水无法进入而冻死全部白蟹,要求镇政府赔偿。镇农办多次与王某协商,愿做一定补偿,但王某提出过高要求。老何根据调查指出,那天的低潮位就是开闸也进不了水。王某被点中要害,自觉理亏,接受了镇里的赔偿。

说出了群众想听的话语。他们与矛盾双方同生活在一块土地上,面孔熟悉,说话不生分,不板着面孔,不居高临下,没官腔,没套话,群众好接受,几句家长里短就促成了问题的解决,用不着非要对簿公堂,出气消怒。有时,他们也可以用一用长者的身份,说些心里话,批评几句、教育几句,群众能接受,有助于问题的解决。

说出人们渴望和谐的心愿。在农村,发生各类纠纷,在所难免,同时,谁都不愿意惹事,都想过安生的日子。老何的调节既有法律上的知识运用,更有构建和谐社会的道理,他们了解每个家庭的实际情况,知晓困难在哪里,出路在哪里。调节者和矛盾当事双方的愿望是一致的,老百姓听着信服。所以,解决几百起,没有一起反复的。

有网友评论说:“老何说和”是在“鸡毛蒜皮”中挖到了“金子”,一个个矛盾,被解决在萌芽状态,就大大减少了铸成大矛盾的可能,把矛盾解决在萌芽状态,这是用金钱所买不来的。

那么为什么要“老何”来说呢?

现阶段社会矛盾多发,农村的有些情况更加复杂,解决起来也比较棘手,实践证明“老何说和”无疑是一种有效的解决方法。“老何说和”是社会发展过程中所出现的新事物,其社会意义在于它的群众性,基层群众间发生的矛盾,最终由群众自行调解解决,有利于促进社会的和谐发展。调解过程在于大事化小,小事化了,解决在基层,没有发展成为群体事件,也没有形成网上热点事件,是农村社会管理工作的创新,是社会所需,民心所向。

18 年前,西店镇王家村两个王姓村民,因承包地问题产生纠纷,关系逐渐僵化，矛盾很深。“老何”在受理该纠纷后，一遍遍地做双方的工作，同时利用自己在村中的人脉和威望，请一些老村干部、老党员、双方当事人的好友一起协调处理，在反复调解六个月后，双方终于做出让步，一桩18年的积案在半年后得到解决。

构建和谐社会，重点在农村，难点也在农村。很关键一点在于创新农村社会管理机制，强化农村社会矛盾的调处力度，正确处理各种纠纷和矛盾，及时恰当地回应和疏导，把问题解决在基层、消灭在萌芽状态。如果不采取切实措施缓解和解决群众中的矛盾，就容易使小问题变成大问题，使矛盾不断发酵激化。近年来，农村不断出现的因邻里纠纷导致的恶性事件，因土地纠纷、房屋拆迁引发的群体性事件，不得不让我们对农村的社会管理工作更加重视。

社会管理创新，农村是个大舞台，没有农村的和谐稳定，就不会有全社会的小康生活。宁海的“老何说和”针对性强，运行成本低，解决实际问题，这一做法是新时期出现的新鲜事，值得提倡。正如有的网民在留言中所说：“是一种发扬民间智慧的创新。”“老何”说的以及做的，恰恰是当前社会管理工作中所探索出的一套有效办法。

（中国宁波网　2011年8月2日）

【赏读】

这篇发表在中国宁波网上的网络评论，获得第22届中国新闻奖一等奖。“老何说和”是出现于宁波市宁海县民间的调解组织，它以民间调解的方式把矛盾化解在基层，对解决现阶段矛盾纠纷多元化、复杂化的实际情况非常有借鉴意义。2011年8月，中国宁波网在系列报道的基础上刊发了评论《“老何说和”说了些什么》，收到了较好的效果，有力地推动了这项工作的开展。如同文中援引网民留言说：“是一种发扬民间智慧的创新。”目前宁海的“老何说和”已被列入全国试点地区宁波社会管理创新的十大样本之一，得到全面推广。

该评论之所以能够获奖，首先在于它能够敏感把握时代出现的新现象，并予以及时而到位的肯定。“老何说和”是一个来自“民间智慧”的自主性行为，在取得一定的社会效果之后被政府推广，从而产生更广泛的影响。在这个过程中，媒体的及时发现并肯定无疑起到了相当大的推动作用，可以说，媒体很好地扮演了“社会环境守望者”的角色。

其次，述评结合的方式使得这篇评论可读性很强，完全可以独立于系列报道而独立成篇。文章从“老何说和”成为品牌的过程开说，分析了其存在的合理性和必然性，然后再分析“老何说和”的社会功能，即说出了“公平公正”、说出了“存在于基层，外人又难以触摸到的矛盾点”、说出了“群众想听的话语”、说出了“人们渴望和谐的心愿”，最后再将其放置于整个社会环境中予以肯定，一切来得顺理成章，可谓是一气呵成，说服力也强。

作为网络评论，其特点是非常明显的。其一是及时性。在“老何说和”产生相应影响后，网络及时予以肯定，体现其敏感而独到的视角。其二是使用短小段落，结构精巧，便于呈现观点，也便于网民快速浏览。其三是有意使用设问的方式，使得事实清楚、观点鲜明，更容易达到传播效果。

第三节　新闻评论写作要略

新闻评论包括社论、评论员文章、短评、编者按语、编后小语、专栏评论等，它是报刊、电视、广播、网络等新闻媒介的评论文章的总称。如果说新闻报道是新闻宣传的主体和基础，那么新闻评论则是媒体的旗帜和灵魂。新闻评论作为一种锐利的思想武器，它代表了媒介的品位、水平和风格。如何写好评论，使其更具针对性，发挥其深化认识、匡正时弊、引导舆论的作用，应该从以下四个方面着手：

一、精心选择论题

论题是新闻评论所论述的对象，它规定了评论的范围和重点，确定了评论的方向和目标，是贯穿通篇的主线。选择论题是评论写作的第一步，是写好评论的关键。选择论题本身是个认识过程，同时也是形成观点和取舍材料的过程，论题不是凭空得来的，而是在对大量材料的分析研究过程中，在政策精神的指导下形成的。论题选得好，评论就有了明确的中心，就能为全文的论述提供很好的前提条件，论题既关系到新闻评论对实际工作指导作用的大小，又直接影响到写作的进行。

选择论题首先得抓住大家普遍关注的问题，换句话说，就是要有感而发，要有很强的针对性。如《领导干部要做事别作秀》这篇评论，它抓住了当前干部作风中存在的为出政绩、为提升，把心思用在“作秀”上，大搞形式主义，严重损害了党和政府形象的普遍问题，作者对这些现象进行了揭露和鞭挞，从而受到了广大人民群众的欢迎和称赞。要想让新闻评论具有较强的针对性，就要在认真学习，深入领会党的路线、方针、政策及精神实质的同时，广泛、深入地到人民群众中调查研究，掌握实际情况。然后，抓住当时当地亟须解决的思想认识问题加以评论，这样才能做到有的放矢。否则，评什么、论什么，心中没有数。如果只凭心血来潮写评论，很可能只是隔靴搔痒，很难把话说到点子上去。

一篇评论的写作水平高低，首先反映在主题的挖掘上，具体体现在是否摸准了社会生活的脉搏，是否抓住了牵动党心和民心的热门话题。新闻评论除了和消息、通讯一样讲究时效外，还要有自己特殊的内涵和深度。一篇主题重大、立意深刻的评论，以先声夺人的优势，准确把握时机，做到“言当其时”，往往就可以在人们最需要的时候帮助他们正确认清形势、辨别方向、解难释疑。

选题不仅要正确，而且还要新颖，这就要求评论的论题一定要适应形势发展的需求，对经济发展和社会进步具有指导性。新闻评论要有新的见解、新的思路，要善于发他人未发之声，说他人未明之理。选择这样的论题，就会使人耳目一新，对社会也起到正确的指导作用。写作新闻评论，很难做到每篇都有新见解、新思路，但努力运用新的材料，寻找新的角度，贴近实际，贴近生活，使评论的道理深入浅出，增强文章的可读性、可信性和说服力，亦可进一步提高评论的传播效果。

二、立意准确、新颖、有深度

立意是对所评论的事实或问题提出自己的看法，表达自己的见解，也就是文章的论点。立意确定作者准备以什么样的立场、观点去分析问题，进而确定要得出什么样的结论。选题只是确定了新闻评论的范围，而立意则是整篇评论的灵魂。新闻评论的立意要求准确、新颖、有深度，有新的见解和新的思想，让读者能够从中得到新的收获和思想启迪。同时，通过现象揭示潜在的本质，高屋建瓴，以深刻的思想引发读者的思考。如《“真抓”和“假抓”》一文中，作者对于现实工作中很多地方在落实中央政策时有的是在“真抓”实干，而有的在“假抓”，在搞形式主义这一问题进行了剖析。通过对“真抓”和“假抓”进行对比，作者提出了“‘假抓’是一种欺诈行为，既欺骗上级，也欺骗下级和群众。‘假抓’者当中有些是无能者，但更多的则是投机者。如果让‘假抓’者得逞，那就会越抓越假，越抓越空。对那些‘假抓’者，一经发现，就一齐喊打，绝不能让‘吹牛者’得‘牛’”的观点。

要使新闻评论的立意准确、新颖、有深度，首先，要全面地掌握与新闻事实相关的材料，并进行广泛的社会调查和研究，不断地从社会生活中获取信息。其次，要对所掌握的材料进行梳理和筛选，对有用的信息进行比较、鉴别、分析，找出立意的各种可能性，并考虑从哪个角度来立意更加新颖、合理、有效。

三、论证严密充分

所谓论证，就是运用论据来证明论点的逻辑推理过程，也就是摆事实、讲道理、分析问题的过程。如果论点是正确的、论据也是充分的，但由于论证不妥造成观点模糊、层次不清、逻辑混乱、认识偏颇，那么新闻评论就失去了说服力和号召力。

为了保证文章论证的严密性，在论证过程中应该注意以下几个问题：一是观点和材料要结合，论点和论据要统一。新闻评论要富有生机和说服力，材料是必不可少的，但材料一定要说明观点，观点一定要统帅材料。应避免材料和观点互不联系或者罗列一大堆材料却不见观点的现象。应当考虑怎样用说明问题的典型材料来充分恰当地证明自己的观点，使得观点和材料、论点和论据真正水乳交融、有机结合。二是条理分明，有逻辑性。在论证中一定要遵循基本的逻辑规律和原则，在写新闻评论时，只有运用准确的概念、恰当的判断、严密的推理才能充分有力地证明观点，环环紧扣才有说服读者的逻辑力量，切忌杂乱无章、自相矛盾。三是坚持辩证的思维方式，防止片面性。要做到以理服人，就应对事物做辩证的分析，论述的道理应是全面的，充分反映事物的本质，揭示事物的内在联系，不要强调一个方面就忽视与其相联系的另一个方面，不要用一种倾向掩盖另一种倾向，不讲过头话，不搞“一点论”。

四、文风活泼通俗

新闻评论是媒体的旗帜和灵魂，但是一些受众却不喜欢看、不喜欢听，其中一个原因是传统的评论往往居高临下、板着面孔说话，缺乏活泼、通俗的文风。

活泼的文风体现在以下几个方面：一是篇幅要短小。一篇评论应当集中解决一个问题，或一个问题的某个侧面，尽力把它说透，不能长篇大论、泛泛而谈。二是注意材料的鲜活性和时效性。新闻评论常常是以新闻事实作为立论的由头和说理的论据，因此，新闻事实本身的鲜活性和时效性有助于新闻评论，读者阅读才有新鲜感。由于新闻评论运用的是逻辑思维，在说理的同时适当增加一些感性的材料，可以增强读者阅读的兴趣，激发思维的活跃，增强评论的生动性和亲切感。三是语言要精美。新闻评论虽属议论文，是说理的，写作时主要靠逻辑思维，但是，要使评论说理深刻、生动感人，从文采这个角度讲，也要讲究语言精美。新闻评论者应该以准确、生动、凝练的语言，来阐发富于哲理、发人深思的闪光的思想，发出理论的强音。

新闻评论具有广泛的群众性，一篇评论要想让群众喜闻乐见、易于接受，通俗的文风也是非常必要的。如《“真抓”和“假抓”》一文中“一样的招招呼呼，一样的忙忙碌碌，一样的跑上跑下，一样的辛辛苦苦”，“‘假抓’者往往讲得更加头头是道，口若悬河”，“不能让‘吹牛者’得‘牛’”等，这些形象、生动的句子，将“假抓”者的嘴脸刻画得入木三分。再如《领导干部要做事别作秀》中“只想着自己升迁做官，不想着为民操心做事；只对上‘作秀’逢迎，不对下干事负责”，“作起‘秀’来认真到位、驾轻就熟，做起事来却马虎应付、一筹莫展。时间一长，作秀的本事日渐长进，做事的本领则每况愈下”等。这些生动、形象、通俗易懂、自然贴切的语言，读来朗朗上口，有力地增强了评论的感染力。写新闻评论要符合广大群众的特点和需要，尽量照顾到他们的兴趣和爱好，克服居高临下的指令性的口吻，多用平易近人的商榷式的语言。在说理时深入浅出，把道理说清楚，切不可故弄玄虚、高深莫测。只有写出鲜明、生动、有力、可读、可信、可用的评论，才能立足时代、把握大局、贴近受众、析事明理、阐明观点、引导舆论，进而增强吸引力和影响力。

第四节　常见问题举隅

新闻评论是新闻体裁中重要的一种，是对受众传达媒体或者作者个人对新闻事件的判断以及对由新闻引发的各种社会问题的观察和反思。一篇优秀的新闻评论，不仅可以反映出作者对新闻的认识和把握能力，还可以反映其通过大众传播媒介有效地表达观点的能力。在新闻评论的写作中，一方面要尊重新闻传播的规律，确保所引用的新闻事实的真实性和新鲜性，另一方面也要考虑到它作为评论的特点，如态度鲜明、论证有力、有说服力和号召力等。在新闻评论的写作实践中经常出现的问题有以下几种：

一、引用新闻材料失实

新闻评论的写作要以尊重事实为首要原则。和消息一样，真实性是新闻评论的生命，引用虚假的新闻进行评论不仅没有任何的价值，反而会影响评论的说服力。写新闻评论往往会引用新闻事件或对新闻事件进行简要的叙述，在引用或叙述的过程中一定要尊重新闻事实，不能为了方便论证自己的观点，就用假新闻或者随便添油加醋、扭曲新闻事实，从而误导读者。判断新闻的真实与否是新闻评论作者应该具备的最基本的素质，在新闻评论的写作过程中一切都要从真实的新闻事件出发，只有这样，评论才会更具说服力。

摆事实、讲道理是新闻评论写作的基本原则。新闻事实是新闻评论的根基，不管何种类型的新闻评论，只要在新闻事实的引用和转述方面有偏差、有失误，甚至从根本上违反了新闻事实，就会对社会产生极坏的影响。2010年底，一则题为《文化部称“偷菜”游戏或被取消》的新闻引起人们的热议，很多新闻评论员将批评的矛头对准文化部，并从各个角度论述网上“偷菜”只是一种娱乐，虚拟“偷菜”与现实偷菜并无必然联系，主管部门不应干涉。但实际上这则新闻是假新闻，结果，让很多时评人不自觉地加入了这场假新闻的口水战中，而文化部则成了无辜的靶子。

新闻评论是以新闻为基础的，而新闻是以事实为基础的。也就是说，新闻评论的刊发，实际上对新闻事实起到了二度传播的作用，新闻评论员是新闻事实名副其实的“二传手”。2006 年 10 月 20 日，《上海证券报》刊登题为《中国 0.4% 的最富裕的人掌握了 70% 的财富》的新闻，文中采用的部分数据是境外网站刻意编造的。2009 年 6 月 25 日，广东《时代周报》网络版刊发题为《贫富分化急遽扩大的危险》的评论，以上述虚假数据为基础展开述评。该评论刊发后被浙江《青年时报》及一些网站引用或转载，但随后该评论被《新闻记者》杂志列为 2009 年度十大假新闻之一，也是当年唯一一篇由评论造成的假新闻。

在新闻传播中我们往往强调新闻编辑对新闻事实的“总把关”，却忽视了新闻评论员对新闻事实“再度审核”的责任。由于网络带来的评论主体的开放性与多元化，这种不考事实、以讹传讹的“假评论”近年来时有出现。究其原因，最关键的还在于一些评论工作者缺乏主见和考证，盲目相信某些专家学者，对那些貌似精确的调查数据深信不疑、不问来源、拿来即用。

二、缺乏时效性

新闻评论是对新近发生的新闻事件发表的言论，和新闻一样应该具备时效性，对新近发生的新闻事实和群众关注的热点问题及时发表观点和言论，才会引起广泛的社会关注。如果缺乏时效性，新闻评论也就和过期的新闻一样，失去了价值。随着传媒科技的发展，媒体传播信息的效率越来越高，人们对新闻以及评论的时效性要求就越来越高。作为新闻评论的作者，应该具有较高的新闻敏感度，时刻关注国际国内的新闻动向，关注热点和焦点，要在第一时间了解到最新的信息和资讯，并及时发布评论。例如，《谁来主导灾后救援行动?》这篇评论将事情的最新动态予以揭示，体现了鲜明的时效性。

新闻评论的写作不同于其他文体的精雕细刻，新闻评论写作要迅速，文字又不能粗糙，语言要精练有力，这就要求作者有较强的写作功底，能够快速成文，又要语言顺畅、论点鲜明，同时还要有严谨的逻辑思辨能力。要想成为出色的新闻评论人，平时应该多进行写作方面的训练，多练笔、多思考、勤观察。还要有深厚的文字功底，多读书、读报，学习优秀评论的行文思路和写作方法，积累词汇，培养新闻评论所需的敏锐的观察力。作为一个新闻评论人，还应该具备较高的道德与法律观念和较高的评论视野。只有通过平时的积累和磨炼，才有可能快速而准确地发布有价值、有时效的新闻评论。如《“8 毛钱”拷问媒体的“医德”》就是一篇时效性非常强的新闻评论。

三、论证逻辑失范

新闻评论要求有科学的思辨和严密的论证，如果论证不严密，不仅没有说服力和号召力，反而影响评论的效果。在新闻评论的写作中，以小见大是对新闻事实进行概括与提升的基本方法之一，但是“小”和“大”之间如果没有“水到渠成”的逻辑联系，缺乏内在的逻辑关联，不顾新闻事实而硬性提升、胡乱提升，就会使论证不合逻辑，从而演变成“小题大做”甚至“以偏概全”。2005 年 9 月 29 日下午，上海一名孕妇乘出租车去普陀区中心医院，不料出租车司机不认识去这家医院的路，在孕妇及其弟媳要求下，司机停车让她们中途下了车。后来两人换乘两辆摩托车，不想孕妇途中流产。此事被上海当地一家媒体报道后，引发了众多新闻评论对上海“形象”的斥责之声。这种特殊情况其实和上海形象之间并没有内在的逻辑联系，相关的新闻评论却将两者随意嫁接起来，真是“躺着也中枪”。新闻评论如果以偏概全、模糊了事实真相，不仅无助于公众对事件本质的认识，而且容易导致公众的过激情绪，甚至还会混淆视听、伤害受众感情，这就从根本上背离了新闻评论的写作初衷。

四、评论分寸失度

新闻评论是在客观新闻事实基础之上的主观观点或建议，是客观与主观的高度融合，在新闻评论的写作过程中遭遇的最大瓶颈，往往是分寸的把握问题。如果把握不好，新闻评论不但不能正确引导公众，反而可能使得媒体因为分寸失度而陷入被动。

20 世纪 80 年代，全国各地刮起了“囚歌风”，其中以《悔恨的泪》最为风行，而其演唱者迟某曾因流氓罪被判处刑罚。《温州日报》某文艺编辑撰写了《从强奸犯的歌谈起》的文艺评论，其中说道：“如果强奸犯们都能一展风姿，尽抒歌喉，那么风华少女们还讲什么贞操呢?”该篇评论的作者把演唱者的“流氓罪”说成“强奸罪”，且对已经刑满释放的迟某一口一个“罪犯”，涉嫌侵犯名誉权。又如，湖北枣阳市前市长尹冬桂因受贿罪被判处有期徒刑 5 年，武汉某报纸发表《枣阳有个“女张二江”》等文章，最终被在狱中服刑的当事人以侵犯名誉权将媒体告上法庭，并获得胜诉。在法治时代，每个人都有基本的人格权利，在评论的时候不能因为站在所谓的正义立场，便不顾当事人的基本权利而进行“肆无忌惮”的评论。媒体应当走出“坏人”无权利的误区，评论更是如此，不能将所有脏水、污水都向“坏人”身上泼，否则的话就可能出现分寸失度的状况。

近年来，学术界讨论比较热烈的“媒介审判”实际上就是关于媒体报道和评论的度的问题。我们需要在司法独立和公众知情权之间做好平衡，这样才不至于陷入“媒介审判”这样被动的局面。老新闻学家郭步陶在 1933 年出版的《编辑与评论》中写道：“评论是社会中公开的作品，对于国家政治、人心风俗等，都有极大的影响。所以在下笔时，须先自己警戒道：凡是妨害公共的言论、妨害人名誉的言论、妨害社会风化的言论，都是法律所不许的。能常记心中，那些一味谩骂，不负责任的空论，自然不会写出来了。又有一事可以说，而在法律上或道德上有所限制的，作评论的人，也不可不知道一二。例如诉讼评论，须在断案以后；文艺评论只能批评文艺，不能评到作此文艺的人，其他可以类推。”

第五章
新闻特写作品赏读

内容提要

新闻特写的基本特点：新闻的特写；新闻中的特写——新闻特写作品赏读——新闻特写写作要略：横切面的截取；场面感的打造；新闻特写的立意——常见问题举隅：新闻特写的新闻性与文学性；新闻特写的常规化问题。

第一节　新闻特写的基本特征

新闻特写以其视域宽广的取材、灵活精练的写作手法和充沛丰盈的情感运用在新闻报道体裁中占有重要一席。其篇幅简短，聚焦细微之处，却能以小见大，通过局部窥见全貌，从一时一地的时空中对历史和现实进行宏观的审视，从一人一物的长短间挖掘事物丰富的内涵，为受众提炼出撞击现实的强大主题。

新闻特写最早出现在以报纸为主的纸媒上，而报纸新闻特写的灵感最初则发源于电影艺术领域中的特写镜头，即通过细部镜头把拍摄对象的局部放大，以造成强烈清晰的视觉冲击，获得突出和强烈的表现效果。通过借鉴电影特写镜头的主要特征，我们可以为新闻特写做如下界定：新闻特写即截取新闻事件中的关键性场面、典型情节、富有特点的片段或者人物的典型特征，以形象化的报道手法将其集中放大和视觉化再现的一种有现场感的、生动活泼的新闻体裁。如今，新闻特写同时被广播电视、网络等其他大众传播媒介所广泛采用，成为一种使用频率极高的新闻报道体裁。

美国新闻学教授詹姆斯·阿伦森（James Aronson）在《新闻采访和写作》一书中说："对一条可以用常用导语和直截了当的笔法来写的新闻，可找一个特写的角度来写，赋予新闻以某种不寻常的东西，使稿件别开生面。这样以小特写形式出现的新闻，能娱人耳目，激动读者，或勾起读者的某种情感，而这是一般新闻所办不到的。在一条新闻中找到一个或几个特写的角度，对事情的叙述曲折有致，使新闻摆脱一般化——这就是我所说的将新闻特写化的意思。"这段话对新闻特写作了一个提纲挈领的概括。关于新闻特写的风格特色，我们可以从"新闻的特写"和"新闻中的特写"两个角度来分析。

其一，新闻的特写。关于特写的定义，一向有新闻性与文学性两种界定。《辞海》中关于"特写"的定义是：特写首先为新闻的一种体裁，要求生动地、形象地描绘新闻事件中富有特征的片断，要求真实、及时。同时特写也是文学的一种体裁，主要特点是描写有社会意义的、真实的人物和事件，具有高度的真实性，但在某些细节上也允许作恰当地艺术加工。"新闻的特写"强调的是"特写"二字，意在说明新闻特写应具备"特写"这一体裁所要求的文学性，以此与其他新闻报道体裁相区别。

一篇好的新闻特写强调的是"以小见大"的传播效果，要对新闻事件的横切面用具有文采的语言、精巧的结构、真挚的意境进行文学性的描绘，使受众通过新闻作品产生现场感、镜头感和透视感，从而深刻体味新闻事实的神韵与精髓，达到以少胜多的效果。与纯新闻报道的消息相比，消息注重报道新闻事件发生发展的全程，而特写则是聚焦新闻事件中人和事的典型片断和高潮瞬间；消息以说明新闻事实的客观情况为目的，特写则以绘声绘色、情景交融的讲故事方式介绍新闻事实而取胜。与新闻报道中常见的通讯相比，通讯是用各种表现手法向受众展现新闻事实的纵向面，特写则展示新闻事实的横切面，无论事情多么复杂，经过多么曲折漫长，特写总是聚焦关键、细察局部，整体表现更为凝练、精悍。同时，特写的写作手法较通讯更加细腻生动，文学性更强。

其二，新闻中的特写。“新闻中的特写”强调这类特写被限定在新闻报道领域中，属于新闻报道的体裁之一，其风格特色和叙事手法都要符合新闻性的要求，与一般的散文特写等相区别。

新闻报道的对象是客观事实。制作新闻作品的过程本质是对具有新闻价值的新闻事实符号化的过程，这个过程必须遵循新闻的基本规范和逻辑，如真实性、客观性、及时性和新鲜性等。这是新闻作品区别于叙事作品和文学作品的个性特征，也是新闻报道赖以生存的基础。新闻特写属于新闻报道的体裁之一，自然也在这个要求的范围之内。新闻特写的对象一定是新闻事件或人物，一定要有新闻价值，所截取的横切面应该是新闻事件中最具新闻价值的部分。新闻特写讲究文学性，提倡细节描写和形象化的语言，但这些必须建立在细心观察、亲身经历、如实记录的基础之上；新闻特写讲究营造意境、情景交融，但主观情感也是在细心观察与切身体验基础上形成的客观感情升华，其情感表达方式也要尽量技巧性地揉进客观的细节描写之中。

同时，新闻特写作为新闻报道体裁之一，其结构是从新闻消息和通讯结构中生发出来的。比如消息常用的倒金字塔结构也经常被运用到事件性特写当中。而且新闻特写也有导语、中心段和结尾，只是每个部分都形成了自己的特写或者说在写作要求上更为灵活，从这些我们都可以窥见新闻特写鲜明的新闻性。

简言之，新闻特写具备新闻性和文学性两大特征，新闻性是其作为新闻报道体裁的基础，文学性使新闻特写个性鲜明、形象鲜活，但新闻特写的文学性最终还是为新闻性服务的。

第二节 新闻特写作品赏读

新闻特写从报道题材上可分为事件特写、人物特写、风貌特写和现场特写，本节所选案例对上述类型均有涉及，其中包括一般动态事件特写《震撼历史的瞬间》、突发事件特写《为了 1 176 名旅客的安全》、重大灾难性系列报道中的特写代表作《相同的红十字，未了的灾区情》和现场特写《漫长的瞬间》；人物特写包括《基辛格——三面人》和《大凌河不会忘记》，此外，还有风貌特写《104 岁老人游台湾》。同时，针对目前我国新闻特写题材单一的问题，本书选取了时政动态特写化的《特别新闻发布会》以及具有舆论监督功能的《八卦话题“打败”抗日老兵》这两篇有代表性的特写作品进行分析，以引发读者对新闻特写相关问题的思考。

案例一

基辛格——三面人

理查德·格罗沃德

今天，在参观北京自然博物馆的时候，亨利·基辛格把他的三副面孔表演得淋漓尽致，这使周围的人大为开心。

北京文物局（原文如此）王延洲（音译）指着一件古物说那是一个龙头。前哈佛大学教授基辛格立即摇头：

“不对，是猫头鹰！”

“是的，是猫头鹰！”王说。

当王说一具古动物的角是犀牛的角时，基辛格教授又摇头了。

“不对！”他说。

“对！是犀牛角！”王说。

“不对！”基辛格说。“我从来没有见过长一对角的犀牛！”

这时，一位中国专家挤到前面对王说那是一副古代牛角。

外交家基辛格立即满面春风地对左右的人说，他先后八次访问中国，每次都是王充当他的向导，王既忠于职守，又有学问。

外交家基辛格旋即口若悬河地讲了起来，他说，感恩节后福特总统访华时，务必请王先生到场。

作为丈夫的基辛格转向妻子南希，请她同他一道，在两个武士陶俑前合影——这两个武士俑同真人一样大小，它们是去年秦朝皇帝陵墓中出土的。

他的妻子咧嘴乐了，她说："啊，不，亨利！你太像皇帝了！"

作为丈夫的基辛格说："这我可改不了。不过，你也够瞧的！"

基辛格夫妇仔细观赏从古墓中出土的文物，王说："墓中的骨头表明，墓主人不止有一个妻子。"

基辛格点头同意。王还说，在中国古代，有的妇女可以有一个以上丈夫。

"一个妻子有几个丈夫吗?"基辛格瞧着妻子说，"我们可不喜欢那个时候!"

基辛格夫人大笑起来。

基辛格参观时，美国大使（原文如此，应为美国驻北京联络处主任）乔治·布什一直用一台有偏振镜头的相机拍摄照片——在基辛格这次访华期间，他一直用这台相机拍照。

他给基辛格看一张他拍摄的表现基辛格同毛泽东在一起的照片。这张照片拍得有些发黑，布什说，其中有个人是基辛格。

"不，"基辛格说，"那不是我，是我的兄弟。"

基辛格拿这张拍得令人不敢恭维的照片开玩笑，他说："我总是说，乔治这位大使并不想夺走我的职位，不过他能想到别的点子整我。"

一位摄影记者请他在一匹同真马一样大小的陶马前摆好姿势照张相。基辛格说："是不是要我骑上它跑到大门外?"在场的中国人无不捧腹大笑。

当基辛格夫人中途告辞去商店购物时，基辛格把脑袋凑上前去，对夫人的中国向导说："请你们把贵重商品统统藏起来好吗?"

（合众国际社 北京 1975 年 10 月 22 日电）

【赏读】

《基辛格——三面人》属于人物特写。人物特写是通过选取人物经历中最典型的横切面来对人物的动作、表情、话语等进行绘声绘色地刻画，通过细节塑造人物性格，展现人物内心世界，具有极强的人物写真效果。美国前国务卿基辛格在中美关系中扮演了十分重要的角色，生活中的他又是一个什么样的人呢?《基辛格——三面人》通过选取经典而有趣的生活片段，为读者展现了一个生动鲜活的美国前国务卿形象。

巧用趣闻、轶事和花絮是人物特写的重要技巧。人物特写通常是从一个侧面来为人物剪影树立人物形象，趣闻、轶事和花絮就是那个经典的侧面。对趣闻、轶事和花絮的形象细致描绘可以增强新闻稿的可读性，比严肃而又正面的铺陈叙述更能使读者深入了解新闻稿的主题，取得事半功倍的效果。《基辛格——三面人》旨在表现基辛格作为一个政治人物的性格特点和人格魅力，但并没有选取他在外交工作中的片段进行描绘，而是抓取他参观北京自然博物馆这一题材，以新闻特写的笔法，通过几个生动的细节，真实地再现了其作为历史学者、外交家和丈夫的性格特点。

形象的描述多于抽象的概述是新闻特写写作的一大特点。在这篇特写中，没有一处抽象的概述，作者全部通过对基辛格极富个性化的语言白描来表现其性格特点。如当王延洲指着一只猫头鹰标本向基辛格介绍说那是“龙头”时，基辛格立即予以否定：“不对，是猫头鹰！”而当导游错将牛角当犀牛角时，基辛格又毫不客气地说：“我从来没有见过长一对角的犀牛！”这两段对话彰显了基辛格作为一位历史学者的一丝不苟、实事求是的学者风度。紧接着，面对在之前的争论中屡屡败阵的王延洲，基辛格立刻表现出外交家的气度，“满面春风”又“口若悬河”地向周围的人夸奖自己的导游，“他先后八次访问中国，每次都是王充当他的向导，王既忠于职守，又有学问”，“感恩节后福特总统访华时，务必请王先生到场”。一个成功的外交家总是既据理力争又善于在次要问题上不失时机地让步，从这个小花絮中不难看出基辛格作为外交家的“职业性格”。新闻稿还通过特写镜头展现了作为丈夫的基辛格，为了限制南希购物又不至于使她不高兴，基辛格趁南希离开时请向导“把贵重商品统统藏起来”，其风趣的性格可见一斑，同时其与妻子南希之间真挚的感情也自然地流露出来。因此，抓住新闻事实和人物的趣闻、轶事和花絮，往往能从轻松诙谐的角度让读者体味到新闻事实中包含的深意。但要准确抓住趣闻、花絮之类的新闻事实，在某些程度上要比弄清楚基本新闻事实还要难，这就要求记者在采访中有采集有趣画面的意识，细心观察，有一双善于“抓拍”花絮画面的眼睛，有一张能提出有趣、智慧问题的嘴巴。

案例二

震撼历史的瞬间

杨　青　杨　楠

这是一个庄严的时刻。

历史将这样记载：公元1987年5月6日14时10分，全长14.291 5公里的大瑶山隧道胜利贯通了……

隧道掌子面两端，每一个人都屏住了呼吸，静静地等待着，等待着那振奋人心的时刻！

在千百双眼睛的注视下，国务院副总理万里按了电钮，“轰”的一声巨响，大瑶山沸腾了！

顾不上刺鼻的硝烟，顾不上四溅的泥水，一处工会主席姬光辉张开有力的双臂，高喊着：“贯通了！贯通了！”第一个冲向掌子面。局领导、老工人、青工们欢呼着，跳跃着，怀着激动万分的心情向掌子面拥去……

6年了，春雨秋霜。一次次的坍方，一次次的涌水，工人们在这里经过了多少艰辛，付出了多少汗水，今天终于打通了大瑶山。

“贯通了！”“贯通了！”一处和三处的工人们爬过石碴，冲过贯通面，两支铁军会师了！双双大手紧紧握在一起，颗颗赤诚的心跳动在一起。经过6个春秋的鏖战，今天终于相会在胜利的时刻。

党委书记陈学志和身边的工人握着手，嘴里只有一句话：“谢谢大家，谢谢大家！”

一位满面皱纹的老工人猛地拽住身边的同伴，颤声地说：“盼到这一天，真不易呀！”

在这一时刻，没有华丽的辞藻，没有鸿篇的巨论，人们用最简单、最朴实的动作，表达着自己内心的喜悦。

两位青工互相搂抱着，把手举成象征胜利的“V”字；几位姑娘爬上大型机械，拼命地挥动着手中的花束；一处总工程师孙旭华被工人们抬起来抛向空中……

贯通面上，一群人俯身拾起一块块瑶山石，这是大瑶山隧道贯通的象征。拿吧！装吧！回去做个纪念，送给朋友，送给妻子，留给子孙，献给那些为大瑶山隧道付出代价的可敬的人们！

人如潮，声如涛，锣鼓喧天，欢声阵阵。整个洞中沉浸在一种喜庆的氛围里。6年的年华，6年的血汗，6年的甘苦全部奉献给了大瑶山。今天，大瑶山的贯通给了工人们多大的快慰呀，他们多年的夙愿终于实现了！“不老松”戴根法、“累不垮的金刚”龚贤礼、大车班司机胡林山的眼眶湿润了，和其他老工人一样，他们不能像年轻人那样尽情抒发心中的喜悦之情，但他们那颤动的双唇、有力的掌声，都无言地表达了内心的激动。

洞内，大家的热情在奔溢着。可是，在一个不起眼的角落里，却站着一位戴眼镜的中年人，他叫厉自凡。这位曾为大瑶山隧道的设计费尽心血的人，此刻默默地站在狂欢的人群旁。他的神态，仿佛是一位将军站在高高的山坡上观看胜利的情景。8年前，他曾向日本学术界宣称：“中国人能够自力更生打通大瑶山隧道！”从那天起，他就深信，这一时刻定会到来！此时，他如愿以偿。

历史的车轮在这一瞬间似乎加快了它的运转。碘钨灯、镁光灯摄下了震撼华夏史册的一瞬间，摄下了一双双含泪的眼睛，摄下了一张张激动的面庞，摄下了所有胜利的场景。

在这个时刻，在这个伟大的历史瞬间，请放慢脚步，用眼睛、用心灵记下这辉煌壮丽而又毕生难忘的时刻吧！大瑶山隧道的贯通再一次向全世界昭示：在改革开放的时代里，中国工人有志气、有能力用最先进的技术和设备打出中国人自己的隧道，中国隧道的建设史册，从此揭开了光辉的一页。

（《隧道工人报》1987 年 5 月 10 日）

【赏读】

新闻特写《震撼历史的瞬间》取材于举世瞩目的大瑶山隧道胜利贯通这一新闻事件，是一篇事件新闻特写。作为一个动态事件，消息似乎是最佳的报道体裁，但作为传统媒体的报纸要赢得受众，运用新闻特写这一表现形式把重大新闻事件的详细情况用细腻的文字再现在读者面前，不失为其体现优势的良好手段。《震撼历史的瞬间》聚焦大瑶山隧道胜利贯通的瞬间画面，现场气氛浓厚、文学性强、意义深远，即使时隔二十多年的今天再次品读，我们仍能被作品所营造的气氛所感染，引起强烈的情感激荡，不失为一篇成功的新闻特写。

动静结合的现场感是这篇新闻特写最大的亮点。作者把叙事时间定格在隧道开通的瞬间，通过细致观察，把笔墨集中于隧道开通时各种不同人物各具特点的表现上，营造出振奋、热烈和激动的现场氛围，使读者也仿佛置身于这个庄严的时刻，感受那难以抑制的激动。如工会主席姬光辉兴奋得“顾不上刺鼻的硝烟，顾不上四溅的泥水”，他“张开有力的双臂，高喊着‘贯通了！贯通了！’第一个冲向掌子面”；一处和三处的工人们激动得“爬过石碴，冲过贯通面……双双大手紧紧握在一起”；局领导、老工人、青工们“欢呼着，跳跃着，怀着激动万分的心情向掌子面拥去”；两位青工忘情地“互相搂抱着，把手举成象征胜利的‘V’字”；几位姑娘也不再腼腆，她们“爬上大型机械拼命地挥动着手中的花束”；戴根法、龚贤礼、胡林山等几位老工人“眼眶湿润了”，他们虽然不能像年轻人那样尽情表达自己的喜悦之情，但那“颤动的双唇、有力的掌声”无言地表达了内心的激动。大瑶山隧道设计师厉自凡则是另一种表现，他显然百感交集，我们看到他“默默地站在狂欢的人群旁”，那神态，“仿佛是一位将军站在高高的山坡上观看胜利”……这一系列有关人物神态、动作的描写再现了现场，使读者身临其境。同时我们可以看出，现场感的最佳再现应该是动静结合的，即静中有动，寓静于动。在这篇新闻稿中，我们既能看到动态的画面，如振臂高呼的工会主席和忘情拥抱的青年工程师，也能看到静止的画面，如内心激动却不能像年轻人随意表达情感的老工人和默默地站在狂欢人群旁的大瑶山隧道设计师厉自凡。兴奋与欢呼可以营造气氛，但百感交集中的静止与感动则会更加深化主题，使新闻事件呈现出立体之美。

自然娴熟的情感运用是《震撼历史的瞬间》的第二处亮点。新闻特写的文学性是区别于消息的重要标志，而文情并茂、情景交融是新闻特写文学性的重要表现。如果说消息强调客观陈述的话，那么特写就一定要在遵循基本新闻事实的基础上融入浓厚的真情实感，当然，情感的注入要因具体情况而定，该直接表达的直接表达、该含蓄的则含蓄。《震撼历史的瞬间》就把这两种情感注入方式融合得很好。首先，记者对大瑶山隧道胜利贯通的瞬间场面进行细致刻画，在客观描述中揉进了自己的主观感情色彩，融情于事中，毫不做作；客观背景材料的巧妙选取是记者含蓄表达感情的又一策略。短短的千字文中，“历经6年打通大瑶山”的信息被提及三次，而且每次都带着真挚的情感。在描写大瑶山隧道设计师厉自凡时，引入一句厉自凡8年前对日本学术界说过的话：“中国人能够自力更生打通大瑶山隧道！”有了这样的背景介绍，读者更能体会到在大瑶山隧道胜利贯通时，现场人们不仅仅是兴奋，而是作为一名中国人的百感交集。同时，配合这种含蓄感情注入的是直接的表情抒怀。新闻稿开头部分即确立了本文的感情基调：“这是一个庄严的时刻。历史将这样记载……”随后文中数次直接抒情，如“6年了，春雨秋霜。一次次的坍方，一次次的涌水，工人们在这里经过了多少艰辛……”“在这一时刻，没有华丽的辞藻，没有鸿篇的巨论，人们用最简单、最朴实的动作，表达着自己内心的喜悦”；“6年的年华，6年的血汗，6年的甘苦全部奉献给了大瑶山……”最后文章仍以记者的直接抒情结束：“在这个时刻，在这个伟大的历史瞬间，请放慢脚步，用眼睛、用心灵记下这辉煌壮丽而又毕生难忘的时刻吧……”至此，新闻事件的意义被升华，作品的历史纵深感被凸显。

场面的震撼性不是靠堆砌辞藻与无病呻吟，而是靠记者在现场细致的观察、敏锐的思考与犀利的眼光。只有记者迅速捕捉能提炼主题的典型材料，及时抓住事实的触发点进行细致描绘，才能引起感情激荡和纵横联想，从而开掘出作品的深远意义，写出有景有情的新闻特写，最终将读者吸引到特写所营造的氛围和意象中来。

案例三

特别新闻发布会

温　宪

“嘟、嘟、嘟”，随着一阵急促的呼叫声，与南非新闻预报网接通的BP机显示屏上显示出了一条信息：“曼德拉总统将于27日下午4时就南非外交关系中一重大问题举行新闻发布会。”

新南非政府最高领导人还从未以此种方式就外交关系问题专门举行新闻发布会。下午3时后，被这一信息吸引来的各方记者陆续赶到约翰内斯堡北部豪顿地区曼德拉统住宅院外，互相都在有些神秘地打探和猜测着消息。那位光头的美联社摄影记者正拍着脑袋对一位法新社记者说：“会是什么事呢？如果是巴西总统正在南非访问的事，也不会以这种方式发布新闻呀。”南非外交部主管中国问题的范内科克先生的到来令人感到意外。他在与本报记者寒暄后悄声说道：“总统要宣布与中国有关的事，所以我来了……”

经过严格的安全检查后，记者们被引进这处有着白色围墙的深宅大院。在院内草坪的一端摆着几张坐椅，新闻发布会就在这草坪上举行。下午4时20分，曼德拉总统在南非外长恩佐、副外长帕哈德等人的陪同下从屋内走出。落座后，曼德拉首先与几位熟悉的新闻记者打招呼，然后宣读了南非将同中华人民共和国建立正式外交关系的书面声明。

南非与中国的外交关系问题早就是此间新闻界的热门话题。曼德拉刚刚结束发表声明，几位记者已不约而同地举起了要求提问的手臂。一位南非记者问：“你指出与台湾保持外交关系与南非在国际事务中作用不相协调，是不是在做出这一决定的过程中也考虑到了南非国家的利益问题？”曼德拉欠了欠上身回答道：“那当然了。我是说中华人民共和国在世界上人口最多，中国的经济增长率大约每年在10%左右，中国是联合国安理会常任理事国之一。除了一些小国以外，中国几乎被世界上所有国家承认。我们是与中华人民共和国没有外交关系的国家中最大的国家。对此，我们深表遗憾。”面对一位台湾记者有些着急的连续发问，曼德拉再次重申：南非将于1997年12月31日以前断绝与台湾的外交关系，并与中华人民共和国建立正式外交关系。

曼德拉宣布的这一重大政策立场立即引起了强烈反响。新闻发布会刚一结束，主持这一发布会的南非总统办公室新闻官员托尼先生主动向本报记者说：“这是个好消息，我们应该庆祝一下。”非国大当日发表声明，对上述决定表示欢迎，认为与中国正式建交将会大大促进两国间各方面关系的发展。

早就呼吁同中国建交的南非国际问题研究所所长米尔斯博士再次表示，这一重大举动符合南非人民的根本利益。旅居南非的华人听到这一消息后更是惊喜，不少人给本报记者站打来电话，述说欣喜之情。直至深夜，电话铃声还在不断响起……（本报约翰内斯堡11月28日电）

（《人民日报》1996年11月29日）

【赏读】

会议新闻属于时政新闻的一种，其写作方法在长期的新闻实践中已形成一套公认的模式，如通常采用消息体裁来处理。新闻稿内容大体包含新闻发布会的时间、举办机构、新闻发布会的内容，大多采用倒金字塔结构按新闻价值重要性进行先后安排，新闻稿整体风格严肃刻板。《特别新闻发布会》是与消息《曼德拉总统宣布：南非将同中国建交》联袂发表在《人民日报》上的一篇特写，聚焦于新闻发布会中几个典型镜头并进行细致描绘，进一步升华了南非顺应世界潮流的意义。依据南非国家利益与中国建交的主题，其独特报道视角、内容结构和叙事策略令人读起来耳目一新。

报道视角是记者对新闻事实的观察点、进行写作的出发点和立足点。视角的选取是否独特是一篇新闻特写成败的关键。独特的报道视角能突出新闻特写的价值，增强新闻特写的可读性、吸引力和感染力。《特别新闻发布会》摆脱了一般新闻发布会的官方视角，把报道视角对准参加新闻发布会的记者，聚焦记者们在这场新闻发布会前后的表现，通过记者的眼睛观察这场特殊的新闻发布会，通过记者们的一举一动展现出这个新闻发布会的特别之处。

在内容结构上，《特别新闻发布会》首先用一个故事式的导语开头，把镜头对准与南非新闻预报网接通的BP机显示屏上显示的一条信息："曼德拉总统将于27日下午4时就南非外交关系中一重大问题举行新闻发布会。"这种悬念式的导语确立了特写体裁的写作基调。这里要说明的是，新闻特写和消息一样是有导语的，但与消息不同的是，消息的导语的主要作用是概括事实，而特写的导语更像是一种噱头，旨在用最精练的话语第一时间吸引读者，吊足读者胃口，让读者一口气把下面的内容读完。接着，新闻稿按照时间顺序向读者展示了新闻发布会现场几个典型片段，如总统宅邸外一群摸不到头脑的记者、总统宅邸草坪上曼德拉总统宣布书面声明、曼德拉总统回答南非记者和中国台湾记者的提问等。这里不是记录新闻发布会的全程，而是截取其中最有特征、最能体现主题的几个画面来串联起一个新闻发布会，使整篇新闻稿动感十足，以小见大、凸显特写的截取艺术。

《特别新闻发布会》的叙事策略也值得一提。整篇新闻稿用设置悬念的手法凸显新闻发布会的特别之处。从导语中急促的BP机会议通知到记者们对新闻发布会的好奇与热议，还有发布会的举行地点——总统宅邸草坪，这一切都有异于常规新闻发布会的流程，这一系列的悬念也吊足了读者的胃口，使读者迫不及待地想知道答案。

案例四

为了1 176名旅客的安全

李　艳　巨跃先　李海静

在石亭江滔滔的洪水之上，仅用15分钟，脱线列车上1 176名旅客就安全转移完毕，没有一名伤亡。这一壮举，创造了中国铁路旅客紧急疏散的奇迹。

8月20日13时40分，K165次列车载着这群创造奇迹的人——西安铁路局西安客运段K165次列车第二包乘组43名（有3人在四川）英雄回家了！

一下车，凯旋的英雄们就被鲜花、掌声和咔嚓嚓的镜头所包围。

俗话说，男儿有泪不轻弹。可是，接过西安铁路局局长汪亚平递上来的鲜花，K165次列车副车长张亮抑制不住内心的激动，眼含热泪。面对亲人，面对同事，43名包乘组成员个个眼圈通红，似乎有无尽的话想要倾诉。

“你们是功臣，是英雄，防止了一起重大事故的发生！”听到汪亚平局长亲切的话语，乘务员孙红梅的眼泪刷地淌了下来，怎么都止不住。抹抹泪水，她说：“回想起来很后怕，真怕见不着大家了，但是，我们又特别骄傲，因为，所有的乘客都安全转移了。”

15分钟，到底是怎样一个与死神搏斗的瞬间？

8月19日，四川德阳大雨如注。

15时左右，西安开往昆明的K165次列车驾驶员曹继敏从德阳火车站刚刚开出七八分钟，驶上石亭江大桥。上桥的一瞬间，他发觉车身左右晃动，就下意识地拉了刹车。

“我下意识地刹车，采取紧急停车措施，根本没时间考虑。”曹继敏说，当时车速在85公里/小时左右。刹车过程中，车厢仍在剧烈运动，直到车身完全停了下来，车头已经过了桥的断裂处，15、16两节车厢悬吊在河面之上，车头和车身已经分开了，列车机车后5—17位车厢脱线。车厢里，1 176名旅客和乘务人员都感到了剧烈的晃动。

此时，是15时15分左右。

广播员许莹回忆，当时，在8号车厢的广播室里，忽然像发生了地震一样，列车左右摇晃，小小的广播室里，磁带、光碟霎时从高处撒落下来，猝不及防的她，右侧脸颊重重磕在了广播设备上，很快，就肿了起来。

“怎么回事?”许莹和大多数旅客一样，吓得脸色煞白。

16号车厢的乘务员周小茹说，当时，车厢内一片混乱。女乘客的尖叫声连成一片，男乘客则寻找小铁锤等重物，企图砸破玻璃逃生。更有人，情急之下，用拳头不住地捶打玻璃……

此时，惊魂未定的许莹突然发现，副车长张亮气喘吁吁地跑向广播室：“许师傅，出事了，火车出轨了，赶快给咱们的人通知，把硬座车厢的旅客安全疏散，告诉大家不要惊慌。”

原来，列车停下来之后，曹继敏随即用无线电通知车长王巧芬。列车长王巧芬镇定指挥，大家按照平时进行过多次的防洪演练，迅即进入实战状态，一场争分夺秒的列车生死大转移就此展开。

许莹平复一下自己的情绪，用平静的语调开始播音：“各车厢乘务员请注意……”

听到广播，旅客们被从无限惊恐中“拽”了回来，大家知道了列车的状况，也知道列车员会帮助自己疏散，稍稍有些镇定。

接到疏散旅客的命令，46名乘务人员迅速行动起来。

此时，列车长王巧芬火速组织各岗位列车工作人员按照应急预案，从列车尾部引导旅客有序地向列车前部转移，同时联系副车长张亮带领正在间休的其他列车工作人员全部投入工作。随后，王巧芬立即赶到情况最为危急的16号车厢，一边同车厢列车员组织旅客转移，一边与西安客运段安全生产指挥中心联系，通报险情。

作为整列火车的“重灾区”，15、16号车厢当时悬吊在河面上，“命悬一线”。据16号车厢乘务员周小茹讲，当时，由于车厢正好处在桥梁断裂处，她眼看着江水离自己越来越近，发出像怪兽一样的咆哮，同时，桥面则离自己越来越远。看到车长王巧芬来到车厢，她好像有了“主心骨”，一边克服自己的恐惧，一边组织旅客向车尾的18号车厢转移。

正在转移旅客的17号车厢列车员赵俊鹏也明显感到列车在下沉。他一边安慰旅客不要惊慌，一边迅速观察列车停靠位置，发现车厢前端已经悬空。于是，他果断打开与18号车厢即邮政车连接的端门，组织旅客从18号车厢有序下车。在紧急撤离时，赵俊鹏发现16号车厢端门也打不开，此时列车正在快速下沉！他使出浑身力气，和车上旅客一起撬开端门，终于将16号车厢旅客转移到邮政车，两个车厢的旅客全部得到安全转移。

9号车厢的乘务员孙红梅是第一次碰上这么大的事故。列车晃一下，她的心就紧一下。他们软卧车厢共有36名乘客，其中，最小的才两个月大。为了保证孩子的安全，在拥挤的乘客中，她用双臂保护着孩子和母亲，将他们一直送到安全地带才返回。

就这样，列车乘务员一边安慰旅客，稳定旅客情绪，一边搀扶着年老和年幼的旅客，帮助他们将行李抢运下车。

乘客疏散完毕，孙红梅又返回车厢，确认没有一名乘客后才下车。此时，空荡荡的车厢只剩下她一人。

作为最后一名从列车上撤离的人，孙红梅下来才两三分钟，整个大桥就被洪水冲击得摇晃起来，桥墩轰然倒下，15、16两节悬吊在河面上的车厢也落入了河中，凶猛的河水将车厢冲出了200多米远。

15分钟！从列车发生险情到旅客全部转移，在西安铁路局列车工作人员的快速应对下，仅仅15分钟，列车上全部旅客被转移到安全地带，确保了无一旅客伤亡和财产损失！

（《陕西日报》2010年8月21日）

【赏读】

在滔滔洪水之上，能用15分钟把1 000多名旅客安全转移，本身就是一个奇迹。作为一篇反映突发事件的特写，作品真实、完整地再现了K165次列车乘务人员临危不乱展开生死大营救的生动场面。稿件不长，但紧凑、细致、一气呵成，现场感强烈，吸引读者。作为第21届中国新闻奖二等奖的获奖作品，紧凑清晰的叙事结构和生动形象的细节描写是该作品得以成功的关键。

如果说新闻报道本质上是一种建立在客观事实基础上的“讲故事”行为的话，那么新闻特写则可以把这种叙事特点发挥到极致。《为了1 176名旅客的安全》以时间为顺序、事件发展为逻辑，依次安排材料，向我们讲述了46名乘务员如何在15分钟之内成功营救1 176名乘客的故事。文章主体部分由火车经过时桥身发生断裂的一瞬间为开头，历经发展进入生死大转移的高潮，随着全部人员撤离而结尾，其间诸情节互为因果、互为条件。虽然倒叙和插叙间或出现，但不影响总体上以时间和故事情节发展逻辑为线索的原则，全篇脉络清晰、一气呵成。同时，在叙事策略上，这篇作品还注重通过凸显矛盾和设置悬念的方式来“讲故事”。在文章开头倒叙部分，“乘务员孙红梅的眼泪刷地就淌了下来，怎么都止不住。抹抹泪水，她说：‘回想起来很后怕，真怕见不上大家了，但是，我们又特别骄傲，因为，所有的乘客都安全转移了’”。这段引语充分表现出孙红梅此时既自豪又后怕的思想冲突，这种思想矛盾使情感表达更为真实，同时也使读者迫切想知晓是什么样的场面让乘务员孙红梅有如此矛盾的心理，更增加了文章内容的张力。接着，文章用一句："15 分钟，到底是怎样一个与死神搏斗的瞬间?"来把镜头对准那个生死营救的 15 分钟，这句话是个过渡，但也是一个很好的悬念，极大地引发读者探究事情经过的兴趣，接下来的故事讲述也更为顺理成章。

此外，这篇作品中大量成功的细节描写也是可圈可点的。特写的写作过程，是通过典型环境和典型情节来传递典型形象的，而传递的方式就是形象的细节描写。作为突发性的事件特写，报纸在形象性方面似乎比电视更有优势，因为对于业已消逝的事件和现场，电视是无法补拍的，而文字却可以用形象化的细节描写进行追述，在读者脑海里复原那个事件现场。文章选取大桥断裂瞬间和生死大转移两个典型情节，用大量的细节再现了这两个情节，使每位读者都仿佛经历了那一场生死劫。这里要指出的是，作为新闻特写，每个细节都必须真实客观，哪怕是一个表情、一个动作都不能有虚构的成分，而作为已消失的事件现场，这些细节则来源于记者的细心观察与采访，为了保证细节的丰富和真实性，记者对细节的耐心追问是必不可少的。如："在 8 号车厢的广播室里，忽然像发生了地震一样，列车左右摇晃，小小的广播室里，磁带、光碟霎时从高处撒落下来，猝不及防的她，右侧脸颊重重磕在了广播设备上，很快，就肿了起来"；"女乘客的尖叫声连成一片，男乘客则寻找小铁锤等重物，企图砸破玻璃逃生。更有人，情急之下，用拳头不住地捶打玻璃……""为了保证孩子的安全，在拥挤的乘客中，她用双臂保护着孩子和母亲，将他们一直送到安全地带才返回。"这些细节恐怕都要经过记者的追问才会被挖出来。

案例五

八卦话题"打败"抗日老兵

赵文侠　白　鸥

没有人走过去搀扶一把专程赶到现场的 92 岁中国远征军老战士鲍直才，老人缓缓从座位上站起身，戴上红围巾，穿上外衣，蹒跚地向场外走去。

十多米开外的地方，扮演中国远征军的演员王学兵和他妻子孙宁却被拿着摄像机、照相机的记者们团团围住。因为手中拿了太多的话筒，以至于孙宁情不自禁说了声"太密了"。随后的提问，没人聚焦"中国远征军"这一神圣的话题，全部是两个人的私生活。

这一幕发生在前天举行的36集电视连续剧《滇西1944》首播式上的媒体自由采访环节。

将于今晚在央视8套播出的《滇西1944》是一部以世界反法西斯战争中的中国战场为大背景，讲述在广大滇西民众和中国共产党领导的抗日游击队的支持下，中国远征军驱逐日寇于国门之外的故事。但首播式上“中国远征军”被八卦话题打败的场景，让人不免有些尴尬。

当天，在主持人主持环节，中国远征军老战士鲍直才被请到台上。讲起当年远征军的故事，老人的脸因激动变得通红。也许是口音太重，老人台上讲，娱记们却在台下闲聊天。

与此形成鲜明对照的是，主持人设置的王学兵、孙宁夫妇互送礼物的环节却得到了热捧。主持人一个劲儿地说，“抱着妻子送的小老虎，怎么也得表示一下感情吧！”鼓动王学兵做出亲密的动作。见到王学兵依旧木然地待在台上，主持人于是更加不遗余力地忽悠，“瞧，台下的媒体都等着呢，怎么也得表示一下呀”，无奈中的王学兵硬着头皮当众把妻子孙宁抱得老高，此时闪光灯闪成一片。

不娱乐，似乎就缺少了关注度，《滇西1944》这样一部题材凝重的电视剧也难逃这一定式。

媒体自由采访环节，这种所谓的娱乐化更被推到了极致。在被冷落的远征军老兵留下孤独背影的同时，王学兵、孙宁则被八卦彻底包围。

“当时拍戏的时候，剧组知道你们的关系吗？”“这是你们以什么关系拍的一部戏？”“夫妻俩拍感情戏什么感觉？”……王学兵、孙宁只言片语地应付着这些问题。

“虎年到了，有没有打算生个虎宝宝？”王学兵简而言之：“一切顺其自然吧。”娱记们不解渴，“听说孙宁因为家里是姐妹，所以想要男孩，那你呢？”王学兵敷衍着，“我无所谓，男孩女孩都可以。”娱记们继续穷追猛打，“究竟打算什么时候要个宝宝啊？”王学兵眉头紧皱，不耐烦了，“都说了，一切顺其自然。”孙宁的回答更是带着不满，“你们总不能让我们说‘我们要什么什么时候生这种话吧。’要是没生，你们又该说我们骗人了。”八卦话题持续了近20分钟。

眼看着娱记们将探求明星私生活作为“己任”乐此不疲，而民族历史中真正有价值的片段却只能从背影里看到，这是何等悲哀。

（《北京日报》2010年1月28日）

【赏读】

特写《八卦话题“打败”抗日老兵》以现场感极强的文字，意味深长的细节对比，如实记录了电视剧《滇西 1944》的新闻发布会现场发生的一幕，引起人们对娱乐怪现象的反思，召唤人们勿忘国耻，唤醒人们的民族情感。作为第 21 届中国新闻奖二等奖的获奖作品，作品篇幅虽短，但选题精妙，视角独特，既有深度，又有立场，是一篇以小见大的特写佳作。

这篇特写的成功首先得益于对新闻特写选题的开拓。目前我国新闻特写存在的问题之一是选题面狭窄，大多数新闻特写以正面宣传为主，题材保守单一。《八卦话题“打败”抗日老兵》从舆论监督的角度对红色影视剧发布会上对比鲜明的一幕进行集中描绘，提炼出一个发人深省的深刻主题，选题可谓独具匠心。好的选题离不开“现场”，身在现场的记者要能及时抓住典型材料，引起感情激荡和纵横联想，反复思索，才能把特写的选题提炼得精妙。普通影视剧的发布会通常轻松娱乐、笑料百出，但《滇西 1944》是一部反映民族战争历史的电视剧，这一点在新闻发布会上会有所体现吗？有了这种着眼于大背景的采访准备，记者就有了提炼的基础。也是有了这种思想高度，记者才能以敏锐的新闻敏感发现并冷静观察着现场发生的这不和谐的一切。“92 岁的中国远征军老战士被媒体晾在一边，留下蹒跚步出会场的孤独背影，甚至没有人上去搀扶一把，而扮演远征军的演员却被娱记们簇拥着大谈私生活。”这是一条新闻发布会的独家新闻，发人深省的主题被选取出的情节、细节一一客观呈现，以小见大，其针砭时弊的绵里之针在此显示出刚韧的锋芒。

客观而形象的细节描写是该特写的另一大特点。文章以描写性导语开头，用两个对比强烈的细节画面开门见山地揭示文章的新闻价值。接着还原《滇西 1944》的新闻发布会现场，对抗日老兵和孙宁夫妇的活动细节进行对比性描写。一个片段是在主持人主持环节，“中国远征军老战士鲍直才被请到台上。讲起当年远征军的故事，老人的脸因激动变得通红。也许是口音太重，老人台上讲，娱记们却在台下聊闲天”。而“与此形成鲜明对照的是，主持人设置的王学兵、孙宁夫妇互送礼物的环节却得到了热捧。主持人一个劲儿地说，‘抱着妻子送的小老虎，怎么也得表示一下感情吧！’鼓动王学兵作出亲密的动作。见到王学兵依旧木然地待在台上，主持人于是更加不遗余力地忽悠，‘瞧，台下的媒体都等着呢，怎么也得表示一下呀’，无奈中的王学兵硬着头皮当众把妻子孙宁抱得老高，此时闪光灯闪成一片”。紧接着文章用过渡段“媒体自由采访环节，这种所谓的娱乐化更被推到了极致”来产生递进效果，引出第二个特写镜头：抗日老兵蹒跚离开的背影和孙宁夫妇被媒体彻底包围。这其中对细节的刻画也很巧妙，带来意味深长的效果，如“老人缓缓从座位上站起身，戴上红围巾，穿上外衣，蹒跚地向场外走去”，“老人的脸因激动变得通红”，“无奈中的王学兵硬着头皮当众把妻子孙宁抱得老高，此时闪光灯闪成一片”，“王学兵眉头紧皱，不耐烦了”等。在这些客观描写之后，记者直接抒怀：“眼看着娱记们将探求明星私生活作为‘己任’乐此不疲，而民族历史中真正有价值的片段却只能从背影里看到，这是何等悲哀。”文章最后一段画龙点睛的话发人深思。

案例六

大凌河不会忘记

王中宣　张闻博　李铁刚　刘莎莎

播：今天，7月18日，是锦州市人们向指挥抗洪抢险中光荣牺牲的市委书记张鸣岐同志遗体告别的日子。

（出雨声，压混）

凌晨，锦州地区大雨如注。通往锦州市殡仪馆的道路两旁，站满了为张鸣岐书记送行的群众。人们自发地拉起挽幛，一幅挽幛上写道：“为官一任千秋留芳名，继承遗志万代展宏图”。上午11点，张鸣岐同志遗体告别仪式开始。灵堂前络绎不绝的人流在雷雨中缓缓移动，一位特意从灾区赶来的农民，抹一把脸上的泪水和雨水，再也抑制不住自己的感情，哽咽着说：“张书记，这是老天爷为你流泪呀!”

（出哀乐录音，杂音）

群众甲：张书记啊，张书记没了。就为了人民的利益，他自己牺牲了，以身殉职了，这么好的人就这么走了。感到痛心的是您来锦州不久，却给我们人民做了好多有益的事儿，我们老百姓都知道了。

（压低混雨声）

播：7月13号，辽宁西部普降暴雨，不断暴涨的大凌河水呼啸着向下游的锦州市奔涌而来，每秒1.1万多立方米的流量使凌海市大凌河堤告急。正在沈阳参加省委召开的市委书记会议的张鸣岐同志，没等开完会，就冒着雨赶回锦州，连夜察看险工险段。晚上10点左右，他来到凌海市防汛指挥部，听过汇报，抓起雨衣，登车直奔最危险的尤山子村大来号堤段，一边指挥抗洪抢险，一边帮助群众疏散。事后，记者来到大来号屯时，洪水还没有完全退尽。村党支部书记王守柱和村民刘志林谈起了那个让人难忘的夜晚。

（出录音）

王守柱：那天晚上，那是大堤水猛涨，大约在12点钟左右张书记来了，亲自到坝上去了，说咋办，采取啥办法，准备上县指挥部，搞增援啥的，避免洪水把老百姓淹了。他走时将近1点钟，正好水堤开了。当时大伙说不走了，张书记说，我们来就是来看大水来了，水怕啥，想什么法，咱们得回去研究措施，不能让老百姓受灾。

刘志林：当时到这块张书记就说他准备回去，我们村上一些村民就不让他走，说水已经到跟前，你走不了。他下个令：不走还犹豫啥，赶紧走！（说）完就开车走了。

（录音完）

播：张鸣岐一行11人就这样驱车离去。老乡们在房顶上看到，洪水先是没了车轮，然后淹了车门。后来连车上灯光也见不到了——同行者中有一位幸免于难的女记者，她是锦州有线电视台的，叫刘晶，年仅20岁，她正躺在病床上，肺部还有许多淤泥没有清洗出来，连呼吸都有困难。刘晶回忆着他们被洪水卷走前的最后瞬间：（出录音）

刘晶：后来水涨得特别快，我们往前走的时候，水已经到胸部了。因为我特别小，张书记就特别照顾我，我的右边是张书记，左边是他的秘书徐力达，拽着我。后来在水里挣扎。后来我就昏迷了。

（录音完）

播：曾被急流冲出1 000多米的凌海市委书记薛恒告诉我们，张书记来到凌海市抗洪一线时，已经把自己的生死置之度外了。

（出录音）

薛恒：14号凌晨，鸣岐书记来到我们凌海市检查我们的防汛工作。他提出，一定要以为人民负责的精神，保护人民群众的的生命安全，部署完之后，他让市长坐镇指挥，他到最险要的地段去。不幸在回来途中遇到洪水。他的牺牲，我们都感到很痛心，很惋惜。

（录音完）

播：7月15日清晨5点，张鸣岐同志的遗体被打捞上来。

（出录音）

指挥者：“担架往前抬。”……

（混播）

播：5点30分，载着张鸣岐遗体的小船靠上了岸，上千军民夹道护送。他们满眼含泪，不出一声，只觉得鸣岐书记睡着了，他太累了，我们再多陪他一会儿。这一刻，离张书记牺牲已经有52小时了，许多人还深深地记着鸣岐书记遇险前几小时的话语：

（出录音）

张鸣岐：你们赶紧把领导分好工，有组织地开展。另外在防的时候，注意不要伤人。围绕市里的薄弱环节，千方百计地把城市保住。凌海是不是比较吃紧？

随员：凌海那边，那会儿接到电话说上边的流量是一万一。

张鸣岐：咱们这边漫上来了。这块没有居民吧。

随员：这边也有，很少。

张鸣岐：我说呀，首先抓住薄弱环节，从现在开始上袋子，马上往上摆。这个不犹豫，你今天躲过去了，可能后几场雨还有用。现在就开始着手。

（录音完）

播：洪水退了，灾区的两万多名群众得救了，然而张鸣岐同志却满怀着对灾区人民无限的爱离去了。噩耗传出，鸣岐书记的妻子王桂香从沈阳赶到锦州。面对这残酷的现实，她的心碎了。然而，只有她才最了解丈夫。

（出录音）

王桂香：鸣岐参加类似这样的抗洪抢险的事吧，救火呀，抓逃犯呀，处理一些事故，每次他都是冲在最前边。我姐姐劝我的时候和我说过：即使他这次脱离了危险，可能还有下一次，因为他就是这样的人。他不可能在紧要的关头考虑自己。今后我还应该像他那样，好好教育我孩子，让孩子继续走他爸爸没走完的路。也希望锦州将来兴旺起来，发达起来，这样也了了鸣岐的心愿。

（录音完）

（辽宁人民广播电台 1994 年 7 月 19 日首播）

【赏读】

《大凌河不会忘记》通过几个情景交融的瞬间画面再现了锦州前市委书记张鸣岐的壮美形象。作为一篇录音特写，该作品的显著特点是发挥了广播的优势，通过典型音响再现瞬间情节，在客观描述中融入记者的主观情感，让听众从记者暂时凝固住的细节中，真切感受张鸣岐的高尚之处。

广播是通过声音传递信息的媒体形式，是靠听众的耳朵获取信息、感受事物的，广播特写作为以细节描写见长的新闻体裁，更应该发挥音响特有的传真、传情优势，使人物形象更鲜活、事件现场更直观真实、主题思想更为深刻。《大凌河不会忘记》利用事后采访相关人士的谈话录音穿插解说，再现了张鸣岐关键时刻的言行和对人民负责的精神风范。如“群众甲：张书记啊，张书记没了。就为了人民的利益，他自己牺牲了，以身殉职了，这么好的人就这么走了。感到痛心的是您来锦州不久，却给我们人民做了好多有益的事儿，我们老百姓都知道了”；“王守柱：那天晚上，那是大堤水猛涨，大约在12点钟左右张书记来了，亲自到坝上去了，说咋办，采取啥办法，准备上县指挥部，搞增援啥的，避免洪水把老百姓淹了。他走时将近1点钟，正好水堤开了。当时大伙说不走了，张书记说，我们来就是来看大水来了，水怕啥，想什么法，咱们得回去研究措施，不能让老百姓受灾”；“刘晶：后来水涨得特别快，我们往前走的时候，水已经到胸部了。因为我特别小，张书记就特别照顾我，我的右边是张书记，左边是他的秘书徐力达，拽着我。后来在水里挣扎。后来我就昏迷了”；“王桂香：……他不可能在紧要的关头考虑自己。今后我还应该像他那样，好好教育我孩子，让孩子继续走他爸爸没走完的路。也希望锦州将来兴旺起来，发达起来，这样也了了鸣岐的心愿。……”在这些实况音响中，听众可以感受到群众在送别张鸣岐时极度悲恸的情绪、可以听出村党支部书记王守柱和村民刘志林在谈起那个夜晚时仍旧很急切的语气、可以听到记者刘晶在病床上接受采访时虚弱而激动的声音，更能深切体会到作为妻子的王桂香的伤心欲绝和内心的坚强刚毅。听众可以通过这些音响联想到当时的危机情景，感受到张鸣岐在最后时刻以人民安危为重的忘我精神。

值得一提的是，作品中几处现场音响的引入为增加作品的真实性、渲染气氛起到了很好的作用。如自然音响的“雨声”与“哀乐声”和“指挥者：‘担架往前抬。’……”这些现场感极强的现场音响还原了事件的同时又加重了本来悲伤的气氛。还有张鸣岐遇险前几个小时和随员的谈话音响，生动再现了当时紧迫的实况和主人公临危不惧的精神，给人以深刻的情感共鸣，用在这篇特写中更显得弥足珍贵。至此，全文无一处刻意渲染，作者通过精心选取典型再现了张鸣岐遇难的经典瞬间，并娴熟地将自己的主观感情融入其中，让每一位听众都对张鸣岐的高尚品格产生敬佩，为张鸣岐的离去感到痛心和惋惜，使整篇作品弥漫在悲伤而壮烈的气氛之中。

案例七

漫长的瞬间

陈建奇

（主持人）各位听众，现在是北京时间7月13日22点06分，莫斯科时间18点06分。决定2008年奥运会举办权的国际奥委会第112次全会进入了最后阶段，开始进行第二轮投票。中央台记者陈建奇正在莫斯科世贸中心会议现场。现在，就请他介绍第二轮的投票情况。

（记者陈建奇）听众朋友，现在第二轮投票结果已经出来了。经过几位监票人的签字、认定，这个结果将要装到信封里。到底是封口不封口，我们现在看一下。我想，全国的听众、海内外的同胞，大家都非常关注这个时刻的到来。

啊，我们看到，他把信拿起来，现在要折叠成比它（原来）小一点。这是最后的结果？还是不是最后结果呢？我们再看，他在认真地审视着这张票上的每一个数字，把它叠起来，揣在怀里。这次是要很郑重地……从（往）他的西装的右手的内侧的兜儿里面（揣进去）。

这位委员，通过长长的通道，多么漫长的通道呀，走到（萨马兰奇）主席的前面。啊，萨马兰奇也在做最后的询问。为什么他（委员）把这个信封揣进去，到现在还不拿出来？真让我们着急。

萨马兰奇满面笑容，和几位执委在交谈。他拿着这个最后的信封走到主席台来了。那也就是说，这一次，应该是最后的结果出来了。我们静静听宣布吧。

（萨马兰奇主席宣布：2008 年奥运会的主办城市是：北京！欢呼声……）

胜利啦！全国同胞们，你们听到了吗？8 年了，我们终于胜利了！现场的记者们欢呼起来。

各位听众，在祖国和世界各地的同胞们，北京赢啦！2008 年奥运会的主办权是我们的啦！在投票大厅的外面等待了许久的中国人，都情不自禁地拥抱在一起，欢呼雀跃。喜悦的泪水在脸上流淌。

我们看到，奥申委的同志们在相互握手，在击掌相庆。8 年了，不懈的努力，锲而不舍的申奥精神，使我们的北京终于在新世纪到来的时刻，把举办奥运会的梦想变成了现实。亲爱的同胞们，想笑就笑、想哭就哭、想唱就唱吧！这是中华民族扬眉吐气的时刻！

我们看到国际奥委会主席萨马兰奇的手和北京奥申委主席刘淇的手紧紧地握在了一起。这是奥林匹克运动和北京的亲切握手，这是世界和中国的握手，这是中国人民同未来的握手！

这里是莫斯科世界贸易中心会议厅。有关投票结果的情况，就向大家报告到这里。

（中央人民广播电台 2001 年 7 月 13 日首播）

【赏读】

《漫长的瞬间》是一篇典型的广播现场特写。现场特写是广播电视专有的特写形式，是现场报道与新闻特写的结合，换句话说就是正在发生的新闻特写。广播电视最大的优势在于声音和画面的现场感，而现场特写要求记者的报道和事件发展是同步进行的，由于事件发展的现场是一次性的，因此现场特写的写作过程也是一次性完成的。一篇现场特写的质量取决于记者对现场报道和新闻特写两种体裁的熟练掌握程度。对于广播记者来说，因为没有画面的辅助作用，只能通过语言陈述和现场音响来表现事件现场的经典瞬间，因此广播现场特写对记者的现场观察力、反应能力和即兴表达能力的要求更高。《漫长的瞬间》的记者在这三方面均展示了很高的水平。

作为特写，作品截取了两个典型的瞬间对“北京申办 2008 年奥运会成功”这一事件进行报道，一个是最终投票结果的传递过程，一个是结果宣布后会议现场的画面。前半部分的叙述主要对信封的传递过程进行细节刻画，如“啊，我们看到，他把信拿起来，现在要折叠成比它（原来）小一点。这是最后的结果？还是不是最后结果呢？我们再看，他在认真地审视着这张票上的每一个数字，把它叠起来，揣在怀里。这次是要很郑重地……从（往）他的西装的右手的内侧的兜儿里面（揣进去）”，这样的叙述看似节奏缓慢、语气平淡，甚至还有停顿，却把现场紧张的气氛和人们期待、渴望的紧张心态惟妙惟肖地勾勒出来。而当萨马兰奇宣布 2008 年奥运会的主办城市是北京时，记者的报道语速立刻加快：“胜利啦！全国同胞们，你们听到了吗？8 年了我们终于胜利了！现场的记者们欢呼起来……”伴随着记者高亢而流利的解说，一个激动、兴奋的欢呼场面真实地被传递。两个典型的瞬间由静而动、由慢节奏到加速度，环环相扣，直至高潮。

作为一篇广播现场特写，《漫长的瞬间》所蕴含的丰沛情感也让我们印象深刻。因为是现场特写，记者完全是即兴而作，正是这种即兴的发挥，我们才能从记者或停顿、或加快、或低沉、或欢呼的语气中真实感受到现场的气氛，也正是这种即兴的发挥，才使得瞬间爆发的情感真挚而有冲击力。同时，记者还注意利用报道间隙用语言直接表达自己的思想感情，如“通过长长的通道，多么漫长的通道呀”；“……8 年了，不懈的努力，锲而不舍的申奥精神，使我们的北京终于在新世纪到来的时刻，把举办奥运会的梦想变成了现实。亲爱的同胞们，想笑就笑、想哭就哭、想唱就唱吧！这是中华民族扬眉吐气的时刻”，这些即兴评论酣畅淋漓、荡气回肠，把整个报道推向了高潮。

案例八

相同的红十字，未了的灾区情

熊传刚

（导语）目前有30多支医疗队正在海地震区展开医疗救助服务，中国国际救援队的医护人员与各国医疗队紧密合作，相同的红十字臂章穿梭在灾区，成为当地民众生命的希望。

（正文）（记者熊传刚现场报道）（这里是设在海地太子港机场附近的临时医院，也是灾区目前最大的医疗救助点，主要收治一些重症病人，目前来自世界各国的医护人员正在对他们进行紧张的救治。）

（正文）在由4个大帐篷搭建起的联合国临时医院里，收治了来自各地灾区的350多名重症患者，他们大多数都是在地震时受伤，由于得不到及时救治，现在都已经出现严重继发性感染，在救治现场我们看到，差不多每隔不到半小时，就会送来两到三名急诊患者，而且大多数都是儿童。

（同期）美国救援医生［我们要把她带到其他地方（手术室），她的血压太低了。］

（正文）这名出现严重休克症状的小患者立即被送进了手术室。由于临时医院建在机场内部，这些病人大都由直升机运送进来，由于病人太多，医护人员非常紧缺，来自美国、英国、法国、中国、瑞士和西班牙等国的近100名医护人员，每个人都要承担多项救治任务。

（同期）瑞士救援医生（我们对病人采取的措施，有的需要清理伤口，有需要截肢的我们就给他们做手术，把他们都带到这里，让他们能医治和休息。）

（正文）相对于灾区的临时医疗点，这里的医疗条件相对齐备，B超机、CT扫描仪、无菌手术室一应俱全，为照顾好病人，医护人员还根据年龄、病情和无菌治疗等要求，对病人进行了分区隔离，避免相互感染。

（正文）（记者熊传刚报道）（在这个临时医院，可以说各个科室也都分得非常细，我们现在看到的这个是儿童的病房，很多在地震中受伤的孩子，都在这里得到了及时的救治。）

（正文）对孩子，大家更会多一份爱心，看见一名海地宝宝因为母亲正在做手术而无人照顾，中国国际救援队的医生就用孩子根本听不懂的中文去逗她开心。

（同期）中国国际救援队医疗分队队员张雪梅（想喝水了吧？一说话就不

哭，抱起来就不哭了吧。）

（同期）中国国际救援队首席医疗官侯世科（在这个临时的医院里，多国医护人员共同救治重症的伤病员，像一些大的手术，一块儿研究手术方案，一齐上手术台，一起救治伤病员。）

（同期）海地灾民（记者：医生对你们照顾得好么？是的，当然，医生对我医治的很好，手术也做得很好。）

（正文）由于重症病人太多，医护人员明显不足，而且还要为他们提供食物和水，目前临时医院也将面临医疗供给等多种问题。

（同期）美国迈阿密救援医生（我们现在医疗物资充足，但过了24个小时以后为病人提供食物就会有问题，我想一两天后我们的医疗供给也会不够。）

（正文）根据海地公共卫生部提供的消息，现在海地灾区有约25万伤病员急需得到医疗救助。目前，包括中国在内的30多个国家和地区的医疗机构已向联合国相关部门提出申请，也将于近日赶赴海地。

（中央电视台《新闻30分》2010年1月22日首播）

【赏读】

海地地震震惊世界，是中央电视台成立以来调动距离最大，进入国际重大突发事件现场最快的新闻报道事件。地震发生后，中央电视台第一时间派出记者赶赴灾区，是国际上最早抵达灾区的新闻媒体之一，半个月时间里，记者冒着生命危险发回了100多条生动、感人、客观的新闻报道和直播报道，重大独家新闻报道量居全球媒体之首。系列报道《海地特大地震　生命大救援》曾获得第21届中国新闻奖二等奖，《相同的红十字，未了的灾区情》是该系列报道中的一篇事件特写，该作品时长3分20秒，把镜头对准海地太子港机场附近的临时医院，以小见大地展示了国际上各国医疗队在震区展开的医疗救助服务。

电视新闻特写源于报纸新闻特写，如果说报纸新闻特写力争运用文字达到新闻的“视觉”化的话，那么电视媒体的图像符号则给观众带来的是真正的视觉体验，电视镜头对现场细节和人物的记录给观众带来的是更为直接、形象、震撼的感受。因此可以说电视新闻特写发展了报纸新闻特写。但电视画面在新闻报道中主要起到证实的作用，一篇优秀的电视新闻特写的主体部分还是要由语言和文字来完成，因此一篇好的电视特写应该是即使不看画面也仍是一个完整的内容。本案例提供的是《相同的红十字，未了的灾区情》的文字稿，在没有画面的情况下，我们仍能从文字稿的分析中清晰地发现这篇电视特写的特点。

在重大突发性事件的报道中运用特写这一形式来报道事件的不同侧面已成为电视新闻报道的常态。而在事件发展千头万绪又未知的进程中，能成功截取典型横切面以小见大反映主题正是记者新闻特写功力的体现。在海地临时医院里，每一个抢救场面都是一个镜头，每一个伤员都可能是一个故事，记者在掌握了大量采访素材的前提下最终选取了有关儿童的两个抢救场面来进行集中描写，即“一个严重休克症状的小患者被送进手术室”和“一名海地宝宝因为母亲正在做手术而无人照顾，中国国际救援队的医生就用孩子根本听不懂的中文去逗她开心”。也许这两个片段在紧张的救援场面中是微小和普通的，但因为伤者是儿童则会更引起人们的关注。儿童的弱小与无助更容易引发情感激荡，对灾区儿童的关注与救援更能彰显和放大国际救援组织的爱心和人道主义精神。通过这样的提炼，一些细枝末节被剔除，新闻稿的主题思想被浓缩和升华。因此，好的特写要注意选择那些最能寄托情感和主题的人和事去开掘、发现，才能收到匕首刺透之效。

同时，全文记者概述和采访音响结合得很好。记者通过叙述，概括介绍了海地太子港医院的背景、医疗救治能力和伤者情况，如“这里是设在海地太子港机场附近的临时医院，也是灾区目前最大的医疗救助点……”“在由4个大帐篷搭建起的联合国临时医院里，收治了来自各地灾区的350多名重症患者……”“由于临时医院建在机场内部，这些病人大都由直升机运送进来……”“相对于灾区的临时医疗点，这里的医疗条件相对齐备……”而精选的对救援队队员张雪梅、首席医疗官侯世科、海地灾民、美国迈阿密救援医生的采访片段则更加印证和加深了观众对这个救援点的了解。读完这则特写，观众对海地地震救援的了解绝不仅限于太子港机场附近的临时医院，而是看到了国际大家庭高效的人道主义救援行动，看到了中国政府对海地的无私援助，这种无国界的仁爱精神才是这篇电视特写所要传递的主题。

案例九

104岁老人游台湾

李海彬

（导语）眼下，大陆居民赴台游热度不减。5月3日至11日，咱们河南省有一位104岁的老人到台湾旅游，受到了台湾民众的欢迎，引起了不小的轰动。

（配音）瞧，这位老人就是要去台湾旅游的王张氏，今年已经104岁了。带队的导游说，104岁老人的王张氏是河南赴台旅游中年龄最大的游客，创下了河南一个纪录。

那么，老人为何要到台湾旅游呢？原来啊，王张氏是河南夏邑人，以前一直生活在河南农村的她，很少出过远门。如今，国家富强了，生活好了，儿女们把她从农村接到城里，安享幸福晚年生活。虽然年龄过百，王张氏眼不花、耳不聋，身体非常硬朗，孝顺的儿孙们经常陪她到全国各地旅游，从此，老人就爱上了旅游。尤其是2008年，老人游过香港、澳门后精神更加愉悦。在许昌、郑州工作的儿女们决定，2010年，再陪老人到台湾旅游。

在宝岛台湾，王张氏老人在儿孙的陪伴下，尽情游览宝岛的美丽风景。从台北，到高雄，从美丽的日月潭，到著名的太鲁阁，老人的足迹踏遍了宝岛的山山水水，留下一个个美好瞬间。

每到一处，104岁的王张氏老人都受到台湾民众热烈的欢迎和热情的服务。有着尊老敬老传统的邵族同胞，用极富民族特色的舞蹈，迎接王张氏老人一行，特意为老人送上了自制的鹿茸酒。台湾同胞也竞相和寿星合影留念，献上美好的祝福。

（同期声）

台湾居民：听说您今年高寿，来分您的福气，祝福您，祝福您。

台湾导游：有生之年能到台湾来，这是（台湾）大家的福气，大家的运气。

（配音）尊老敬老，海峡两岸，人同此理，心同此情。中华民族这一传统美德，也成为跨越海峡、凝聚两岸同胞一家亲的精神所在。为了让老人吃得可口，餐厅专门熬出又香又软的大米粥；在花莲，当地企业家把装有礼物的红包敬献给老人；在台北，百岁老人逛商场时，商场主管特意把象征着尊贵的红花戴在了老人胸前；台湾同胞无不对这位来自大陆的104岁老人表达敬意。

和台湾同胞一样，来自全国各地的赴台大陆游客也向百岁老人表达美好的祝愿。今年79岁的李光启、任云青来自河南中牟，为了让百岁老人开心，已经当上了爷爷奶奶的他们，像孩子一样在老人面前唱歌。

（同期声）

赴台河南游客 李光启：给她唱首歌，让她心里也高兴高兴。

（配音）5月9日，恰逢母亲节。在母亲节，104岁高龄的老人逛台北故宫博物院，自然吸引了当地媒体的高度重视，闻讯赶来的媒体记者团团围住老人进行采访，引起了不小的轰动。

（同期声）

问你来到台湾感觉好不好？好。

高兴不高兴？高兴。

台湾媒体记者：很有意义，因为一百多岁的老人家，可以到台湾来，儿女又这么孝顺，觉得很有意义，所以我们会来采访她。

台湾媒体记者：谢谢王老太太，给台湾一次机会，愿意在台湾过母亲节，我们也感觉很荣幸。

（许昌电视台《许昌零距离》2010 年 5 月 11 日首播）

【赏读】

这则时长为 3 分 41 秒的电视新闻属于一篇风貌特写。风貌特写一般取材于日新月异的现实生活，以典型事件和典型人物为描写对象，通过截取典型事件和人物最富特征的经典片段来反映社会变化和当代人的精神风貌，以小见大地弘扬某一思想主题。《104 岁老人游台湾》真实记录了百岁老人王张氏在宝岛台湾旅游时的所见所闻，以及期间引起的强烈反响，以此生动反映出尊老敬老这一中华民族传统美德，成为跨越海峡、凝聚两岸同胞的精神所在。作为第 21 届中国新闻奖三等奖获奖作品，《104 岁老人游台湾》的成功主要得益于作品的选题以小见大，主题重大。

自从 2008 年 7 月启动大陆居民赴台湾旅游以来，台湾成为大陆居民向往的重要旅游目的地之一。2010 年，大陆赴台旅游数量突破 120 万人次，带动了两地民航、交通、餐饮、购物等行业和产业的发展，也使两地经贸文化交流活动更加频繁。通过大陆居民赴台旅游，两岸同胞相互的了解不断加深，彼此感情也日益浓厚，稳固了两岸同胞血浓于水的深厚情谊。尊老敬老是中华民族的传统美德，海峡两岸都是中华民族的子孙，都继承着这一优良的传统美德。记者选取河南 104 岁老人王张氏到台湾旅游这一事件，巧妙地迎合了大陆居民赴台旅游的社会背景和通过尊老敬老凝聚海峡两岸情谊的思想主题，选题精妙而深刻，切入点虽小，但意义重大。

在百岁老人赴台旅游的 8 天时间里，记者全程跟踪采访，记录下百岁老人在台湾旅游的全过程，亲身感受到台湾同胞对百岁老人的深深敬意和美好祝福。记者用心抓取生动典型的画面，留意抓取感人的亮点，如“邵族同胞，用极富民族特色的舞蹈，迎接王张氏老人一行，特意为老人送上了自制的鹿茸酒”；“台湾同胞也竞相和寿星合影留念，献上美好的祝福”；“为了让老人吃得可口，餐厅专门熬出又香又软的大米粥”；“在台北，百岁老人逛商场时，商场主管特意把象征着尊贵的红花戴在了老人胸前”。同样，来自全国各地的赴台大陆游客也向百岁老人表达美好祝愿，“今年79岁的李光启、任云青来自河南中牟，为了让百岁老人开心，已经当上了爷爷奶奶的他们，像孩子一样在老人面前唱歌”。这些对经典情节的精心选取配合现场感极强的电视画面，一幅幅鲜活的尊老敬老图展现在观众面前。尊老敬老这一共同的优良传统使两岸民众情同此理，大陆居民赴台旅游大大加强了海峡两岸文化交流的重大主题被提炼了出来。

《104岁老人游台湾》是一篇电视新闻特写，同时又是一篇典型的民生新闻。长期以来，不少人将负面新闻、投诉爆料、搜新猎奇作为民生新闻的代名词，《104岁老人游台湾》告诉我们，其实民生新闻还有另外一种表达，即对新事物、新现象等的密切关注。其实民生新闻不仅仅只是为了解决普通老百姓生活中的各种困难、困扰，也不仅仅是为了博取一笑，更重要的是能将社会上新生的、代表整个社会发展趋势的正面的、积极的事件或者人物展现在人们面前，这样才能真正意义上发挥新闻媒体“社会环境守望者”的功能。

第三节　新闻特写写作要略

新闻特写既寓事、理、情、景于一体，又以新、短、快、活而见长，是一种特征显著的新闻报道体裁。近几年，无论是常规新闻报道还是重大突发性新闻事件的系列报道中，我们都能频繁看到新闻特写的身影。无论是时政新闻还是民生新闻，一些视角独特和立意新颖的新闻特写总是让人眼前一亮。但是想写成一篇出色的特写作品却不是一朝一夕之功，对于新闻工作者和新闻专业学生来说，除了多多实践之外，掌握新闻特写写作的核心要旨也是至关重要的。下面我们结合上一节的案例来对新闻特写的写作要点做进一步分析。

一、横切面的截取

新闻特写不需要对所报道的客观事物做面面俱到的描述，而在于选取典型，以点及面，以局部反映事物全貌，达到见微知著的效果。衡量一篇新闻特写是否成功，首先一点要看其是否截取了最佳片段并将其放大，是不是将事件发展的关键、情节发展的高潮进行充分的展示和描绘，给受众留下难忘的印象。这里的“以小见大”有两层意思，一是通过事件的瞬间画面和人物特征侧面反映事件和人物的全貌；二是通过对新闻事件或人物行为的描述反映一个宏大的主题思想。横切面的截取方法一般可分为以下几种：

1. 新闻事件的关键面和高潮

新闻事件的关键面和高潮往往最能反映事件本质，也最具备看点和新闻价值。大瑶山隧道贯通在中国隧道建设史上有里程碑的意义。隧道建设需要经过测量、设计、施工等环节，但最激动人心的还是隧道贯通的那一刻。《震撼历史的瞬间》精心截取了隧道贯通这一最有成就感的场面予以描绘，凸显了事件的主题思想。《为了1 176名旅客的安全》选择桥身发生断裂瞬间和生死大营救两个关键点进行集中再现，剔除其他细枝末节，使结构清晰紧凑，主题突出。《漫长的瞬间》则选取在漫长的8年申奥过程中那最关键的几分钟来进行细致刻画，焦急与等待都在这个时刻达到高潮，长期积聚的情感在瞬间喷薄而出。

2. 事件发展中独特和有代表性的一面

这里涉及报道角度问题。一个新闻事件的报道时间是固定的，而新闻点则可能是大量的，报道角度的选择是确认主题分量、新闻价值的重要前提。《特别新闻发布会》摆脱了一般新闻发布会的官方视角，把报道视角对准参加新闻发布会的记者，通过记者们的一举一动展现出这个新闻发布会的特别之处；《104岁老人游台湾》选取河南104岁老人到台湾旅游这一事件，巧妙地迎合了大陆居民赴台旅游的社会背景和通过尊老敬老这一优良传统凝聚海峡两岸情谊的思想主题，选题切入点虽小，但意义重大；《八卦话题“打败”抗日老兵》抓拍某历史题材电视剧新闻发布会上发生的对比鲜明又发人深省的一幕来召唤人们勿忘国耻，唤醒人们的民族情感，报道角度独家，具备较强的新闻价值；《相同的红十字，未了的灾区情》则在混乱嘈杂的救援现场果断选取有关儿童的两个救援场面进行细致描绘，彰显和放大国际救援组织的爱心和人道主义精神。

这里需要指出的是，报道角度只能从纷繁的生活积累和生活素材中选取，角度的好坏取决于记者的理论素养、社会责任感和新闻敏感性，其中充分的采访准备、现场的细心观察和果断而准确的访问更是必不可少的。

3. 反映新闻人物典型特征的场景片段、轶事或趣闻

人物活动的经典片段可以从一个侧面来为人物剪影树立人物形象，对趣闻、轶事和花絮的形象细致描绘可以增强新闻稿的可读性，《大凌河不会忘记》通过张鸣岐在救援抢险中以身殉职这一典型片段，树立其作为人民公仆的廉洁高尚的光辉形象；通过趣闻和轶事来写人是西方新闻特写的重要特点，《基辛格——三面人》旨在表现基辛格作为一个政治人物的性格特点和人格魅力，作品抓取他参观北京自然博物馆这一趣闻，以新闻特写的笔法，通过几

段精彩的对白描写，真实地再现了基辛格一丝不苟、据理力争、善于交际、幽默风趣的性格魅力。

二、场面感的打造

作为“视觉新闻”（视觉化效果）的新闻特写，除了典型环境的静态描写之外，主要通过捕捉现场动态，抓取现场细节，使受众有身临其境之感。换句话说，新闻特写要体现“以动为主、动静结合”的现场感。

陈述和展示这两种手段，新闻记者应兼而备之。新闻特写“场面感”的打造更多地需要形象化的展示，也就是用记者的眼睛作“镜头”再现新闻事件的精彩瞬间，辅之以抽象的概括和陈述使主题思想更为完整。下面列举几个打造新闻特写“场面感”的方法：

1. 多用细节描写

注重对事物、人物或环境的细节描写，使所截取的典型“立起来”，对突出人物性格、深化作品主题和增强作品艺术感染力有很大作用。精彩的细节描写能把受众带进现场，增强作品的真实性，使受众如临其境。《为了 1 176 名旅客的安全》用大量的细节展示再现了大桥断裂瞬间和生死大转移两个典型情节，使每位读者都仿佛亲身经历了那一场生死劫一样，引起读者的共鸣。《特别新闻发布会》用大量笔墨刻画记者们的语言动作和南非总统宅邸周边的环境细节，渲染气氛的同时使一幕时政动态变得悬念迭出、可读性强。当《漫长的瞬间》把听众“目光”聚焦在那个装着投票结果的信封时，接触到信封的每一个动作都被“慢动作”化，人们的焦急和期待的情绪也被激发到了最高潮。

这里要指出的是，新闻特写的每个细节都必须真实客观，哪怕是一个表情、一个动作都不能有虚构的成分。同时，表现细节时要注意简洁、具体而传神。此外，在以形象化描述为主要表现手法时，还需辅之以抽象的概括和陈述，来交代背景和对细节材料作归纳总结。《八卦话题“打败”抗日老兵》在集中描绘两个对比强烈的画面时，间或对发布会的背景以及发布会的进程用概述的方法来处理，这种缩短叙事时间的手法使两个特写画面更为突出和集中，同时，又体现了作品的整体性和厚度。

2. 多用人物对话

再生动的描述也无法再现现场的语言情景，还原人物对话是体现新闻特写现场感的最好方式。当然，对话要挑选那些能反映事件本质、人物特征和作品主题的代表性的语言，让受众身临其境的同时对作品主题有最准确地把握。《基辛格——三面人》的主体部分就主要是由基辛格参观北京自然博物馆时最富有特点的三段精彩对白组成的，这三段精彩对白真实表现了基辛格作为历史学者、外交家和丈夫三个角色的性格魅力，而且与记者的陈述相比，对白实录更为真实可信，生活气息也更浓厚，可读性更强。

作为广播电视新闻特写，现场音响成了传递人物对话真实声音的最好方式。作为广播特写，《大凌河不会忘记》的主体部分就是由大段的采访对话音响来实现的，相信再好的描述也比不上那些当事人用传真、传情的声音回顾张鸣岐以身殉职的场面来得真实而悲壮；电视现场特写《相同的红十字，未了的灾区情》则引用了若干段采访不同国籍的救援队员的素材，这种声音和情景的再现把一种无国界的仁爱精神真实地传递出来，主题思想也得到了最直观的呈现。

3. 多用动词

在现代汉语词汇里，动词是最富于表现力的。为了使新闻特写引人入胜，与其绞尽脑汁去搜寻华丽的辞藻，不如在动词上多下功夫，多用动词，多写动作。《震撼历史的瞬间》中令人振奋的现场气氛的营造很大程度上得益于动词的运用。比如在描写青工们、老工人和姑娘们尽情抒发内心的喜悦时，没有用“激动万分”、“令人振奋”之类的形容词涵而盖之，而是用大量动感十足的动词来表现不同人物此时此刻的言行，如“一处工会主席姬光辉张开有力的双臂……第一个冲向掌子面”、“双双大手紧紧握在一起，颗颗赤诚的心跳动在一起”、“老工人猛地拽住身边的同伴，颤声地说……”“两位青工互相搂抱着，把手举成象征胜利的‘V’字”、“几位姑娘爬上大型机械拼命地挥动着手中的花束”、“一处总工程师孙旭华被工人们抬起来抛向空中……”“大车班司机胡林山的眼眶湿润了……”这一系列带有动感和力度的动态描写，使整个画面在读者的眼前立起来，引发读者美好的想象和强烈的情感共鸣。

此外，综合考虑色彩、情态等因素，恰当选用形容词、副词也能在新闻特写中发挥独特的作用。同时，避免使用被动句式也是技巧之一。因为，主动句式通常更为直接和简洁，更为扣人心弦。

三、新闻特写的立意

新闻特写要通过对横切面的细致描绘产生以小见大的效果，这个“大”也就是作品的主题思想，即所报道的事物或人物的意见感情和思想观点，而“立意”就是确立和提炼一篇新闻特写的主题。如果说截取横切面是骨骼，打造现场感是血肉的话，那么对特写主题的确立和提炼则是产生一篇成功的、有影响的新闻特写的灵魂。

新闻特写的立意可以有两种情况：一类是着眼于整个新闻事件的大背景和新闻人物的整体形象，选择事件或人物活动中有针对性的事实和情节来展现，起到窥一斑而见全豹，见一叶而知秋之效。《震撼历史的瞬间》通过对“隧道开通”这一高潮瞬间的描写，使读者了解到大瑶山隧道从设计到开通这6年间的艰辛，进而确立其在中国隧道建设史上的伟大意义。《基辛格——三面人》、《大凌河不会忘记》、《为了1 176名旅客的安全》等都属于这一类的立意方法。另一类是及时抓住事物的某一触发点，开掘其深远的社会意义，同时催动感情的升华。《104岁老人游台湾》以赴台旅游的大陆游客中出现一位百岁老人这一新闻点为触发，进而开掘出两岸一家亲，尊敬老人是两岸人民共同的优良传统的深刻主题。《相同的红十字，未了的灾区情》聚焦于海地地震临时医院几个简短的抢救瞬间，表达的却是“仁爱无国界”这一新时代的宏大主题。《八卦话题“打败”抗日老兵》的切入点更为细小，但却由此生发出关于“勿忘国耻”的深刻思考。

新闻特写的主题提炼离不开“现场”，立意的前提是敏锐的观察与细致的感受。一篇特写的主题通常不是事先确定，再到现场去寻找说明主题的材料，而是身在现场的记者及时抓住典型材料，引起纵横联想和情感激荡，反复思考，把特写的主题提炼出来。同时，“立意”是记者的主观能动行为，具体现在特写写作的整个过程中，从横切面的巧妙截取中可以发现，从记者对现场细节的提炼和描述中可以窥见。记者甚至可以大胆地通过直接抒情和议论表达自己的观点来集中体现作品的中心思想，这也是新闻特写这种灵活而轻束缚的新闻体裁日益受到欢迎的原因之一。

第四节 常见问题举隅

一、新闻特写的新闻性与文学性

在“新闻”语境下，新闻性与文学性似乎是对立的两个概念，但在新闻特写中，新闻性与文学性却成了新闻特写相辅相成、缺一不可的两个特征。新闻是新近发生的事实的报道。新闻的“新”，决定了一条新闻的寿命是瞬间存在又稍纵即逝的。具有文学色彩的新闻特写，受众不仅可以从中获得最新的信息，同时可以获得艺术欣赏的愉悦感，新闻特写的生命力因为文学性而得以延长，新闻价值量因为文学性而得到增值，甚至在新闻事件已成“旧闻”、发表时间早已“过气”的情况下，我们仍能拣起来反复欣赏而乐此不疲。

新闻性要求新闻特写所截取的横切面必须具备新闻价值，必须有很强的时效性，对新闻事件每个细节和每个片段的描述都是客观真实的，是亲眼所见、亲身体验而不是凭空虚构的；文学性要求新闻特写采用丰富形象的、饱含深情的艺术表达手段去描绘和渲染场面与细节，给受众留下深刻的印象。这里的文学性包括报纸特写中文学性的写作手法和广播电视新闻特写中表现作品主题的视频剪辑技术、特殊音效及表意镜头等各种手段的运用。如何拿捏新闻特写真实性和艺术性的度，如何在艺术性和真实性之间寻求平衡点，是新闻工作者应该认真思考的问题。

1. 切忌过分追求文学性

过分追求文学性而忽略新闻真实性是新闻特写写作中容易出现的一个问题。在不否定新闻真实性的前提下，为升华报道主题而在特写中运用文学性的语言、音响和图像艺术化剪辑以及特效处理以使特写作品更具美感，这是新闻特写的特性所在，当然无可厚非。获得 1993 年亚广联广播大奖的广播特写《一场特殊的音乐会》真实记录了国际知名钢琴演奏家孔祥东、周挺举办的一场献给病榻上的恩师范大雷教授的音乐会，以此反映范大雷先生对音乐、对学生真挚的爱。为了增强作品的故事性、提升艺术感染力，记者在后期补录了一些音响素材并进行适度的艺术加工来营造意境。比如“叫出租车”的情景音响、“雨声”和“火车声”，由于新闻现场的时过境迁，记者只能用这种补录的方式再现当时的情形，起到一种听声见情、渲染人物情绪和时空转换的效果。但这样处理的前提是以事实为基础的，也就是说“叫出租车去音乐厅”、“下雨的夜晚”以及“坐火车回北京”这些都是基本事实，是事件现场条件限制无法现场采录的音响或画面，诸如此类在写作和后期制作中根据内容与规定情境进行一些艺术性的加工，对营造现场氛围、塑造人物、凸显人物内心世界是很有帮助的。

但是，由于新闻特写限制较少、自由发挥空间的余地较大，使得文学手法使用过当成了目前很多急于想出好作品的记者容易滑向的误区。比如为了作品的华美而捏造事实，加入所谓的合理想象，虚构新闻点；为了追求艺术效果进行随意的摆拍；为了追求轰动效果而在素材选取上倾向性明显地选择某一方面当事人的一面之词来代替客观事实，违背了新闻规律；为了追求艺术美感和悬念，无视新闻体裁所要求的“时间线性、地点具体、事件单一”的基本原则，胡乱使用倒叙、跳叙、蒙太奇等手法，造成报道顺序的混乱等。

这些手法已经大大逾越了新闻特写所允许的“文学性”的度，歪曲了新闻事实本身，模糊了人们了解新闻事实的视线，大大影响了传播效果。因此，文学性手法固然重要，但要明确的一点是，真正让受众感受到心灵震撼的是新闻事实本身。换句话说，不能为了文学性而丢失新闻性。

2. 切忌无视新闻伦理的过度写实

新闻特写对事件发展或人物特征中的一个点进行展示和放大，使这个点中的细节生动形象，就像用特写镜头拍摄某一具备新闻点的局部一样，使这个局部的新闻性特征被数倍地放大，起到写实和震撼心灵的作用。然而，特写的另一个误区是对新闻事件或人物的局部进行过度的写实而造成负面的效果。在我国，最近几年以汶川地震为代表的灾难性报道中时不时就会出现这样的情况。2008 年 5 月 15 日，在北川县地震废墟中被掩埋了 72 小时的陈坚被发现，某新闻机构的记者闻讯第一时间赶到现场，当时的陈坚被埋在像小山一样的废墟中，头部被横夹在两块巨大的水泥板中间不能动弹，全身只有手臂可以稍作活动，腰部以下完全被钢筋、水泥和三角铁死死压住，无法拉出。在这种情况下，该新闻机构的记者对陈坚进行了现场采访与电话连线，最后发回的特写稿中是由大段大段陈坚的采访录音完成的。经历 5 个小时的救援，陈坚终于被救出，但终因抢救无效而死亡。到这里我们不能不反思的是，在一条需要尽量争取救援时间的可能消逝的生命面前，是保存体力要紧还是配合现场采访要紧？作为在灾区采访的记者，面对这种情况，最重要的是救人还是采写一条独家的特写？由一位被埋了 72 小时的生命的独白组成的现场特写，内容完全写实，也有足够分量的新闻价值，可是这些在人的生命面前，又有多少意义呢？又比如在一些灾难、事故和案件题材的特写中，有些记者为了追求震撼效果和视觉冲击，运用十分露骨的文字对现场进行细节刻画，或者用一些大特写镜头将被放大的血腥画面搬上荧屏；还有一些对病患或逝者亲属的采访，记者通过问一些刺痛亲属内心的敏感问题来达到传递悲情的目的。这些过分写实的行为在侵害伤者或者逝者亲属隐私的同时，给受众带来的不是关于“真善美”的思考，而是超出了受众的心理承受能力，造成了极大的心理恐惧和负面情绪。这是一个有关新闻伦理的话题，是一个有关新闻工作者职业操守的问题，而在新闻特写这个要求放大局部、充分写实和再现现场的体裁写作中，这个问题变得更为敏感和尖锐。从职业角度考虑，也许“事实”是记者最重要的信仰，但我们报道的是由人的活动构成的新闻事件，我们的传播对象也是“人”，从这个角度讲，对人的关切、尊重和重视才是最重要的。在坚持新闻真实性的基础上，永远保持一份“人文关怀”是每个采写新闻特写的记者应该时刻牢记的。

二、新闻特写的常规化问题

我们通常认为特写是从消息和通讯中派生出来的一种报道体裁。因为从其特征中我们发现，它与消息一样需要简要迅速地报道新闻事实，但消息往往报道新闻的全程，而特写则是抓住新闻事件中富有特征的片断和瞬间展开来写；消息旨在说明新闻事实基本情况，而特写则以绘声绘色地报道新闻事实而取胜。特写与通讯都要求用艺术手法生动形象地报道新闻事实，但通讯侧重于向读者展示新闻事实的纵向面，特写侧重于展示新闻事实的横切面，而且特写的写作手法通常更加细腻生动。分析这些，只是要明确特写体裁的独立性，并非要完全把特写与消息和通讯割裂开来，相反，我们认为新闻特写应该采取开放的姿态，只有吸取别家之长弥补自己，才能保有持久的活力与生命力。

1. 特写手法并非特写的专利

新闻特写的很多表现手法并非是特写的专利，其他新闻体裁也可以适度地借鉴。我们研究和学习新闻特写的写作技巧，不仅为了掌握特写这种独特的新闻体裁，更为了开阔我们的视野，丰富我们的新闻写作手法，更好地为新闻事业服务。

新闻特写讲求以小见大、讲求描绘和注重细节，这实在值得其他新闻体裁借鉴，不仅长篇通讯可以借鉴，甚至消息、评论都可以效仿。比如在进行消息写作时，我们可以试着摒弃概括式导语，而用截取镜头的办法把最具新闻价值的一个片段用描写的手法展示出来，这种新闻由头的提炼可能要比单纯的概括交代新闻要素生动得多，给受众留下深刻印象的同时也使作品本身的吸引力大大增强。

尤其在广播电视新闻报道中，我们已经看到了新闻特写大有同消息新闻融合之势。在央视的几档新闻节目中，时长在 1 ~2 分钟左右的特写占很大比重，其报道流程也同一般的消息相差不多，无非是配上一些音响效果和冲击镜头。可以看出，广播电视特写在追求美感的同时也在适应信息时代的节奏，力求“美而快”。而消息则在坚持原有短小、快速特点的同时，开始向精、细靠拢，比如作为消息的录音报道和现场报道比重都有所增加，音响和画面带来的现场感和作品本身巧妙的结构搭建使得消息本身更生动形象，耐人回味。可见，如今的报道体裁之间相互交叉融合的格局已经形成，它们相互吸收、相互借鉴是大势所趋。

2. 新闻特写的常规化——新闻特写发展的必由之路

目前，新闻特写这一报道体裁越来越受到报纸、广播电视和网络媒体机构的重视，一些常规大事件和重大突发性事件中，新闻特写的数量明显要高于平时。如在玉树地震、舟曲特大泥石流等灾难性报道中出现了大量的特写作品，这使整个新闻报道在满足新闻时效性和透明度的基础上实现了形态的丰富性。又比如近几年的“两会”报道中会将许多政策性的新闻运用特写报道出来，将百姓摸不着、看不见的东西拉近到眼前，对“两会”代表的人物特写也让人们印象深刻，实现了时政新闻特写化的成功尝试。

而另一方面，目前新闻机构在常规的新闻发表和播报中对新闻特写的使用仍然非常有限，和其他报道体裁相比，新闻特写运用面狭窄的现状仍是一个明显的事实。从题材上看，首先，题材传统保守仍是当前新闻特写的一大缺憾。重大新闻事件和民生新闻特写数量相对较多，而其他硬新闻，如一些党政外交事务等时政新闻和国际新闻则大都以消息、简讯为主，鲜见特写的身影。一方面，重大事件的报道时间较长，主题重大，新闻点较多，需要多种报道形式相配合，对体裁的包容度较强。而民生新闻属于我们所说的“软新闻”，其生活气息浓厚，贴近性强，也很适合特写题材的写作。另一方面，硬新闻中的时政新闻和国际新闻，通常新闻纪律要求严格，而且在追求新闻速度和数量的信息时代，编辑基本不会考虑制作周期长于消息的新闻特写。如果是重大新闻价值的时政题材或者动态消息，新闻机构可能会直接配发更具完整性和历史纵深感的通讯。此外，在有限的特写作品中大部分都是正面宣传，有关舆论监督类的新闻特写非常少见，这也说明了我们目前新闻特写题材缺乏新意。由此可见，坚持新闻特写的常规化之路，使新闻特写这种体裁得到应有的重视不仅是新闻特写体裁完善的必经途径，也是新闻业务全面发展的需要。

坚持新闻特写的常规化之路，可以尝试从时政新闻的特写化开始。从我国目前的实际情况看，时政新闻就是党、政府机关和领导层的一些会议、活动，包括作出的决定和政策等新闻报道。时政新闻题材重大、参与者层次高，从新闻价值的角度讲具有“显著性”和“重要性”特征，其社会功能主要是政治宣传和舆论引导，因此通常给人“重要而不好看、板着脸说教”的印象。但是，时政新闻同样具有告知功能，其一般承载大量重要的政策信息，影响范围从整个国际社会到普通百姓，即使从政治宣传与舆论引导的角度讲，增加贴近性和趣味性也是增强传播效果的重要技巧。实现时政新闻的软化，寻找时政动态中同时具备新鲜性、趣味性和贴近性的瞬间片段，并采用特写形式来处理，往往能取得很好的传播效果。第17届中国新闻奖三等奖的获奖作品《温总理与我们一同吃盒饭》就是时政新闻特写化的很好尝试。作品一改往日报道领导活动的常规报道模式，以温家宝在山西永济考察调研“三农”工作为事件背景，把镜头聚焦在温家宝在永济电机厂区与工人共进午餐的一幕，生活气息浓厚，贴近性极强，恰到好处地表现了温家宝总理的亲民形象。还有上一节的案例《特别新闻发布会》，作品用悬念迭出、现场感极强的叙事手法来报道会议新闻，同样全面的新闻要素，同样及时的告知，却使新闻价值实现了更全面的观照，令人耳目一新，印象深刻。

总而言之，在媒介融合时代，过分强调新闻体裁之间的分野已不足取，体裁特征更多的应是建立在彼此借鉴、博采众长基础上的“扬长避短”，而不是用以区别自身与其他的标志。我们可以在消息、通讯甚至报告文学中隐见新闻特写的手法，这并不代表着新闻特写这一体裁的特征正在消失，而是源于其在新闻体裁格局中发生微妙变化的结果。新闻特写的常规化，是体裁本身优势的必然体现，是媒体环境变迁的讯号，更是时代的进步。

第六章
报告文学作品赏读

内容提要

报告文学的基本特点：报告性；文学性——报告文学作品赏读——报告文学写作要略：严守真实与精于想象的结合；宏大叙事与日常生活的完美融合；叙述描写与抒情议论的水乳交融——常见问题举隅：报告文学的新闻真实性堪忧；报告文学的文学感染力不强；报告文学的评点深刻性有限。

第一节 报告文学的基本特点

由于报告文学是在适应急剧变化的社会生活的基础上，伴随着新闻的发展而逐渐成长起来的文体形式，理论界以不同的名目称之，如“非虚构小说”、“报道文学”、“记者文学”、“报纸文学”、“新闻文学”等。目前我国的专门刊物中，如《报告文学》、《中国报告文学》、《人民文学》、《北京文学》、《中国作家》（纪实版）、《十月》等大型权威刊物几乎每期都有报告文学作品刊载。报告文学以真实性为其基石和生命，此点与其他新闻作品如出一辙，因此本书将其作为新闻体裁的一种进行分析解读。在此基础上，可以说，报告文学是以一种排斥虚构和创造性想象的文学手法，形象生动、迅速及时地反映、报道和评论社会生活中具有新闻价值的真人真事的新闻体裁。作为一种介于通讯和小说之间的文体，它具有自己独立的文体特征，兼具新闻和文学两种文体特点，具有强烈的现实冲击力和艺术感染性。相比较通讯、新闻特写、深度报道等新闻文体，报告文学具有更多的文学性色彩。

从其概念出发，报告文学具有两大基本特点：“报告性”和“文学性”。

“报告性”即“新闻性”，是就其题材和内容而言的。报告文学首先是“报告”，这是报告文学区别于其他文学体裁的重要特征，“报告性”体现在报告文学题材和内容上的真实性、时效性、接近性、现实性、新鲜性等。其中最为根本的特点是真实性（与纯文学作品追求人物心理表现的艺术真实不同，这里的真实性是指生活的真实）。真实性是报告文学的生命，即人物的主要思想，描写的基本事实、情节、事件、场面、环境，甚至影响事件发展的关键细节等，都必须准确无误，不能张冠李戴，不能虚构夸张，这样才能获得感人的力量。除了材料的真实，报告文学更要把握本质的、整体的真实，即能把握时代的真实，揭示时代本质，体现时代精神，反映时代脉搏。纵观当今社会，报告文学时刻关注社会现实生活中的重大问题，直面现实生活中的矛盾冲突，关注民生，其反映和推动社会现实的功能建立在真实性的基础上，故能给人以强烈的真实感、参与感、纵深感和冲击力，这也正是报告文学能够产生社会轰动效应的根本原因。

“文学性”即“形象性”，是对报告文学形式特征的重要概括。报告文学既是“报告”，又是“文学”，这是报告文学区别于其他新闻体裁的主要特征。它要求报告文学生动形象地以各种文学手段描写生活、再现现实，即在不虚构、不夸张的前提下，对大量事实材料进行概括和提炼，用形象的语言、精巧的构思和各种文学艺术手法去报告、反映现实生活中的新闻事实。报告文学可以吸取和运用文学艺术的多种表现方法和技巧来突出描写对象，如小说中的悬念、渲染、叙述等艺术，戏剧的对话、独白艺术，电影的分镜头、蒙太奇叙述方法，诗歌的抒情技巧等。除了虚构、夸张和创造性想象外，艺术性构思、再造性想象、适当的议论、激扬的抒情、环境的渲染、心理的刻画、细节的铺陈等艺术手段的运用，工笔白描、浓抹铺叙、描写比兴等修辞手法的借鉴，都是报告文学可以运用的文学手段。

报告文学的"报告性"和"文学性"互为表里、相辅相成，不可偏废。如过于强调其"报告性"，不仅可能导致报告文学文体独立性的丧失，成为新闻文体，也会因失去其强烈的艺术感染性而大大降低其审美品格；而过于强调其"文学性"，则可能违背其赖以生存的真实性原则，落入文学虚构的窠臼，成为小说或散文创作，报告文学因真实性而产生的强烈现实冲击力也就丧失殆尽，甚至会失去读者的信任。至于不同文本因不同题材和观察角度所呈现的批判性、抒情性、政论性等理性精神，则因创作者的个性不同而有所侧重，当然也是报告文学个性化的重要因素。

第二节　报告文学作品赏读

报告文学是建立在真实信息背景上的文字、图片书写，是在作者真实观察、发现和理解的基础上对于事实和人物的文学表达。报告文学这种既超越新闻而又不同于传统虚构文学的特殊性，是它在现实社会生活中能开辟出自己的新天地，结出独特的文学之花的重要原因。这种对于文学体裁的创新和丰富，是文学发展过程中喜人的新景观。报告文学因为具有"报告性"与"文学性"兼容等特点，因此在新闻媒体报道中占据重要位置。但是由于与其他新闻报道的差别，在具体报告文学的写作中，也会体现出相应的不同。和现实稍微地保持一定距离，在更加宽阔的背景、更加丰富的事实、更加理性的判断、更加充分的内容基础上的报告，是新闻所不能而报告文学所善长的。通过以下五篇节选的报告文学文本的赏读，能够让我们更好地理解报告文学的功能特点，也能够更好地体会、揣摩报告文学的写作。

案例一

西行漫记·在保安·红军剧社（节选）

［美］埃德加·斯诺

……

演出结束了，但是我的好奇心仍旧未减。因此第二天我去访问人民抗日剧社的社长危拱之女士。

危女士于1907年生于河南，参加红军已有十年。她原来参加“基督将军”冯玉祥的国民军的宣传队，1927年冯玉祥与南京的政府妥协以后，她就同许多年轻学生一起离开那里，在汉口加入了共产党。1929年共产党派她去欧洲，在法国学习了一段时期后又到莫斯科去，一年后回国，闯过国民党对红色中国的封锁，开始在瑞金工作。

她把红军剧社的历史向我作了一些介绍。演剧团体最初是1931年在江西组织起来的。据危女士说，在瑞金著名的高尔基学校里，从苏区各地招来了一千多名学员，红军大约训练了六十个剧团。他们在各个村子和前线巡回演出。每个剧团都收到各村苏维埃要求去演戏的邀请。农民们由于文化生活贫乏，对于任何娱乐都是很欢迎的，他们主动安排交通、吃饭、住宿的问题。

危女士在南方时任副社长，到了西北以后负责全部戏剧工作。她在江西参加长征，是几十个经历长征而仍活下来的妇女之一。在南方的军队到西北之前，陕西苏区就已有了剧社，但在江西的演员到达以后，戏剧艺术显然有了新的生命。危女士告诉我，现在一共约有三十个这样的巡回剧社，甘肃也有一些，我以后旅行时还会碰到。

危女士继续说：“每个军都有自己的剧团，几乎每个县也都有。演员几乎都是在当地招来的。我们从南方来的有经验的演员现在都已成了导演了。”我遇到好几个少年先锋队员，他们还只有十几岁，可是已经过长征，现在负责组织和训练各个村子里的儿童剧社。

“农民们老远来看我们红军演出，”危女士自豪地告诉我，“有时，我们临近白区边界，国民党士兵偷偷地带信来要求我们的演员到边界的集市上去。我们去后，红军和白军都不带武器前来集市看我们表演。但是国民党高级军官如果知道是绝不答应的，因为国民党士兵一旦看了我们演出后就不愿再打红军了！”

这些剧团使我奇怪的不是他们向世界提供什么有艺术价值的东西，他们显然没有，而是他们设备这么简陋，可是却能满足真正的社会需要。他们的道具和服装都很少，但就是能够用这种原始的材料演出逼真的戏剧。演员们除了伙食和衣着之外，所得生活津贴极微，但是他们像所有共产党员一样天天学习，他们相信自己是在为中国和中国人民工作。他们到哪儿就睡在哪儿，给他们吃什么就愉快地吃什么，从一个村子跋涉到另一个村子。从物质享受来说，他们无疑是世界上报酬最可怜的演员，然而我却没有见过比他们更愉快的演员了。

红军的剧本和歌曲都是自己创作的。有些是多才多艺的干部给他们写的，但是大多数是宣传部门的作家和艺术家写的。有些短剧是成仿吾写的，他是一个著名的文学批评家，三年前参加红军，另外一些是中国最著名的女作家丁玲最近写的，她现在也参加了红军。

在共产主义运动中，没有比红军剧社更有力、更巧妙的宣传武器了。由于不断地改换节目，几乎每天变更话剧，许多军事、政治、经济、社会上的新问题都成了演戏的材料，农民是不易轻信的，许多怀疑和问题就都用他们所容易理解的幽默方式加以解答。红军占领一个地方以后，往往是红军剧社消除了人民的疑虑，使他们对红军纲领有个基本的了解，大量传播革命思想，进行宣传，争取人民的信任。例如，在最近红军东征山西时，成百上千的农民听说随军来了红军剧社，都成群结队来看红军演出，农民自愿接受了用喜闻乐见的戏剧形式进行的宣传。

总的来说，这是把“艺术搞成宣传”发挥到了极端的程度，很多人会说：“为什么把艺术扯进去?”但从广义来说，这就是艺术，因为它为观众带来了生活的幻觉，如果说这是一种简单的艺术的话，那是因为它所根据的活的材料和它作为对象的活的人在对待人生的问题上也是简单的。对中国的人民大众来说，艺术和宣传是划不清界限的。唯一的不同在于：什么是人生经验中可以理解的，什么是不能理解的。

你知道在某种意义上你也可以把整个中国共产主义运动史看成是一个盛大的巡回宣传演出，与其说是为了保卫某种思想的绝对正确，不如说是为了保卫这种思想的存在权利。我现在也很难说，但是这很可能是红军最有永久价值的贡献，即使他们最终遭到失败和打垮。已有千百万年轻的农民听到了这些嘴上无毛的青年所宣传的马克思主义福音，即使这些青年中有成千上万的人如今已经牺牲了，对这些农民来说，中国古旧文化的禁忌束缚是绝不会再那样有效了。不论命运使这些红军颠沛流离到什么想象不到的地步，他们都有力地要求进行深入的社会改革——对此，农民是不可能用其他方法知道的——而且他们给穷人和受压迫者带来了必须行动起来的新信念。

不论他们有时犯过多么严重的错误，不论他们的过火偏向造成了多大的悲剧，不论他们在这个问题上或那个问题上的强调或重视有多么夸大，但是他们真诚的、迫切的宣传目标始终是要震撼、唤起中国农村中的亿万人民，使他们意识到自己在社会中的责任，唤起他们的人权意识，同儒道两教的胆小怕事、消极无为、静止不变的思想作斗争，教育他们，说服他们。而且没有疑问，有的时候也缠住他们，强迫他们起来为“人民当家作主”——这是中国农村中的新气象——而斗争，为共产党心目中的具有正义、平等、自由、人类尊严的生活而斗争。农民阶级经过两千年的沉睡以后在觉醒的状态下逐渐站起来，由此而产生的这种越来越大的压力，较之南京方面所通过的一切口头上十分虔诚而实际上毫无意义的决议，更加能够迫使在中国实现巨大的变化。

这种“共产主义”究竟意味着什么？从某种意义上来说，这是历史上第一次成千上万的知识青年，由于突然得到大量的科学知识，引起了伟大的梦想，开始“回到民间去”，到他们国家的基层乡土中去，把他们新获得的一些知识“启示”给知识上贫乏的农村，给生活在黑暗中的农民，争取他们的联盟，一起来建设一种“比较富裕的生活”。一个更好的世界是能够创造的，而且只有他们才能够创造这样一个世界，在这样的信念的鼓舞下，他们把实行的方案——公社的理想——带到人民中去，征求他们的认可和支持。他们赢得的支持似乎达到了令人吃惊的程度。他们通过宣传和具体行动使亿万人民对国家、社会和个人有了新的概念。

我置身在红军之中常常有一种奇怪的感觉，仿佛我是在一批过着暴力生活的学生中间，只是因为历史所造成的奇怪的缘故，这种暴力的生活对他们来说，较之踢足球、教科书、谈恋爱，较之其他国家中青年主要关心的事情，似乎要重要得多。有时我几乎不能相信，只是由于这一批坚决的青年，有了一种思想的武装之后，竟然能够对南京的千军万马进行群众性斗争达十年之久。这种不可置信的战斗友谊是怎么产生的呢？是用什么联结在一起的呢？它的力量来自什么地方？也许可以说，它毕竟还是没有成熟，但这是为什么？它看来基本上仍旧像是一种有力的示威，像一种青年运动，这又是为什么？

只有当你了解中国的历史在过去四分之一的世纪中所经过的那种突出的孕育过程的时候，这个问题才能得到答复。这一孕育的合法产儿显然就是现在这支红军。几百年来，中国的文人一直要努力凌驾于人民之上，跻身于高高在上、统治人民大众的一小批官僚阶级之列——所凭借的手段就是把象形文字和仅有的一些知识据为己有，以此来作为控制乡村的愚昧武器，而不是用来启蒙。但是新的孕育却产生了一种现象——这个婴儿不但要同“愚昧的大众”共享知识，而且甚至要把大众理想化。

我在保安的时候常常暗自思量，我怎么才能够把这震撼中国胎盘的极其自然的动荡解释清楚。我怎么才能够把这缓慢的受孕、临产的胎动、产时的阵痛、产后的结果描写出来？我可以一一列举简单的历史事实，但我无法表达它对人造成的苦难剧痛。这时，毛泽东开始向我谈到他的一些个人历史，我一个晚上接着一个晚上，一边写着他的个人历史，一边开始认识到，这不仅是他的个人历史，也是共产主义——一种对中国有实际意义的、适合国情的共产主义，而不是像有些作者所天真地认为的那样，不过是从国外领来的孤儿——如何成长、为什么能赢得成千上万青年男女的拥护和支持的记录。这种个人历史，我后来在红军许多其他领导人身上也有相同的感受，只是细节上有很多的不同。我想读者要想知道的，就是这样的故事。

（《西行漫记》，生活·读书·新知三联书店 1979 年版）

【赏读】

美国著名新闻工作者和作家埃德加·斯诺的报告文学集《西行漫记》（原名《红星照耀中国》）初版于伦敦戈兰茨公司，1938 年由当时激进的上海复社翻译出版了中译本，由于该书真实地记录了作者 1936 年 6 月至 10 月（这正是中国乃至世界局势即将发生重大转变的关键历史时期）在当时红军根据地陕甘宁边区进行实地采访时的所见、所闻、所感，在当时的国内乃至世界引起了巨大轰动，是让世界认识中国红军的第一本生动教材。该书是按照时间和行程顺序以纪游形式写成，共 12 篇，每一篇皆有不同主题，并由 4～6 节组成，除了“西安事变”的相关资料和“关于朱德”部分引用了尼姆·韦尔斯的笔记材料以外，其他材料都来自于作者采访的第一手资料。

由于篇幅所限，本书节选了第三篇“在保安”（“保安”是当时苏区的临时首都）的第五节“红军剧社”中的部分文字。在“红军剧社”（节选）中，作者在对红军剧社表演的情景和观众的反应等进行了客观真实而细致的描绘之后，对所见所闻发表了自己的看法，其中关于“把艺术搞成宣传”的极端态度的反思，对其于当时历史的合理性以及其启蒙意义的思考都是非常精辟的理性分析，还有关于“共产主义”、喜爱暴力生活的“青年”、中国历史上的“文人”等见解无疑都闪耀着智慧的火花，触摸到了现象背后的本质，表现出斯诺深刻的洞察力和敏锐的分析能力。这样的理性分析并不是凭空得出的，从斯诺文章的字里行间可以看出，他严谨地遵循着新闻的真实性原则，同时也决不吝惜自己的理性剖析和情感表达，正是这种严谨和理性使他的文字注入了生命的活力。斯诺驾驭文字的功力，其间细腻的环境描写、独特的叙述角度、生动的细节描写无一不昭示着作者超强的叙述能力。

《西行漫记》无疑是了解20世纪三四十年代中国红军和中国共产党非常重要的纪实性文字，成书前它以通讯报道的名义发表在欧美各大报刊上，现在看来，它正是较早的报告文学。书中对当时陕甘宁边区的政治、经济、文化、教育等都有非常详细的记载，除了其客观真实之外，最大的成就莫过于在客观事实的基础上表达了自己对中国时局等众多问题的看法，以及刻画了形形色色极富个性化的人物形象，如毛泽东、周恩来、贺龙、徐特立、彭德怀、杨虎城、张学良、邵力子等，还有众多知名、不知名的红军战士、平民百姓，或粗笔勾勒，或工笔细描，在斯诺笔下，这些人物都栩栩如生。如“毛泽东每天工作十三四个小时，常常到深夜两三点钟才休息。他的身体仿佛是铁打的。他认为这要归因于他在少年时代在父亲的田里干过苦活，要归因于他在学校读书时期的刻苦，当时他与几个志同道合的人组织斯巴达俱乐部一类的团体。他们常常饿着肚皮，到华南山林中作长途的徒步跋涉，在严寒的日子去游泳，在雨雪中光着脊梁——这一切都是为了要锻炼他们自己。他们凭直觉知道，中国的来日需要他们有忍受最大的艰难困苦的能力。”这样带有个性特色的刻画在书中俯拾即是。也正是这点点珠光使斯诺笔下的人物显得真实生动。

案例二

扬眉剑出鞘

理　由

一辆闪着红十字标记的救护车和两辆小汽车，驶出马德里体育宫，沿着公路向前疾驰。

这是1978年3月26日的晚上。透过车窗望去，西班牙的首都沉浸在深蓝色的夜幕里。朦胧的建筑物，晶莹的喷水泉和闪烁迷离的灯光从窗外一晃而过。马德里初春的夜色清凉如水，而车里人的心情却灼热、焦急……

汽车停在一所医院的门前。

鬓发斑白的西班牙击剑协会主席和中国青年击剑队教练员庄杏娣，簇拥着一个年轻的中国女运动员，直奔医院的急诊室。击剑协会主席找到医生，用西班牙语急切地诉说刚才发生的事。他一边说，一边打着手势，又翘起拇指，朝姑娘晃个不停。

姑娘的左臂上包扎着绷带。她叫栾菊杰，还不到二十岁。身材修长，亭亭玉立。红润的脸颊，红得像一朵山茶花。眉眼俊气，一副清秀的江南女孩子的模样——在她的身上，找不到一丝好武斗勇的特征；恰恰相反，还显得有几分稚嫩。

医生解开缠绕在她左臂上的绷带，嘴里发出“啧啧”的惊叹声。映入人们眼帘的有两处伤口。那是被一柄钢剑折断之后的断裂的锋茬刺穿的。伤口透过皮下的肱二头肌，鲜红的血在向下流淌。内侧的伤口刺开了花，粉红的肌肉向上翻卷着……

击剑作为一项体育运动，从来都是有益于增强体魄而无损于健康的。竞赛规则的保障，进攻武器的限定，和防护装备的臻于完善，使双方运动员的人身都很安全。1901 年成立国际剑联以来，在比赛中像这样的事故极为罕见。这支鲜血淋漓的手臂，仿佛向人们诉说着一场凶猛的搏斗……

击剑被视为欧洲的传统项目。从斯巴达克斯的角斗，到中世纪的风流骑士，都把击剑当做一门格斗技术，此后火器取代了冷兵器，击剑仍作为一项体育运动在欧洲世代相衍。国际剑联成立后的 77 年中，历届世界比赛的前列名次，全部被欧洲的选手垄断；从来没有一个亚洲选手，哪怕是取得一次决赛的权利。近十年来，苏联的选手侧目欧洲，雄峙剑坛，几乎囊括所有的奖牌和银杯。

我国的剑术虽有悠久历史，但后来演化为一种矫健而优美的造型艺术，跟对抗性的欧洲击剑不同。对抗性的击剑运动，在我国是 50 年代中期才引进的。这株体育园地的新苗，在它短暂的生长期中几度风霜，两次被砍去，主要在于其“洋”。1973 年，击剑项目又恢复了。我们这个真实故事的年轻主人公，就是那时应运而生，踏上剑坛的。可是她习剑不久，体育界又刮来一阵邪风。“四人帮”及其余党歪曲“友谊第一，比赛第二”的革命口号，把严肃的事业变成浅薄的空谈，把祖国的荣誉当做轻率的儿戏，拿革命英雄主义的锦旗去擦桌子，以在黑板报上写一篇“帮”云亦云的批判稿代替在训练中出几身汗水。一时取消比赛，取消名次，取消集训；“洋”的不要，“中”的也不要。我们的体育受到的内伤，比通常见到的运动生理创伤更难痊愈。栾菊杰算是幸运的，她所在的江苏省击剑队是一支刻苦训练的劲旅；但是孤掌难鸣，得不到向兄弟省市学习交流的机会。1977 年初，栾菊杰第一次出国比赛之前，已经将近一年没有举行全国性的集训和比赛了。那次她去奥地利参加第二十八届世界青年击剑锦标赛，还没进入半决赛就被淘汰，只得了第十七名。这个成绩是可以预料的，我国体育的严冬季节刚刚过去，元气尚未恢复，而栾菊杰毕竟也还缺乏经验。

然而，那次有一件事是不能忘却的。在各路选手云集的练习场上，栾菊杰曾经主动邀请欧洲某个国家的选手练剑习武，对方却耸了耸肩膀，显出不愿耽误时间的样子，姑娘的心被重重地刺疼了。我们是为友谊而来的，友谊的基础是互相敬重，但在世界这个小小的角落里，在那个特定的剑坛上，我们没有赢得应有的敬重，没有获得更多的友谊。民族情操是体育运动的血液，殷红的血液不容亵渎，麻木者沉沦，知耻而后勇。姑娘倚剑站在那里，嘴唇在剧烈地颤抖！

这就是我们故事的真实背景。

光阴流水，又是一年。第二十九届世界青年击剑锦标赛今年三月在西班牙举行。昨天，当栾菊杰站在马德里体育宫的大厅里，臂佩金光闪闪的国徽，把剑柄竖在面前，高高地扬起剑尖，按照一种古老的、庄重的礼节，向观众和各国运动员致意时，她并没引起人们特别的注意。人们把传统的目光转向欧洲剑坛的几颗新星去了。

女子花剑比赛一交手，场上发生奇异的变化。栾菊杰以一种清新的姿态，出现在击剑台上，挺身仗剑，锐不可当。在前三轮的小组比赛中，她一共打了十四场，赢了十二场。进入半决赛以后，强手云集，猛将相逢，都是些打出来的拔尖人物。而栾菊杰愈战愈勇，竟以1：8的压倒优势，击败了上届亚军、苏联选手蒂米特朗。暴雨似的进攻，旋风似的结束，看台上欢呼呀、蹦跳呀、惊愕的叹息和沮丧的号叫呀，整个剑坛被轰动了！

亚洲朋友围住中国领队李春祥，兴奋地说：“这不仅是中国的光荣，也为我们亚洲人争了一口气！”

……

晚上7点，决赛开始。大厅里的观众比白天骤然增多。按抽签决定比赛排列顺序，栾菊杰将和苏联的扎加列娃对阵。这对双方都是一场关键性的比赛。看台上的气氛上升到白热化。

小栾穿一套紧身的白色击剑服，扎一件金属丝织的背心，携盔持剑，登上赛台。在大厅中乳白色灯光的辉映下，她一身洁白。

裁判员发出“预备”的口令。

击剑运动要求双方在一定的时间和空间里，按照一定的姿势进行搏斗。进攻、防守、绝对速度、相对速度、脚下的腾挪闪躲、手上的千变万幻，全都凝集在一个目标，把剑刺向对方的有效部位。当然不是为了把对方刺倒在脚下，而是为了使自己在无数次的刺击中变得更加坚强。挥舞在运动员手中的那把剑，不停地解剖着对手的性格，也向对手描绘着自己的性格。荟萃于运动员身上的思想风貌，积年累月的训练成果，刹那间就能撞击出火花，有形或无形的火花，灿烂夺目或暗淡失色的火花……

裁判员发出“开始”的口令。小栾轻捷地跃进几步，挥出剑去，在对手面前晃了几晃，对方举剑相迎。这是一种互相挑引的动作，两道剑光翩翻缠绕，仿佛在空中划着问号，都在试探对方的虚实。小栾越逼越近，使对方一直退到“警戒线”上，出现短暂的相峙，小栾奋臂挥剑，“啪”的一声，把对方的剑向外一击，剑尖威胁着对手的胸部。对方本能地把剑向内拨去，做出防守动作，这正是小栾所预料的。她连续转入第二战术意图，趁对方头一个防守动作还没完成，一抖腕子，把剑抽了出来，那剑在空中划出一个扇面形，从内侧绕到外侧，指向对方暴露出来的空当。同时弓步上前，飞剑直刺。这一连串娴熟细腻的剑法，伴随着力度、幅度、深度、精度，刹那间爆发出来，如灵蛇吐焰，银光一闪，正中对方的腹部。

裁判台上，表明扎加列娃被刺中的彩灯霍然亮了！

看台上高声喝彩。

苏联选手刚一上场就受挫，焦躁地在台上踱着步子。

比赛重新开始。小栾继续争取主动，越过中线，挺剑前进。她透过面罩观察，对方那雪亮的护手盘在不停地翻转，两条腿在强悍地跳跃着，这表明对手也在伺机进攻。小栾毫不迟疑，冲开对方的门户一剑刺去。就在她抬腿举剑的瞬间，对方突然大喊一声，凶猛地扑上来，双方几乎要迎头相撞了。小栾的左脚落地以后，对方的脚也踏下来，踩住她的脚面，对方的剑刺在她左臂上方的无效部位。这一剑刺得太狠了，剑身像蛇一样的拱曲，又形成僵硬的直角，弹簧钢制成的剑身也承受不住这样剧烈的变形，发出刺耳的断裂声。折断的剑头约有二十厘米，飞迸出去，落在击剑台上。对方的半柄断剑依然在手，剑头失去了安全装置，而对方由于惯性作用，全身的重量还在向前运动。这时，小栾的左臂传来一阵电击般的感觉，待她收回自己的动作，左臂已经麻木了，僵硬了……

铺设在场地上的电路装置传出指示讯号，裁判台上同时亮起两盏白灯，表明双方都刺在无效部位。

这“无效”的一剑比有效的一剑造成的后果更严重。小栾恰是左手握剑的，她低头看看左臂，两层的确良卡几的击剑服被刺穿四个洞孔。她试着抡了抡胳膊，觉得像铅一样的沉重，伤势显然不轻……

刚才击刺的速度太快了。坐在台下的我国领队和教练，坐得更远的各国观众，都没看清刚才的细节，唯有小栾知道自己的伤痛。这时，如果她要求下场检查伤势，脱下击剑服，袒露手臂，那幅情景是惨不忍睹的，我们已在前面忠实地描绘过。她肯定会得到人们的同情，还会立刻得到精心的救护。她完全有理由那样做。如果她那样做了，别人也会请她中止比赛，善意的或强制的，那是可以想见的结果。但是，参加决赛的中国运动员只有她一个，她肩负着祖国的荣誉。她看到眼前是一场真正的战斗，严酷的战斗。她的心里重复着几句话：“千万不能叫人知道我受伤了。只要能把五星红旗升上去，让我去死也干。拼，拼了！”

啊！多么纯真的思想，多么可爱的品格！这就是我们一个不到二十岁的姑娘，站在欧洲的击剑台上，经过独立的判断，迸发出的心灵火花！忍受着巨大的伤痛，凝结着战士的情操，超越了击剑运动本身的含义。我们应该为有这样光芒四射的年青一代而骄傲！

扎加列娃又换了一把剑走上来，比赛接着进行。

栾菊杰左手握剑冲上前去。精力高度集中的人，是能够创造生理上的奇迹的。她的脑神经坚定地指挥着臂神经，心脏忠实地向血管里输送着血液，肌肉顽强地履行着自己的职责，技术水平表现得十分稳定。“来如雷霆收震怒，罢如江海凝清光”。千百双眼睛注视着她，居然看不出她有一丝受伤的样子。当她刺出决定性的一剑时，欢腾的风暴从大厅上空掠过。同志们闪着湿润的笑眼向小栾拥了上来，栾菊杰以4：5战胜了苏联选手扎加列娃。这是无言忍受伤痛所取得的光辉战绩，4：5可以描绘场上的现象，怎能描绘姑娘深沉的内涵？祖国啊，你的女儿用鲜血浇开胜利的牡丹，为你赢得了一剑！

小栾刚坐下来，一个同伴立即发现了她击剑服上的穿孔：“呀，你受伤了，脱下衣服看看吧……”

“不看，不看。没时间了！”

眼前还有四场鏖战在等待她，她又携剑上场了。

栾菊杰勇挫扎加列娃之后，斗志正酣。可是，在对法国的拉特丽那和对意大利的伐加罗尼的两场比赛中，我方出现了两次器材故障。我们国产的击剑器材生产技术和我国的击剑项目一样的年轻。我们涌现出优秀的击剑运动员，一时还没有堪与媲美的击剑器材。特别是它的电路装置，一会儿灵，一会儿不灵。裁判员为了检查故障，比赛中断了20多分钟，并且先后判罚栾菊杰失去两分，原因是耽搁了比赛的时间。

小栾又何尝愿意耽搁时间？她在这20多分钟里是怎么度过的，别人也难于想象，随着时间的拖延，她的伤势在恶化。左臂麻木的感觉消失了，一阵阵发热，又黏又湿，这是因为流血引起的，也是剧痛发作的征兆。她以5：3输了拉特丽那，又和伐加罗尼对阵，这时她的情绪下降到低点，而臂上的伤痛却发作到顶点。

小栾的动作失去常态，看台上一片嘈杂。

“小栾！抬剑过高，抬剑过高！听见了没有？”几个年轻的中国女运动员焦急地站起来，大声呼喊着。

她听得清清楚楚，可是手上的剑不听控制，左臂一阵阵痉挛似的疼痛。我们的姑娘是倔强的，她决不肯就此罢手。她咬紧牙，用浑身的力气瞄准对方刺去，手臂在空中伸出一半变得发飘了，这一剑又落空……

看台上传来一阵惋惜的叹息。

她以5：2又输了一场。当她回到自己的座位上时，喉咙哽咽着，晶亮的泪花在眼窝里转动，禁不住夺眶而出。她赶快拉过一条毛巾，悄悄把脸遮住……

教练员庄杏娣坐在她的身旁，领队李春祥也走过来。他们并不知道小栾在场上动作失调是伤势发生作用，只当是因为器材故障罚掉的两分破坏了她的情绪。用什么安慰我们的姑娘呢？

……

“小栾，器材不是你的问题，别去想了。”教练员亲切地说：“想想我们离开北京的日子吧，还记得吗？”

小栾揩揩脸颊上的泪水，放下了毛巾。

……

小栾站起来了。耳边如闻声声战鼓催征，心中凛然溅起千尺飞瀑！一股豪迈的感情激流涌遍全身，左臂上的伤痛被这股奔腾的激流荡涤了，消融了。她扬眉挺剑，再次登上赛台。先以2：5战胜了法国运动员特安盖，又以4：5击败西德运动员比肖夫，荣获第二十九届世界青年击剑锦标赛亚军。马德里体育宫的大厅里冉冉升起鲜艳的五星红旗，这是国际剑坛升起的第一面五星红旗！

当栾菊杰走下击剑台时，已是她受伤后的两个多小时，鲜血浸透了雪白的征衫。同志们这时才发现她伤势严重，催促她把击剑服脱下来。各国运动员也纷纷围拢过来。

无数双眼睛——金黄的、碧蓝的、黝黑的，同时注视着这条受伤的手臂，各种语言发出同声惊叹！

科威特朋友向栾菊杰赠送一个银光闪闪的盘子：“把这个银盘子赠给本届比赛中最勇敢杰出的人。”

法国记者发出消息：“栾菊杰博得了所有人的钦佩。”“毫无疑问，天赋灵巧和敏捷的中国人，对击剑运动是有才能的。”

本届比赛与上届相比，风景迥异。中国击剑队所到之处，各国朋友频频祝贺，声声慰问。我们赢得了应有的敬重，我们获得了很多的友谊！

外国朋友在赞扬之中，时时带着“意外”这个词汇。

意外吗？这是情理之中的意外。一年啊，在历史的长河中只是短暂的一瞬，祖国焕发了健壮的容颜和肌体，八亿人民扬眉吐气。作为体育战线一名普通战士的栾菊杰，她的剑脱鞘而出，凝聚着祖国的灿烂霞光！

我们为霞光而歌唱！

霞光绚丽的祖国，拥抱了胜利归来的英雄儿女。国家体委发出了学习栾菊杰同志先进事迹的通知。姑娘的家乡江苏省和南京市给予了她凯旋式的欢迎。

一个运动员荣获银牌和奖杯，结下荣誉的果实，也播下考验的种子。栾菊杰还很年轻，她将怎样回答？

愿霞光永远在她青春的剑锋上闪耀！

（《人民日报》1978 年 6 月 11 日）

【赏读】

这是当代作家理由创作于 1978 年 5 月的短篇报告文学，描写花剑运动员栾菊杰在第 29 届世界青年击剑锦标赛上身负重伤仍忍痛坚持夺得亚军的过程，弘扬了其拼搏精神。理由是当代报告文学作家中坚持报告文学“文学性”特征的重要代表作家，作者在此文中避免击剑过程的平铺直叙，匠心独运，巧妙运用小说写作技巧，打造构思独特、结构精巧、叙述绵密、抒情热烈，语言极富节奏感的文本内容，并积极施展丰富的想象力，组接粗看琐碎平凡的材料，细腻生动地刻画人物，于细节处见真情。

本文开篇采用倒叙形式，首先叙述女主人公栾菊杰比赛完到医院就诊的情形，车窗外美丽的西班牙夜景、栾菊杰清秀外貌的简笔勾勒与救护车的疾驰、主人公伤势的严重、陪同人员的焦灼、医生看到伤势后的惊叹形成鲜明对比，由此拉开序幕。但此时作者并未急于向我们述说栾菊杰受伤的过程，反而补充叙述了一大段有关击剑这一体育运动以及栾菊杰前往西班牙参赛的背景介绍，篇幅不大，但对本文主题起到了重要的渲染作用，且对后文击剑过程的描述和栾菊杰的人物形象的刻画（尤其是心理描写）有着重要的铺垫作用。文中处处采用欲扬先抑之法，展开主人公比赛前先写观众对她的忽视，写决赛的高潮前再插叙一大段主人公的身世、训练的艰辛和坚持，然后才将激战前主人公的心理细腻地展现，这时才终于到达本文的高潮——决赛。作者依然采取其最擅长的细腻笔法，将决赛时栾菊杰的表现描写得活灵活现，富有强烈的现场感，尤其是在她受重伤后仍坚持上场的心理描写中，又插叙了一段参赛前离开北京前夕的美好画面，如戏剧的蒙太奇手法，为主人公的拼搏精神奠定了心理基础。作者的抒情和议论不时穿插于叙事之中，成为画龙点睛之笔。

本文作于1978年，不可避免地打上了时代烙印，如将体育精神等同于民族精神等观点不免偏颇，但本文最大的特色还在于其以小说的笔法来写报告文学，在不违背基本事实的基础上自由地发挥文学的各种技巧，但本文不以情节取胜，而以细节见长，被称为“理由式”（亦称“小说式”）报告文学。

20世纪70年代末期至80年代末期，是抗战后我国报告文学的又一繁荣期，这一时期出现了许多优秀的短篇报告文学作品，如《哥德巴赫猜想》、《为了周总理的嘱托》、《正气歌》、《大雁情》等，也出现了许多优秀的报告文学作家，如陈祖芬、理由、徐迟、柯岩、刘亚洲、黄宗英等，许多优秀报告文学作品或以塑造人物形象，或以报道事件，或以发现问题为主要目标，本文正是追求审美功能以塑造人物形象为中心的短篇报告文学的典范，也是报告文学弘扬时代主旋律的代表作品。

案例三

天使在作战（节选）

朱晓军

2006年3月，人民的总理温家宝在记者招待会上说，他觉得最痛心的问题是“还没能够把人民最关心的医疗、上学、住房、安全等各方面问题解决得更好”。

住房、教育和医疗，这是中国百姓最关注的三大焦点。

住房关系着人们生活的质量，教育关系着人们未来的生存状态，医疗关系着人们的生命和健康。

人，在医院降生，回到医院辞世。医院是生命的始点，也是终点。

佛家认为，人生有四苦———生、老、病、死。这“四苦”都需要医生帮忙解决。医生在病人的眼里是神圣的，西方将医生誉为白衣天使，东方则将医生视为菩萨。

……

“这些医生究竟是上帝派来的天使，还是撒旦派来的魔鬼?”

……

Who（谁）?“白衣天使”还是“白衣魔鬼”? 当病人在医生的对面坐下，心里难免要打鼓。

有的医生委屈地说，医生倒霉就倒在媒体上了。其实绝大多数医生是好的，败类只是少数。也有医生很客观地说，现有的医疗体制就是这样，我们不宰病人，医院就要宰我们，不仅让我们拿不到工资和奖金，甚至要“炒”我们。谁不想当孙思邈、希波克拉底、白求恩，可那样在医院混得下去吗？

天使和魔鬼是势不两立、不共戴天的，就像李逵容不得李鬼。

这是一场残酷的战争，是一次你死我活、惊心动魄的较量。

正义终归要战胜邪恶，世界不可能划归魔鬼，中国的医疗界也不可能让“百年魔怪舞蹁跹”。可是，人们要记住天使在战争中付出的代价！

为什么要把光量子说成激光？医院怎么可以骗病人？从医28年，陈晓兰从来没有像今天这么困惑，这么迷茫，这么痛苦。

1997年7月24日，这本来是个寻常的日子。寻常的日子就像从树上飘落溪流的树叶，打个漩儿就冲走了。可是，这片树叶却滞留在陈晓兰的心里，漂不走了。

早晨6点，她就上班了。上海市虹口区广中地段医院的办公区内还沉浸在梦境中。理疗科位于办公区，距院长和书记的办公室仅几步之遥。她打开门，来苏儿味扑面而来，理疗器械和理疗床像一群乖孩子似的迎接着她。她将它们一一看过后，换上白大褂。在所有的衣服中，她最喜欢穿的就是这白大褂，几十年来怎么都穿不够。女儿说过，妈妈穿白大褂最好看，最像医生。

医生不是演员，不是演出来的，是做出来的。为做好医生，她坚持提前一小时上班，拖后一小时下班。在给病人治病前，医生需要一个心理缓台来净化心绪。不是所有病人都能在工作时间出来的，晚下班一小时，一些病人就可以在下班后来看病了。

“陈医生，×科的医生非让我扎激光针不可，我不扎他就不给我开药。”开诊后，一位老病人上来对陈晓兰说，“光扎一针激光针就要40元，再加上药费就得100多元。激光针扎上后不仅很痛，还浑身颤抖……”病人信赖她，看病时遇到问题都会找她商量。

“激光针，什么激光针，我怎么不知道？”陈晓兰疑惑地问。这时，理疗床躺满了病人，她脱不开身，只好让护士到注射室取一份说明书来看看。

陈晓兰将说明书读了一遍，没发现什么问题。据说明书介绍，这种疗法能够降低血黏度，增加血氧饱和度，适用于治疗脑血栓、脑动脉硬化等病症，是一种先进的医疗器械。

“那激光针一扎，人就抖起来。”旁边的两位病人说道。

一个病人抖，两个病人抖，怎么病人都抖呢？是输液反应，还是器械的问题？这是性命攸关的事情。她给病人处置好，下楼去了注射室。

狭小的注射室弥漫着浓重的臭氧味儿，输液的病人一个挨一个地挤坐着。陈晓兰说，她想看一下“激光针”。手忙脚乱的护士抬手指了指：“这就是。”

她走过去，弯下腰，仔细地打量着那个像月饼盒似的器械，那上面有“光量子氧透射液体治疗仪”几个字，与之配套的是“石英玻璃输液器”。在输液前，先对药液进行充氧，然后让含氧的药液流经治疗仪，经激光照射后输入病人的静脉。

蓦然，她见那盒子上印有“ZWG-B2型”一行字。……

陈晓兰直起身子，当着病人的面对护士说：“这哪里是激光？回家查查字典吧。”说完，转身回理疗科了。

金钱的能量往往是无法估量的，它可以把冷僻变成火热，也可以让火热变成冰冷。如果你是医生，只要在处方上写“激光针”三个字就可以赚钱，在“激光针”的后边写1就可以拿到7元钱，如果写7，就可以将49元畅畅快快地收入囊中，你会怎么样？会不会感觉天上掉下一只钱口袋？对，那些汲汲于捞钱的医生可能就是这种感觉，他们拼命地向病人推荐“激光针”，甚至逼病人就范。阿基米德说：“给我一个支点，我就能够撬动地球。”钞票改变了医生的支点，“激光针”在广中地段医院流行起来，在狭小的注射室外病人排着长队等候扎“激光针”。

“你昨天是不是讲了一句影响医院经济效益的话？”第二天早晨一上班，院长悻然过来问罪。

“没有呀！”陈晓兰莫名其妙地看着院长。

“你是不是讲过光量子不是激光？”

“是啊。”她恍然大悟，“光量子确实不是激光，那上面不是写着‘ZWG’吗？那是‘紫外光’三个字的汉语拼音缩写。”说着，她拿出书来，跟院长解释道：“激光和紫外光，一种是受激辐射发出的光，一种是自发辐射发出的光，二者的物理性能是不一样的。”

她抬头，发现院长已气呼呼地走了。她望着院长的背影，百思不解，不明白医院为什么非要把紫外光说成激光。难道激光就等于高科技？近年来，激光在普外、心脑血管、泌尿、口腔、妇科、耳鼻喉、眼科、肛肠科都被广泛应用。将“光量子”说成激光，病人容易接受，觉得多花40元钱值得，如果说是紫外光，病人就会觉得物无所值。

可是，紫外光不是激光。医院怎么能欺骗病人，医生怎么能说谎？苦恼会让人思索，思索在不经意间就会推开意想不到的柴扉。药液经紫外光照射后会不会发生药性变化？她疑惑了。“药物可以用紫外光照射吗？”她打电话问老师和上海有名望的医生，多数医生都认为不行。

“光量子”像光阴冲不走的淤泥滞留在她的心头，堵得难受。她是一位行医严谨、恪守规范的医生，为此深受病人的欢迎，写给她的表扬信多得像春风中飘飘洒洒的花瓣。按医院的规定，医生上交一封表扬信奖励 2 元钱。她却把表扬信锁在抽屉里，拒不上交。她认为，医生就应该为病人治好病，就应该像对亲人那样对待病人；不论医生待病人怎么好，只有不够，没有过分。医生给病人看好了病就要受到表扬，那就像赞扬裁缝“非常会做短裤”一样，让人耻笑。

陈晓兰性格内向，不善交际。每天上班后，她除了上厕所之外，从来不离开诊室。可是，同事却非常喜欢在她那儿坐坐，她那儿不仅有几张舒适的理疗床，还有她这位乐于助人的医生。她心灵手巧，不仅理疗室的一些器械是她自己做的，而且同事的雨伞、拉链等东西坏了，她都会一声不吭地给修好。她淡泊名利，在医院，人们往往会为半级工资打破头，她却把两次涨工资的机会让给了别人。她从来不主动讨好领导，也不跟别人拉关系，在医院口碑却极好，每次选先进，她都全票通过。

可是，她却感到自己在医院里越来越“水土不服”了。从医 28 年，她从来没有这么困惑过，这么迷茫过，这么痛苦过。

一位病人死了，不是死于疾病，而是死于医生给她开的那瓶药———过期失效的药。面对这种图财害命的医疗腐败，她怎么能够保持沉默？

……

（《北京文学》2006 年第 6 期）

【赏读】

在 21 世纪初期的报告文学创作中，我们可以发现不少作家依然坚守着报告文学的基本精神，对现实生活进行独立的观察和思考并创作极具反思性的作品，这些作品被人们称为“问题报告文学”。自这一文体形式引入中国后便已有例子，如 20 世纪 30 年代的《包身工》（夏衍）、《1936 年春在太原》（宋之的）等都是当时“问题报告文学”的名篇，但其真正繁荣则是自 20 世纪 80 年代始，著名报告文学作家刘宾雁是“问题报告文学”的先驱，他从创作的内容、形式等方面提倡写作“问题报告文学”以干预现实政治，经过 20 世纪 90 年代的沉淀和新世纪的探索创新，“问题报告文学”已经成为报告文学最为重要的类型之一。

“问题报告文学”对于社会“问题”的介入、观照和思考等和知识分子关注社会现实、质疑批判不合理存在、追求价值公正等精神有着内在关联，体现出报告文学文体的强烈批判精神和反思意识。本文节选自中篇报告文学《天使在作战》，曾获“第四届鲁迅文学奖（2004—2006）”、“第三届徐迟报告文学奖”。本文题材表现出强烈的现实批判性，以上海的“打假医生”陈晓兰近十年的打假经历为线索，毫不留情地揭露了当前我国面临的医疗系统腐败问题，矛头甚至直指我国的药监系统。

本文虽以陈晓兰的经历为线索，却并不是简单地为其作传。除了细腻地刻画、塑造人物以外，本文目的之一便是通过一个又一个令人愤慨的事件向读者展示我国医疗系统的全面问题，这已不是简单的某个医生道德品质败坏或者某个医院医风不良的问题，而是整个医疗系统上下一致瞒和骗的问题，它直斥整个医疗体制已患有大肿瘤，不手术已无法正常运转。在文中我们看到了许多“打假”细节，作者朱晓军在深入细致地采访了陈晓兰本人、亲人、同事、朋友、患者以及她上访的单位后，重点择取了陈晓兰因深恶痛绝光量子激光针、鼻激光治疗仪、输液的光纤针、静舒氧等医疗器械的造假和危害而进行的由地方至中央的上访经历，其中还穿插了许多细节，如父母及舅妈等亲人因医疗事故而身故、患者的悲惨经历、地方和中央相关部门和领导的一次次敷衍及造假单位的频繁威胁恐吓等。细节穿插对主要事件的叙述形成重要的补充，将医疗系统腐败问题层层剥离，展现于读者面前。当然，作者还着重刻画了陈晓兰这位始终秉持正义的白衣天使形象，除了对陈晓兰打假经历（包括外在经历和心理经历）进行细腻的描述外，还在文中通过陈晓兰与患者的互动、陈晓兰早年下乡学医的经历、陈晓兰的家庭生活等对陈晓兰的医德、医风进行了热烈的赞颂，这是一位被称为中国的“唐·吉诃德”式的医生。

从所选部分文字来看，朱晓军以全能式的第三人称，极具现场感地叙述了陈晓兰发现光量子激光针危害病人的过程，其小说式的叙述方式，附以字里行间充溢的抒情和议论，热情地赞美她面对医疗腐败的无畏，愤慨地批判医疗腐败对人的戕害，此时的作者面对笔下的人物事件满怀着愤激之情，更多的是在控诉和批判。而两年以后的《一个医生的救赎》（2008 年）同样以陈晓兰的打假经历为线索，却更趋于理性反思，其主题也由“作战”转为“救赎”，可见作者的创作心理更趋于成熟。但纵观朱晓军的报告文学，其因笔下人物和“问题”而呈现的独立思考的主体精神、社会忧患意识等却是一以贯之的。

案例四

震中在人心

祖国的花朵——废墟上的儿童节（节选）

李鸣生

一

6月1日，儿童节。

没想到，这个节日的由来，竟与历史上一场血腥的屠杀有关。1942年6月1日，德国法西斯枪杀了捷克利迪策村的全部婴儿以及140个16岁以上的男性公民，并将全村妇女和90名儿童关进了集中营。7年后，为悼念利迪策村和全世界所有在法西斯侵略战争中死难的儿童，国际民主妇女联合会在莫斯科举行理事会议，将每年的6月1日定为国际儿童节。此后，世界各国纷纷废除了自己原有的儿童节，统一将儿童节定为6月1日。新中国成立后，很快也废除了原有的“四四”儿童节，而将每年的6月1日，正式定为儿童节。

由此可见，世界人类是多么地珍爱儿童啊，我们的祖国又是一个多么珍爱儿童的国度啊！

然而，2008年的儿童节这一天，当全国乃至全世界的孩子都和自己的爸爸妈妈欢天喜地地在一起时，在都江堰新建小学，有326名在地震中遇难的小学生，却是在阴阳两隔的废墟下听着爸爸、妈妈、爷爷奶奶那撕心裂肺、悲痛欲绝的哭泣声度过的。

这一天，我也在新建小学的废墟上。本来，在这个属于孩子的节日里，我有很多话要对新建小学的孩子们说，但我却连最想说的一句话——“孩子，祝你们节日快乐！”——也不敢说。

二

6月1日上午9时整，我专程赶到都江堰。当我来到新建小学的校门口时，800多名悲伤的家长和无数善良的人们，已将学校里三层外三层地围了个水泄不通。所有学生家长的身上，都统一穿着一件白色短袖汗衫。白色短袖汗衫的前胸，统一印着一行字体：坚决为遇难学生讨回公道！白色短袖汗衫的后背，则赫然印着一行醒目的大字：严惩“豆腐渣”工程的腐败分子！

这是我第二次来到新建小学。我第一次走进新建小学是十天前的一个傍晚。倒塌的教室，零乱的废墟，以及废墟中的书包、课本、衣帽、鞋子，曾令我潸然泪下，悲愤不已；而走访中获得的信息，更让我灵魂震颤，欲哭无泪。

新建小学是一所公立学校，位于都江堰市繁华地带的建设路中段。新建小学的校门很窄——准确地说，不是校门，而是一个门洞。我对这个门洞反复做过目测，几个学生家长也对这个门洞亲自做过测量，他们告诉我说，门洞宽仅有2.9米，高仅有3.12米。由于门洞太矮，地震发生那天下午，消防官兵接到命令赶来后，却无法将消防车驶进校门！消防官兵急得团团转，学生家长气得捶胸顿足。后来，只好调来大型挖掘机，先在门洞的下方挖下去10多公分，再在门洞上方撤掉一块水泥板，一辆消防车——仅一辆消防车——才勉强挤了进去！不少家长都说，如果消防车当时能顺利开进学校，肯定会救出更多的孩子！

新建小学的校园很小，由两排平房、一幢四层教学楼和一个小小的篮球场组成。教学楼的左侧，是都江堰市机关幼儿园；教学楼的右侧，是都江堰宾馆。无论是幼儿园还是宾馆，都和学校的教学楼紧靠在一起，甚至幼儿园和教学楼还紧紧相连。我不知道新建小学的教学楼为什么会倒，我也不清楚新建小学的教学楼到底是不是“豆腐渣”工程，但我先后两次走进了这所小学，亲眼看到的是：四层教学楼全部倒塌；而左侧的都江堰市机关幼儿园和右侧的都江堰宾馆不但没有倒塌，而且完好无损。

新建小学有教学楼四层，每层3个班，共有班级12个，学生687人。地震那天，在校学生680人：一年级和学前班的孩子在平房学习；高年级两个班的孩子在教室外上体育课和练习跳舞；其余二到六年级的学生全在四层教学楼上课。灾难降临时，四层教学楼瞬间轰然倒塌，580多名师生全被压在下面。十几秒钟前还书声琅琅的校园，顿时化为一片废墟；十几秒钟前还活蹦乱跳的生命，瞬间变成一团肉饼！抢救结束，初步结果是：10个班级中，200多个孩子伤残，326个孩子丧生！

孩子不能死而复生，家长却欲死不能。从5月12日到5月31日，整整20个日日夜夜，上千名家长都是在泪水中熬过来的。在这20天时间里，他们流尽了一生的泪水，哭够了一生的哭泣。他们冰凉的泪水，打湿了前胸，打湿了后背，打湿了孩子们留下的书包，打湿了孩子们没有读完的课本，打湿了孩子们来不及做完的作业，而后渗进岷江，伴着岷江之水，滔滔滚滚，一泻千里！

但他们知道，悲伤不能解决问题，愤怒换不来公道，泪水无法让几百个孩子的亡灵得到平息。

于是，他们选择了“六一”儿童节！

他们要在这个本该属于孩子天真活泼的节日里，在这片洒满血水与泪水的废墟上，向孩子表示哀悼与歉疚，向公众宣泄他们的悲伤与痛苦，向社会表达他们的愤怒与诉求；同时以哭诉与跪拜的方式，和326个不该离去却偏偏离去的孩子一起，“痛痛快快”地度过最后一个原本应该快乐的儿童节！

而且，将用一个悲壮的祭奠仪式，告慰326个孩子孤独的亡灵！

三

9时30分，800多名家长陆续走进校门。他们中，有年轻的爸爸妈妈，有老迈的爷爷奶奶，还有外公外婆，或者哥姐弟妹。

校门的左边，挂着一块醒目的白布，每位家长进门后，都在白布上写下自家遇难孩子的名字；校门的右边，拉着一根长长的铁丝，上面悬挂着一幅幅凄美动人的挽联；一拨儿一拨儿的家长到来后，便在挽联上写下自己对孩子的最后留言。

这800多名家长，都是普通的百姓。他们中除了下岗工人，就是打工仔；不是家庭妇女，就是“三无人员”（无职业、无工资、无单位）。他们一无官、二无权，甚至数百名学生家长中连一个小小的科级干部都没有。他们唯一的权利，就是哀悼，就是诉说，就是哭泣。

这800多名家长，都是底层的穷人。他们没有钱，没有房，没有车，没有地。他们很想把孩子的最后一个节日办得隆重一点，风光一点，体面一点。然而一夜间，地震埋葬了他们所有的家当，让他们失去了原本就穷困的一切，从一个穿着体面外衣的穷光蛋，变成了另一个彻底赤裸的穷光蛋！为了能和孩子一起过节，每个家长都做了一个镶嵌自己孩子遗像的镜框。然而有谁知道，这些为孩子做遗像镜框的钱，竟是几百个家长想方设法凑起来的！

这800多名家长，都是共和国再好不过的公民。即便他们的孩子已经变成肉饼，化作尘土，埋进废墟，但他们也要讲良心，讲公德，也要死死压住自己岩浆样的悲愤，大火般的怒气，依然秉持“顾大局，不添乱”的原则，小心翼翼地履行着他们要做的一切：他们不仅向都江堰市委报告了他们要为孩子过一个儿童节的愿望，还向都江堰市委请示了要为全体遇难师生举行哀悼祭奠仪式的计划；他们不仅向都江堰市公安局提交了他们致都江堰市委的公开信，甚至用泪水和血水写给孩子的悼词，也要亲手交到公安局审查。直至正式同意、批准，他们才能走进昔日的校园、今日的废墟。

……

（《震中在人心》，上海文艺出版社2009年版）

【赏读】

李鸣生是我国20世纪90年代以来报告文学的代表作家之一，其取材领域主要是我国的航天航空事业。这部长篇报告文学作品取材于2008年四川那场震惊世界的汶川大地震。大地震为写作提供了多种可能性，在“第五届鲁迅文学奖（2007—2009）”的报告文学评奖中曾有五部（篇）作品入围，最终《震中在人心》脱颖而出，并且位列获奖作品第一。这是一部具有“复调”主题的长篇摄影报告文学，其结构借鉴了戏剧或电影艺术，除了“序幕”之外，主体部分四幕，共25个镜头（包括特写），每个镜头都有一个朴实却满怀深意的标题，并都配有真实的现场图片，它“用镜头定格真相，让文字留下思考”（“第五届鲁迅文学奖”颁奖词），作品中不仅有抗震救灾感人细节的生动叙述，有人类遭受重大创伤的切肤之痛，还有对地震灾害的深刻反思。由于作者具有作家、军人及四川籍的三重身份以及其作为报告文学作家中坚力量所具有的深厚艺术造诣，这部作品不仅观照地震的视角具有独特性，而且在情感与思考的深度、力度上都超越了同类作品。

这部作品将报告对象集中于地震带来的巨大灾难和对于受害者的多重影响这两个方面，使作品始终萦绕着一股悲怆而痛苦的浓郁气氛，是一个真正接近地震事实本身的报告。它明显区别于将灾难作为背景而更多关注于抢险救灾行为的作品，更区别于那些明显借救灾表功的功利性、宣传性文字。因此，它更接近灾难本身，更容易让人在最直观的死亡等惨痛情景背后感受地震的深度危害。更为重要的是，作为知识分子的作者，以其高屋建瓴的理性，以其感同身受的情怀，既深情而真诚地发掘了重大灾难背后的人性之善、人性之美，又真实而深刻地剖析了人性之复杂、微妙。

本文为《震中在人心》的第三幕“祖国的花朵”之镜头17——“废墟上的儿童节”节选。从所选文字来看，运用最多的艺术手法是抒情和议论，事实的叙述、细节的描绘反而为作者满腔激情的抒写起了重要的铺垫作用。作者以旁观者（采访者）的身份介入，但文字的力量却在于其感同身受的悲愤，其亮点不在于叙述“废墟上的儿童节”这一事实，而在于揭示地震造成的巨大灾难（数百孩子的死亡）对人们心灵的震颤，在于控诉造成这一灾难的人为因素（教室的“豆腐渣工程”），在于展现经历重大灾难后普通百姓身上闪耀的善良人性的光辉。从结构来看，第一节开宗明义展示报告对象，用笔沉重，叙述“六一”儿童节的由来（与“屠杀”有关），与眼前这个儿童节（孩子的伤逝）何其相似，再与为珍爱儿童而设的儿童节形成鲜明对比，沉重之感、悲痛之情已泄于笔端。第二节则叙写“我”来到废墟上见证这一特殊儿童节的所见、所闻、所感，作者比较自己的所见——教学楼的坍塌和附近都江堰市机关幼儿园和都江堰宾馆的完好无损，真实地再现“豆腐渣工程”带来的生命重创，家长们的悲愤之情在作者笔下流淌。第三节中，作者在前文所述事实后，再也无法抑制内心的愤激和悲悯，以大段笔墨抒发了这些普通百姓的善良人性和朴实人心，同时毫不留情地指出了当地政府部门的官僚主义和不作为（连为地震中死亡的孩子过儿童节都要层层审批）。

由此观之，本文重在对人性、人情的揭示，作者主观情感的抒发是其感人之魅力所在，但若无现场图片的视觉震撼和文字叙述的真实性为基础，其主观情感的抒发也便无所依托。

案例五

西部的倾诉

——中国西部女性生存现状忧思录（节选）

梅　洁

之二：仅仅是“楼兰人来不及种树了”吗？

一位始终在关怀、忧虑人类生存的作家，曾站在被沙漠掩埋的楼兰古城遗址，心情非常沉重。当他从出土文物中得知3000多年前的楼兰，也曾有环境学专家向国王建议对“砍树者”实行“罚马”、“罚牝牛”，当国王将此建议晓谕臣民时，一切都已晚了，沙漠、狂风、干渴已开始疯狂地吞噬楼兰。楼兰人来不及种树了。我们完全可以想象，曾经“马蹄哒哒，驼铃声声，商贾使节络绎不绝”、处在古丝绸之路上的楼兰城的富裕和繁华；我们同样也可以想象，当沙暴卷来并掩埋这座城市时，无处逃生的楼兰人的惊恐与绝望。

于是这位作家站在位于塔里木盆地南缘的楼兰遗址，面对强大的塔克拉玛干大沙漠告诉人们：一切繁荣倘不以坚固的生态平衡为基础、丰富的自然资源为依托，那么繁荣就是靠不住的，一阵黄风就能刮走。

楼兰被掩埋了。和楼兰同时兴起在古代“丝绸之路”上的尼雅、卡拉当格、安迪尔、古皮山等繁华城镇也都先后湮没在近代的沙漠之中。这是世界旧大陆的悲剧。

当我穿行在辽阔的西鄂尔多斯荒原，当我行走在沟壑纵横、山塬破碎的甘肃定西和宁夏西海固，当我站定在漫漫无际的腾格里沙漠之中时，我总在想，仅仅是楼兰人来不及种树了吗？世界旧大陆的悲剧就不再发生了吗？

事实上，中国西部因贫困而蒙昧、因蒙昧而无节制地生育、又因恐怖的生育而降临给生存环境的巨大的、灾难性破坏已经发生——

我在宁夏采访时，随处可以看到和听到贫苦的农民和他们的孩子生钱的唯一办法是挖甘草，即使我在同心县韦州镇，很优秀的老师在赞扬某某女童能艰苦读书是因为该女童能吃苦挖甘草，赞扬该父母能供女孩念书也是要领我参观满屋子的甘草。人们居然不知道这一代又一代的挖甘草已经把宁夏整个的生存环境给毁得面目全非……

……

我在甘肃采访时，甘肃“两西指挥部”调研室张振江先生说到1982年的大旱：1982年一年没有下雨，粮食绝收，人畜饮水极度困难。政府动员数千人往灾区送水，送水车队经过时，天上飞的鸟、地上跑的大牲畜牛、羊、猪、狗都疯狂地跑过来和人抢水。定西地区120万人全部靠汽车拉水度日，国家补助拉水费近600万元。张先生说，以定西为代表的甘肃中部18个干旱县600万人中近400万人没水吃。“吃粮靠返销，生活靠救济，生产靠贷款”在这一地区持续多年，仅定西地区从1973—1982年就吃国家返销粮14亿公斤。“吃的救济粮，穿的黄军装”就是那些年中部地区的真实写照。

“始于1982年的‘两西工程’是中国共产党的一大德政。没有‘两西工程’就没有今天的甘肃。”张振江说。这位1968年甘肃农大水利系毕业的知识分子，几十年来，为甘肃水利发展和“两西工程”建设付出了巨大的努力，做了大量的调查研究。“甘肃中部的干旱，主要是生态环境遭到了根本的破坏……”

……

现在，我们再来看青海。青海是黄河、长江的发源地，黄河是青海境内的第一大河，过境干流长1 960公里。青海的湟水河、大通河等90条河流汇入黄河，占黄河水量近一半，所以说青海是母亲河的最大输液者。然而，80年代以来，大量淘金者涌入河湟谷地，使这里的人口增加了10倍。加之生育失控、草原过度放牧，今日的青海南部鼠类猖獗，毒草、杂草丛生，荒漠化面积迅速扩展。据国家环保局卫星图片显示，荒漠化速率已由七八十年代年均3.9%增加到90年代年均20%，加快了近4倍。生态恶化使青海自1992年以来几乎年年发生旱情，受灾面积数百万亩，黄河的干流之一湟水流域每年因水土流失丢掉耕地上万亩。1997年黄河上游水量降至历史最低点，致使上游的两大水库龙羊峡、李家峡水库蓄水量减少了近25亿立方米，成为建库以来最少的一年。1998年8月我在青海采访时得知，那个周长为360公里、世界上最大的咸水湖泊青海湖，从70年代以来每年水位下降10—13厘米，致使一些地方如今已露出了沙丘、形成了半岛。10年前，我到达过青海湖。那时，望着湛蓝湛蓝的湖水，我把它比作大海退却时遗落的一滴伤心的泪水，抑或是地球在山崩地裂地自我嬗变时留下的一份蓝色忆念。那时，我很诗意、很浪漫。10 年后我又一次站在青海湖边，望着一天天一年年减少的湖水，我就想，当这滴泪水彻底干涸时，当这份忆念彻底泯灭时，地球将怎样抖动它的愤怒呢？那一刻，我很忧郁也很恐惧。

当我即将结束西部的采访时，我来到了腾格里沙漠南缘的沙坡头。当我独自站立在这无边无涯的瀚海里面，当我向波涛般凝固的黄色走去时，我居然不是恐惧，我体验的是博大、是敬畏。科学告诉我们，沙漠是在人类到达地球的几千万年前，就已经完成了它的铺张的，所以当人类出现时它已非常傲岸。但那时的沙漠还是有自知之明的，它仿佛对人类说：我们相依相存吧。那时的人类对它是敬畏的、不敢轻易触怒的，因为它是“天赐”的。“腾格里”是蒙语，意即“天上掉下来的”。可是后来人类狂妄了，得意忘形了，在这个桀骜不驯的大物面前不小心翼翼了，于是这个大物肆虐了。我不是在这里讲童话，因为依然是科学告诉我们，地球原本留给我们的原始沙漠是很少的，现在地球沙漠的 87% 是人类后来的活动造成的。

沙坡头是腾格里大沙漠南端紧逼黄河的连绵沙山，东西长十几公里，在黄河北岸堆积成高达百米的沙坝，这里曾经流沙纵横，平均每 10 个小时出现一次沙暴，沙暴一来，地毁人亡。沙坡头一带年降雨量只有 200 毫米，蒸发量却为 3 000 毫米，是降雨量的 15 倍！沙漠每年以 8—9 米的速度向黄河方向推移。我想，如果沙坡头不出现一个治沙林场，不走来一批献身于治沙事业的专家和工人，黄河在这里早已成为地下河！那条伸长的京兰铁路不知已被淹埋过多少次！

1957 年沙坡头建立了固沙林场。走来了专家，走来了工人、农民。他们在茫茫沙海里安营扎寨，开始与人类的暴戾搏斗。他们创造了 1×1 米半隐蔽式草方格沙障固定流沙，那些草方格的草用的是麦秸或稻草秸。然后，他们又抢墒在草方格里播进草或灌木。30 年不懈的努力，30 年生与死、成功与失败的搏斗，终于在沿铁路两侧连绵不断的沙山上布下了一张绿色巨网，这张网宽近千米、长近 70 公里，形成纵横几万亩的固沙林带。昔日吞村毁舍、席卷大地的黄沙被绿色巨网牢牢捕获，再也未能逞凶。绿色巨网曾经历了百年不遇的大沙暴的袭击，但安然无恙。

在沙坡头沙漠边沿高高地耸立着一座碑，那上面记载着 1994 年联合国命名沙坡头固沙组织为世界 500 家最佳治沙单位的表彰内容。仰望那座沙漠中的丰碑，我感受着一种悲怆和震撼：这是人类对命运抗争的纪念。回眸南望依然喘息着、挣扎着穿越沙漠的黄河，我就想，我们的“生存教育”应该添加新的内容，我们的老师应领孩子们常来沙坡头看看。告诉他们我们生存环境的危机与艰难，不能再砍树、铲草皮、挖树根了！告诉他们沙暴曾经湮没了一个楼兰、尼雅……可沙暴只仅仅湮没楼兰、尼雅……吗？让他们回去告诉他们的父母，让他们长大了，告诉自己的孩子……

……

（《报告文学》2000年第7期）

【赏读】

中篇报告文学《西部的倾诉》节选自梅洁的长篇报告文学《创世纪情愫》。文章发表后，当年即登上了“2000年中国当代文学最新作品排行榜”报告文学类第一名，并先后获得“第二届鲁迅文学奖”、“首届徐迟报告文学奖”等国家级大奖。《创世纪情愫》一书于2001年获得全国“五个一工程奖”，成为梅洁报告文学名副其实的代表作。评委们一致认为，中篇报告文学《西部的倾诉》是投向我国西部一道独特的目光，一部关于中国西部女性特别是女童教育状况的沉重述说。作者以炽热的爱心、深沉的忧思、丰沛的理性与激情，记述了我国西部土地上存在的愚钝与启蒙、贫困与智性令人震撼的尖锐对立，同时将经济、教育、人口、生态环境等一系列可持续发展的问题纳入读者视野，引领读者给予特别关注和深入思考。

《西部的倾诉》是新时期以来首篇全面反映我国西部生态并进行深度文化反思的报告文学。作品根植于忧患与悲悯的精神背景，显示出作者执着而深沉的批判和建设愿景。具体说来主要表现在三个方面：

一是自然的忧戚。作为一名自觉的荒原考察人和生态守护者，作者对自己“行走”和“改变”的意义非常清楚。西部的干旱、贫瘠与穷困，对我们而言并非陌生的话题。但作者想告诉我们的是，这种可怕的循环并没有随着新时代的到来而有所好转，恰恰相反，人类的繁衍和现代科技的进步很可能进一步恶化了本已十分脆弱的西部环境。面对甘肃、青海、宁夏等地自然生态的日益恶化的局面，作者痛心疾首，并为其并不乐观的未来忧心忡忡，显示了一位现代知识分子的责任与担当。

二是生存的焦虑。如果说自然生态是我们生存的外部依据，那么，人的主体素质则是我们如何生存的内在逻辑。为此，《西部的倾诉》加了一个解释性副标题——“中国西部女性生存现状忧思录”。《西部的倾诉》以散文化的表达和散点透视式的结构，企望从历史、文化、教育、经济、人口、环境、宗教等多侧面揭示一个人类生存的怪圈，那就是贫困带来教育的缺失，尤其是女性教育的缺失，导致野蛮与蒙昧，野蛮与蒙昧引发人口急剧增加，大量低素质人口降生在资源有限的土地上，从而使生存环境遭到根本性的破坏，而环境的被破坏致使发展中国家和我国西部更加贫困。

三是文化的牵引。建设情怀应该是文化自觉的显著标志。对于一个缺乏文化意识的自然人来说，再富有的家当也会吃喝殆尽，作者充分认识到教育之于妇女的生育观、人生观何等重要，教育之于人类已经陷入的困境——人口爆炸式增长何等举足轻重！《西部的倾诉》是着重对西部女童教育问题进行了深入细致的考察报告。西部的贫困和女童失学、辍学情况非常令人痛心和不安。贫困和教育水平低下，是开发建设西部必须面对的两个问题。而这两个问题又是相互联系、相互制约的，人们在走进西部的时候必须同时面对。作者的报告表面看似乎与西部的经济开发无直接的联系，但是，它对于我们理解和认识西部开发具有深层的参照价值。

就节选的部分来看，体现为三大亮点：其一是将历史与现状进行对照揭示，给人以触目惊心的冲击力，真正体现出作者的“忧思”；其二是援引大量的数据，以增强说服力；其三是即兴插入的抒情和议论性的文字，给人以更大的震撼。报告文学要借用新闻扎实的采访，更要借用文学的表现手法，这样才能打造真正意义上的精品。

第三节 报告文学写作要略

目前报告文学的题材广泛，生态环境、教育、航空、“三农”问题、医疗、贪腐等题材均有涉及，乃至“史志性报告文学”——历史题材报告文学近些年也大行其道，这不仅拓宽了报告文学的题材范围，使之不局限于当下社会现实，将敏感的触角探至历史纵深，也为报告文学的时代精神增添了历史深度和厚度。当前我国设有专门奖项对报告文学的创作予以支持和鼓励，其中比较有影响的有“徐迟报告文学奖”、“鲁迅文学奖”和“正泰”杯报告文学奖。从历届获奖作品来看，优秀作品不外乎在以下三个方面做文章。

一、严守真实与精于想象的巧妙结合

真实性是报告文学创作的基本特点和根本原则，主要体现为事实的真实。报告文学追求的是整体的、本质的和关键的真实，不是简单的真实复制。无论在形式上表现出多么强烈的文学色彩，报告文学在本质上都应是客观存在的“铁一般的事实”，不得对事实进行虚构和夸张，创作时应忠于事实，客观展现现实生活，符合新闻的真实性原则。同时，对事实的评价等也应实事求

是，符合事实的本来面目和客观规律。然而报告文学的文学性特征使报告文学又区别于纯粹的新闻文体，其创作过程必然要用形象思维，没有想象，报告文学也就失去独特的艺术品格和感染性，只有将两者巧妙结合才能创作出优秀的报告文学作品。

由于报告文学比新闻特写、通讯等的容量要大，而且情节要求完整，对文学形象性的要求更高，还要准确、艺术地再现真实的生活情景，因此相对于一般的新闻文体，报告文学的采访要求更细致、更全面、更深入，采访的过程也正是谋篇布局的过程。浮光掠影式的采访无法把握整体的、本质的真实，更无法写出优秀的报告文学作品。针对采访对象的直接采访（采访其自身经历、爱好、理想等）、间接采访（对外围熟悉采访对象的人士进行采访），再加上作者自己的观察、了解，对采访对象进行立体化、全方位、多角度的认识，以深入了解写作对象，不断丰富写作素材，确定写作主题和角度。确定主题之后就是选择支撑主题的细节。细节是文艺作品的血肉，报告文学尤为注重细节描写。细节如何获得？其一是从采访过程获得。采访过程中，采访者要能细心挖掘、巧于捕捉细节，不因重视大事件和事件过程而忽视细节，通常，细节的描写更能精确而又惟妙惟肖地反映事物特征；其二则是合理运用“再造性想象”，依据被采访者的叙述、相关的文字或图表等已有信息，将无法在当下获得的场景或人物心理等用文字生动形象地再现出来，这种艺术加工必须以事实为基础，能真实准确地反映客观事物及其本质，不能随心所欲地虚构和夸张。细节描写要做到“真”（惟妙惟肖）、“细”（细微感人）、“精”（围绕中心）、“典型”（窥斑见豹）。报告文学虽写真人真事，但允许除虚构、夸张和创造性想象外的艺术加工。这需要在细节描写连接真实与想象的艺术空间中融会贯通多种手段。例如理由在《扬眉剑出鞘》中避免了对报告对象栾菊杰击剑过程的平铺直叙，在大量的采访事实的基础上，匠心独运，巧妙运用小说写作技巧，施展丰富的想象力，组接琐碎平凡的材料，细腻生动地刻画了栾菊杰这个典型人物。

二、宏大叙事与日常生活的完美融合

报告文学与通讯等题材的新闻作品相比，就在于其内容与题材的选取涵盖的背景更为广阔，题材能够反映鲜活的时代精神，与其具有新闻性的特征相匹配。在选材方面通常选择一些社会政治中的重大问题，往往直接表现时代风貌、百姓普遍关心的重大社会问题，常常触及时代最敏感的神经。许多优秀的报告文学作品，其实在很大程度上是作家真实、现实地表明自己对于社会历史重大现象和问题的观察感受的思想之灯，是通过事实的描绘来表明作者对该问题和现象的认知和希望。许多作品往往因为作者非常敏锐的发现和独特的理解迅速被读者所接受、欢迎和记忆。例如《西行漫记》真实地记录了作者1936年6月至10月在当时红军根据地陕甘宁边区进行实地采访时的所见、所闻、所感，在当时的国内乃至世界引起了巨大轰动，是让世界认识中国红军的第一本生动教材。《天使在作战》表现出强烈的现实批判性，以上海的“打假医生”陈晓兰近十年的打假经历为线索，毫不留情地揭露了当前我国面临的医疗系统腐败问题，矛头直指我国的药监系统。《震中在人心》集中于地震带来的巨大灾难和对于受害者的多重影响这两个方面，使作品始终萦绕着一股悲怆而痛苦的浓郁气氛，是一个真正接近汶川大地震事实本身的报告。

报告文学利用其自身的本性关注重大的历史事件和现象，但这种宏大叙事的边界必须要明确地把握住，宏大叙事不能千篇一律，而应是贴近重大历史和事件的真实生活现象。很多报告文学作家的成功经验表明，那些虽然聚集个别、局部，但却是关联着人们认识理解全局和整体社会人生的题材；那些看似无关紧要，却实际是社会人生矛盾焦点的题材，才是真正的好题材。例如《震中在人心》选取大量的日常生活中的典型细节，生动地反映地震带来的肉体和精神创伤，艺术地体现了人物精神闪光点，表现其气质和个性，富于表现力和感染力。

三、叙述描写与抒情议论的水乳交融

报告文学以其真实性成为密切联系社会生活和读者的桥梁，成为一种社会人生的现实历史读本，成为读者了解、感受和认识社会历史和人生的参考对象。这些基于复杂的、真实的社会生活的文学报告，包含了非常丰富的社会人生信息，这些信息对于增加读者的社会生活阅历及修正自己的人生都会有积极的作用。报告文学在新闻不能抵达或因为其本身的匆忙脚步而来不及停留的地方找到自己的发展空间，在开始的时候，就具有自己存在的必要、独特作用和价值。因为新闻镜头永远会有死角，总有记者的直观简洁描述不能够提供的背景和理性内容。这样的现象越是在社会矛盾和现象曲折复杂的时候，表现得越突出。报告文学的独特价值在这里就得到了充分的体现，它可以在真实的社会现实生活范围内，有充分的主观选择自由和灵活多样的表达方式，在某些重大、重点的地方深入探求和展开理性思维，然后提出比新闻更加丰富和独特的看法来。再加上文学艺术表达手法的护佑，报告文学完全可以自成风格和气象，在社会生活中表现出自己独特的存在价值和魅力。这就决定了报告文学的写作既注重真实的叙述与描写，也能在叙述描写的基础上提出比通讯等新闻形式更加自由和丰富的抒情和议论来，而且二者应该水乳交融地完美结合起来，这是优秀的报告文学写作与衡量的一个重要标准。例如，埃德加·斯诺在《西行漫记》中对红军剧社表演的情景和观众的反应等进行了客观真实而细致的描绘以及作者对所见、所闻发表了自己的看法，实现了具体的描写与议论的完美结合。《震中在人心》聚焦于地震带来的巨大灾难和给受害者带来的多重影响，完成了报告文学接近地震事实的使命，同时，作者真诚地发掘地震重大灾难背后的人性之真善美，二者的结合，实现了主题的升华。

第四节　常见问题举隅

基于上述报告文学的三个写作要领，能够很好地融合这三个方面的作品一定是一篇优秀的报告文学作品，同时，一般的报告文学作品的问题也根源于此，大多是没有做到融会贯通，具体问题阐述如下：

一、报告文学的新闻真实性堪忧

事实的真实性是报告文学的根本原则，报告文学是建立在真实信息背景上的文字、图片书写，是在作家真实观察、发现和理解基础上对于事实和人物的文学表达。真实是报告文学的生命。报告文学的真实是指事实的真实，是可以经由实际验证的真实。但对此不能机械教条地理解，使之变成约束创作的缰绳。报告文学的真实性，是对新闻真实性的横移接收，而不像小说创作中要求的那种“艺术的真实”，那种虽在情理中，却不一定事实上存在过的“艺术真实”。报告文学离开了新闻这种事实的真实性，它的文学性就没有了个性立足的基础。所以，事实的真实性要求，对于报告文学创作来说是一个原则，不能有任何的逾越。真实是报告文学独特魅力的重要部分，报告文学行达天下是同这种真实性有很大关系的。可是，在强调报告文学事实真实性的时候，也要有文学的能动理解。从理论上说，报告文学的真实性原则不可逾越，但在事实和表现之间是存在很大间隔的。文字的表达永远无法毫无出入地复原事实的原貌。即使采用照相的手段，也还是存在着角度、焦距、光线等问题，同样无法将事物的全貌展现出来，甚至还可能作出某些遮盖。因此，报告文学在强调真实客观地表现对象的时候，更多要求的是整体的、本质的、关键的真实，而不能要求作家对对象的复制真实。

在现实的报告文学创作中，对真实性有误解和曲解，受制真实和违背真实的现象很多。因为对报告文学真实性理解的程度不同，从而存在着不少遗憾的现象。有的人生怕违背了真实，结果在真实面前束手束脚、采取了完全机械的照搬、照抄的方式，作品中很少有作家主观能动的创作痕迹，和文学的表达相距甚远。而有的人却严重地忽略报告文学的真实性要求，随意改变事实，甚至添油加醋、主观虚构，结果作品失去了最本质的元素而变得不可相信了。对于报告文学来说，真实性的要求，既是一种约束，也是一种力量。在高明的作家的掌握下，这种限制恰恰是他表现才能的地方，是他用自己的才能驾驭真实为自己创作服务的地方。

二、报告文学的文学感染性不强

文学艺术的表达是报告文学的翅膀。强调报告文学的真实性，绝不能变成忽略文学性的理由。有的人将文学简单地等同于虚构，从而就主观地将恪守真实性原则的报告文学轻易地排斥到文学的大门之外的见解是不科学的。文学是一个大家族，不单只小说一种。此外还有传记文学、史传文学、诗歌、散文、报告文学等多种体裁，仅仅用虚构的元素是不能够覆盖的。认为不虚构就不能实现文学的观点更是古怪和荒谬，自然经不起推敲。许多的事例说明，真实和文学并不是完全对立的，真实也可以成为文学艺术的主要元素和上等原料。报告文学要求真实、准确，并不意味着可以对生活作简单的摹写，或允许粗制滥造，它应该具有文学性，寓文学于报告之中。报告文学不允许虚构，却可以在真人真事的基础上进行艺术加工，通过精心选材、剪裁、提炼主题，合理布局，并运用人物刻画、景物描写、气氛烘托等手段来表现人物，再现事件。做到既具体，又形象，把生活中的典型人物和事件生动地反映出来，使读者受到教育和感染。报告文学的文学性除了形象性外，还体现在它的艺术构思和文学语言的运用上。对于报告文学来说，艺术构思的任务就是再现生活中的真人真事，描绘出具有审美价值的生活图画，写出具有鲜明个性特征的形象来。同时报告文学对语言要求更形象、更个性化、更富于感情色彩，作者必须对真人真事所包含的语言素材进行提炼、概括，使它既真实又富有文学色彩，使读者能够获得如临其境、如闻其声、如见其人的阅读体验。

现实的报告文学，需要鲜活丰富的社会生活、思想信息的支持和滋养。

如果忽略了这样的信息捕捉活动，将报告文学视为一般的真实事实人物的表达，就势必减弱它对读者的吸引力，对于现实的社会生活也不会产生多少影响。报告文学的终极目的是要抓住真实、鲜活、典型、新颖的事件人物，在对其进行理性评判之后，以期影响人们对社会生活环境、状态的感觉与认识，以此促进社会文明的发展。报告文学是及时感知与把握现实社会生活的呼吸和脉动，而缺乏生机的信息的简单集纳，不是报告文学的任务所必需的。著名报告文学作家理由认为，报告文学应当是智慧和神奇的工艺师，在认真深入地审视玉石材料之后，科学地布局取舍，在有限的过程中用心思打造出完全属于艺术品的物件来。理由的作品，在语言的使用和谋篇布局上就很见功夫，语言的生动、华美、流畅和布局结构的跌宕起伏使得他的报告文学在生动形象方面毫不逊于拥有虚构权利的小说作品。基希也认为，真实不是报告文学实现艺术的根本障碍，关键是作家有没有使之艺术化的能力。如今很多报告文学的文字，和真正的报告文学有很大距离，充其量只是许多事实资料的收集，是某一事件、工程的过程记录，是一些直观的见闻传达。通常这些作品的作者不讲究对材料的艺术剪裁和架构，对人物性格形象的传神描绘，对人复杂的精神和情感内容的挖掘，对细节的合理把握和使用，更没有对语言的推敲、提炼等，结果他们的作品流于粗糙就是必然的。

三、报告文学的评点深刻性有限

独立的理性评判是报告文学的灵魂。报告文学的本质是“报道”，它服务于当前的形势，其题材的选择和主题的提炼都体现了作者强烈的感情。在报告文学中，我们可以看到作者热情歌颂新事物的诞生，以促使它迅速成长、壮大，也可以看到作者无情地鞭挞旧事物，以加速它的灭亡。作者的这种鲜明的战斗风格，使报告文学具有强烈的政论色彩。另外，报告文学的作者本身就是报告员，根据报告的内容作者可以随时发表自己对人物、事件的评价，可在一定的场合报告出自己的认识同读者进行交流，或者把作者自己受到的情绪感染直截了当地传达给读者，这样，就使报告文学带上了强烈的政论性。在满足人们对现实真实社会信息的获取欲望基础上萌生的报告文学，对于现实社会生活真实信息的广泛收集、审视评判和文学处理，要求作者自身必须有对现实社会生活积极深入的参与行为，有对社会和社会公众的担当精神。所以，现实的社会参与精神是报告文学自其萌生的时候就具有的行动性格。报告文学的现实精神就是要求作家在逼近现实的过程中大胆地直面评判现实，而不是回避现实或简单地顺应现实。报告文学应及时地感知与把握现实社会生活的呼吸与脉动，真实的信息捕捉与理性的处理显得至关重要。

与新闻强调客观事实传递不同，报告文学是作家对于真实社会信息感受和独立选择与自主表达的产物。报告文学是知识分子通过文学手段表达自己社会见闻、理解和意志的一种途径，是表现社会和表现自我的方式。报告文学是作家对于真实社会信息感受和独立自主表达的产物，是在对很多信息选择之后作出的回应和自我表达。报告文学的现实精神不应该简单得和现实题材画等号。我们倡导作家关注现实的题材，但是也不应该排斥那些通过现实的感觉和眼光对历史生活重新审视和报告的作品。成功的事实证明，不少报告历史生活的作品，不但对现实的社会人生有影响和帮助，对报告文学的题材范围和行动舞台也有很大的开拓。作家出于现实的感觉、理解与需要对历史的耕读报告，在历史的表现和现实的启示中，接近和参与了现实的社会变革。从这一层面讲，报告文学最能体现鲁迅认为文学是“感应社会的神经，是攻守的手足”的观点。

报告文学是一个成长中的文体，需要总结的规律、经验教训及问题很多，这需要在新闻报道的实践中不断地发现与改进。

第七章 广告文案作品赏读

内容提要

广告文案的基本特点：强烈的客体意识；强烈的说服意识；强烈的原创意识；强烈的生活气息——广告文案作品赏读——广告文案写作要略：真实性原则；简洁性原则；独创性原则；实效性原则——常见问题举隅：广告文案写作与《广告法》等法律法规的相关规定；广告文案套用成语的是与非；明星代言广告的两个问题；性别差异与性别歧视。

第一节　广告文案的基本特点

广告是为了某种特定的需要，通过一定形式的媒体，公开而广泛地向公众传递相关信息的宣传手段，从而达到“广而告之”的传播效果。广告作为一种大众传播的形态，古已有之，但是一直以一种非常单一的形态存在并活动着。进入近现代以来，随着商品经济的日益发达，广告活动日益频繁，广告表现形态也越来越丰富。广告表现形态的发展和人们接受各种信息的日益丰富性之间的矛盾，催生了一种新生的职业，即广告策划人。在此基础上，广告文案作为一种新生的名词也逐步进入大众视野。

广告文案的定义有广义和狭义之分。广义的广告文案是指广告运作文案以及广告作品文案，这中间涉及广告运作的总体过程以及构成总体过程的阶段性工作，还包括各种运作细节，比如市场调查、市场分析、媒体分析、方案论证等。这表明广告文案是一个复杂的系统工作。狭义的广告文案则是专指广告作品文案，即广告作品中的语言文字部分，是可供人们案头欣赏的广告作品。本书所说的“广告文案”大致是从这个层次进行解说，但是略有差别。这主要考虑广播电视广告文案除了语言文字之外，还要和声音、画面等表现元素结合起来，比上文提及的“案头欣赏”要复杂得多。之所以将广告文案放入本书，是考虑它最终需要通过媒体予以呈现，是新闻媒体中一种重要的门类。

广告文案写作是一个应用性特别强的文体门类，在具体操作中需要把握这样几个特点：

其一，要有强烈的客体意识。广告文案最终是使得某种观念或者某种品牌、产品等深入人心，能够被大众所知晓乃至接受，因此客体意识是非常重要的。这具体又体现为两个方面：一方面是要充分理解广告主的传播意图，另一方面是要尽量了解目标受众的基本情况。这样广告文案才能在广告主与广告受众之间担当起桥梁的作用。广告文案自然也是一种艺术创作，但绝不是一个封闭的自足体，而应当以强烈的客体意识对应广告主与受众。

其二，要有强烈的说服意识。广告是一种以说服为目的的艺术，不管是定位为情感诉求还是理性诉求，抑或是情感与理性相结合，其最终目的都是为了引发共鸣，激发受众的潜在需求。说服包括“说”和“服”两个层面，“说”即言说、告知，广而告之使产品或者观念具有知名度，“服”则是“信服”，大众乐于接受该产品或观念，从而提升产品的美誉度或者对相关观念或产品产生关注。

其三，要有强烈的原创意识。广告要达到好的传播效果，必须让受众耳目一新。原创要求创作者既不能重复或者模仿乃至抄袭别人，也不能轻易重复或者模仿自己。在受众日益成熟的当下，原创可以说是广告打动受众的不二法门。但是，原创绝不是单纯地标新立异或者搜新猎奇，而是组合那些大众熟悉的文字、图片、声音、生活场景等，让受众产生全新的趣味性，达到“陌生化”的效果。

其四，要有强烈的生活气息。随着科技的发展和艺术表现形式的多样化，广告的表现形式也越来越丰富，但是我们仍然要把握一个原则，那就是与人们的日常生活对接。那种不接“地气”的广告文案最终只能昙花一现，不能起到应有的传播效果。强烈的生活气息表现为，一方面要求广告文案与人们的日常生活密切相关，另一方面又需要适当考虑广告主题应对的文化语境，比如民族、地区、民俗风习等方面的差异性。只有这样，才能真正做到“以人为本”。

广告按照其功能可以分为政治广告、公益广告和商业广告等三大类。其中政治广告主要是指各类政治人物为参选而借用媒体宣传自己的施政纲领和个人形象的广告，也包括政府职能部门通过大众媒体向民众宣传相应的政策方针等。目前政治广告在我国仍然比较少。公益广告是一种非营利性广告，主要倡导社会公共道德和良好的社会风尚，以及必要的社会警示。随着社会的多元性发展，公益广告将会越来越多地出现在大众视野中。商业广告则是当前最普及的一种广告，因此有着强烈的市场取向。对于广告主来说，希望借广告让自己的企业、产品、品牌等更加深入人心，进而成为人们消费的首选。对于大众媒体来说，“广告盈利模式”仍然是当下最为重要的一种经济行为。商业广告借助报纸、杂志、广播、电视、网络等大众媒体以及户外等形式予以发布，可以说触目所及，均有其身影存在。在内容上，商业广告涉及生活的方方面面，大致可以分为消费物品类、生产资料类、服务娱乐类、信息产业类、企业形象类等多种类型。

第二节 广告文案作品赏读

由于广告涉及所有大众媒体乃至户外等表现形式，且内容非常丰富，因此使得广告在实践中以千姿百态的方式体现出来。我们对其作品进行赏析，主要从文字方面来进行。不过，由于报纸、广播、电视、网络媒体自身的特点，也使得在进行具体广告文案创作时有相应的不同。

报纸广告文案多以文字形式呈现，一般包括标题、正文、广告语和随文等四个组成部分。不过在实际操作中并不见得一定依照这个程式来进行。随着读图时代的到来，报纸广告文案越来越重视图片和色彩的运用。

广播广告文案以声音取胜，因此具有这样几个特点：其一，声情并茂，富于联想。广播的声情并茂能够让受众通过联想再现丰富的客观世界。其二，曲乐相和，营造意境。音乐的使用使得广播广告文案更具有节奏的韵律，容易营造某种意境，让受众在审美中自然而然地接受其相关内容。其三，拟声逼真，再现场景。广播广告文案对各种音响效果的运用，能够使得传播内容更具有真实感，有利于加强认知效果。

简单的电视广告文案通常直接以精练的语言来加以呈现，复杂的则借鉴电视的各种表现形态予以综合呈现。电视具有视听兼备、声画并重等特点，满足了受众“耳听为虚，眼见为实”的心理需求。同时，电视广告文案能够通过剧情等的呈现让受众在“大众客厅”不知不觉地接受其相关内容，因此“搭车”效果更好。

网络广告文案则融合了文字、声音、图像、动画、视频等多媒体形式，突破了传统的报纸、杂志、广播、电视等媒介之间难以逾越的界限，即时互动性和主动性是其主打特征。网络信息也具有海量性和非线性传播特点，加之网络主要是年轻人日常生活的重要组成部分，因此在制作网络广告文案时应当更有针对性。

案例一

大卫·奥格威的劳斯莱斯广告文案

标　题：这辆新款劳斯莱斯时速达到60英里时，最大的噪音来自电子钟

副标题：是什么使劳斯莱斯成为世界上最好的汽车？“其实没有什么奥妙，无非是对细节的一丝不苟。”劳斯莱斯公司一位著名的工程师这么说。

正　文：

1.《汽车》杂志的技术主编报告：“在时速60英里时，最大的噪音来自车内的电子钟三个消音装置消除了声音频率——从声学上说。”

2. 每台劳斯莱斯的引擎在安装前都以最大气门运转了7个小时，每辆汽车都在不同的路面上试行了数百英里。

3. 劳斯莱斯是为车主自己驾驶而设计的，比国内生产的最大型车短了18英寸。

4. 本车配有机动方向盘、机动刹车和自动排挡，驾驶和泊车都易如反掌，无需司机。

5. 汽车安装完毕后要在实验室里经过一周的精密调试，分别经受98种严格考核。例如，工程师们用听诊器听轮轴发出的低微声音。

6. 劳斯莱斯保修3年，从东海岸到西海岸已经建立起新的经销网和零件供应站，服务不成问题。

7. 劳斯莱斯的引擎冷却器，除了亨利·莱斯1933年去世时把红色的字母RR改成了黑色外，从来没有更改过。

8. 制造车身前先上5层底漆，每次都用手工磨光，之后又上了9层漆。

9. 移动方向盘柱上的开关，可以调整减震器以适应路况。

10. 仪器板下可以拉出镶贴了胡桃木的餐桌，另外两个可以从前座旋出来。

11. 你还可以选择其他配件，如咖啡器、电话自动记录器、床、盥洗用冷热水、电动刮胡刀和电话等。

12. 有三种不同的制动系统，两种水力制动器，一种机械制动器。劳斯莱斯汽车非常安全——而且十分灵活，可以以85英里的时速安静地行驶，最高时速超过100英里。

13. 本特利汽车由劳斯莱斯公司生产。除了引擎冷却器之外，两车完全一样，由同一家工厂的同一批工程师精心打造，对驾驶劳斯莱斯不感兴趣的人不妨买一辆本特利。

价格：本广告图片中的劳斯莱斯售价——主要港口的交货价格13 995

美元。

如果希望感受驾驶劳斯莱斯或本特利的超凡体验，请与对页列出的经销商接洽。

纽约洛克菲勒广场10号劳斯莱斯公司。

【赏读】

大卫·奥格威（David Ogilvy）是著名的奥美国际广告公司创始人。早期曾经做过厨师、厨具推销员、市场调查员、农夫以及英国情报局职员等。1948年在美国创立的奥美广告公司，现在已经成为在世界50多个国家或地区设有近300个分公司的跨国广告公司。奥格威认为广告是一门“推销技术”，不是抚慰，不是纯粹美术，也不是文学，不要自我陶醉，不要热衷于奖赏，推销是真刀真枪的工作，因此被称为广告“科学派”鼻祖。奥格威的《一个广告人的自白》一书在我国有很大影响。

奥格威为劳斯莱斯设计的平面广告，因为平实、明晰的风格而沿用至今，体现了经典广告文案的永恒魅力。作为现实生活中相对昂贵的耐用品，汽车与大众的日常生活越来越密切。普通民众（以男性为主）在选择汽车时，更注重的是其产品的性能、属性、性价比等具体的信息。奥格威的这则文案就是立足于汽车本身，对其产品性能进行如实介绍，具体而细致，不自夸、不烦琐，体现了平实、直接、坦白的写作风格。同时，善用短段和具体数据，使得受众对劳斯莱斯的功能特点一目了然，符合传播的基本规律。

在广告文案越来越花哨的今天，奥格威的广告文案对我们有很大的启发和借鉴意义。

案例二

箭牌衬衫

标　题：我的朋友乔·霍姆斯，他现在是一匹马了

正　文：

乔常常说，他死后愿意变成一匹马。

有一天，乔果然死了。

五月初我看到一匹马，它看起来像乔。

我悄悄地凑上去对他耳语道：

“你是乔吗？”

"是的，"他说，"可是我现在过得很快活！"

"为什么呢？"我问。

"我现在穿着一件舒服的衣领，"他说，"这是我有生以来的第一次。我衬衫的领子经常收缩，简直是在谋杀我。事实上，有一件把我窒息死了。这就是我的死因！"

"天哪，乔！"我失声叫道。

"你为什么不把你衬衫的事早点告诉我？我就会告诉你关于箭牌衬衫的事情。它们永远合身且不会收缩。甚至连织得最紧的深灰色棉布做的也不会收缩。"

"唉！"乔无力地说，"深灰色的棉布是最会收缩的了！"

"也许是，"我回答说，"但我知道箭牌的'戈登标'衬衫是不会收缩的。我现在正穿着一件。它经过机械防缩处理，收缩率连1%都不到！此外还有箭牌所独有的'迷淘戛'特适领。"

"'戈登标'每件只售2美元！"我们谈话达到了高潮。

"真棒!"，乔兴奋地说，"我的老板正需要一件这种牌子的衬衫。让我来告诉他关于'戈登标'的事。也许他会多给我一夸脱燕麦吃。天哪，我是多么爱吃燕麦呀！"

广告语：箭牌——机械防缩处理

随　文：如果没有箭牌的商标

那就不是箭牌的衬衫。

箭牌衬衫

机械防缩——如有收缩不合身者，奉送一件作赔。

【赏读】

这则广告文案的作者乔治·葛里宾创作了大量独具特色的广告作品，因此成为最早获得纽约文案俱乐部所颁赠的"杰出撰文家"荣誉称号的五位广告人之一。葛里宾在威斯康星大学新闻系毕业后，由于经济危机到百货公司卖刷子。在这里，他观察各类人群购物时的心理，也了解了商品促销的各种手段，这为他后来加盟广告公司并成长为"大佬"打下了坚实的基础。葛里宾进行广告文案设计时始终恪守几个基本原则：彻底了解你的商品；彻底了解你的顾客；借助丰富的生活经验；极力避免陈词滥调。

《我的朋友乔·霍姆斯，他现在是一匹马了》很能够代表葛氏广告文案的风格。第一，故事性是这个文案的显著特点。人类先天喜好故事，如何把故事讲得精彩是长期困扰人类的一个难题。葛里宾借用人马对话的方式，讲述了一个长期被衣领困扰的故事，充满了谐趣，也自然呈现了广告主题，让受众在领略故事神韵的同时，不自觉地接受广告内容。第二，故事主体主要采用对话的方式来进行，有意拉近文案与受众的关系，在保证语言通俗易懂的同时也能使得故事结构紧凑自然。第三，在向受众“贩卖”商品时，故意采用一种漫不经心的方式来彰显。乔因为衣领窒息而死，变成马之后却非常快乐，因为他“现在穿着一件舒服的衣领”，作为朋友的“我”在惊讶、后悔中“不失时机”地将“箭牌”衬衫推出，可谓是一气呵成，天衣无缝。第四，20 世纪以来，随着西方资本主义经济的快速发展，人类异化成为文学艺术表达的一个重要主题，葛氏这则文案一定程度上移用了异化的主题，无疑会引起时人的共鸣。

案例三

长城葡萄酒平面广告文案

标题一：3 毫米的旅程，一颗好葡萄要走 10 年

正　文：

3 毫米，
瓶壁外面到里面的距离，
一颗葡萄到一瓶好酒之间的距离。
不是每颗葡萄，
都有资格踏上这 3 毫米的旅程。
它必是葡园中的贵族，
占据区区几平方公里的沙砾土地；
坡地的方位像为它精心计量过，
刚好能迎上远道而来的季风。
它小时候，没遇到过一场霜冻和冷雨；
旺盛的青春期，碰上十几年最好的太阳；
临近成熟，没有雨水冲淡它酝酿已久的糖分；
甚至山雀也从未打它的主意。
摘了 35 年葡萄的老工人，
耐心地等到糖分和酸度完全平衡的一刻
才把它摘下；
酒庄里最德高望重的酿酒师，

每个环节都要亲手控制，小心翼翼。
而现在，一切光环都被隔绝在外。
黑暗、潮湿的地窖里，
葡萄要完成最后三毫米的推进。
天堂并非遥不可及，再走
十年而已。

广告语：地道好酒，天赋灵犀

标题二：十年间，世界上发生了什么

正　文：

65 种语言消失；
科学家发现了 12 866 颗小行星；
地球上出生了 3 亿人；
热带雨林减少了 6 070 000 平方公里；
元首们签署了 6 035 项外交备忘录；
互联网用户增长 270 倍；
5 670 003 只流浪狗找到了家；
乔丹 3 次复出；
96 354 426 对男女结婚；
25 457 998 对男女离婚；
人们喝掉 7 000 000 000 000 罐碳酸饮料，
平均体重增加 15%。
我们养育了一瓶好酒。

广告语：地道好酒，天赋灵犀

【赏读】

以上两则广告文案都是长城葡萄酒推出的，构思巧妙，令人耳目一新。

第一则文稿如果不是印在葡萄酒的包装盒上，或者在报纸上有意强化其品牌，我们一定将其作为一首精美的诗歌来欣赏。事实上，这也的确是一首精美的诗歌，可谓是美轮美奂的“广告诗”。“广告诗”古已有之，如李白的《客中作》：“兰陵美酒郁金香，玉碗盛来琥珀光。但使主人能醉客，不知何处是他乡。”虽然作者尽显羁旅情怀，但是对酒的香味、色泽、包装、口感、效果等极尽铺叙之能，有着明显的推销意味。《3 毫米的旅程，一颗好葡萄要走 10 年》用精准的语言将酿造葡萄酒的过程细致地描写出来：首先是葡萄的精心选择，这就经过了十几年的岁月；其次是酿酒的过程，有着“最德高望重的酿酒师”的“亲手控制，小心翼翼”；到最后的窖存，又是10年过去……一瓶看上去普通不过的葡萄酒，瓶壁内外不过3毫米，谁也没有想过其中漫长的岁月，“天堂并非遥不可及，再走/十年而已”。点睛之笔，这样酒的品质自然而然地呈现出来。

第二则文案则以问题为标题，引发读者兴趣。它虽然不是一首精美的诗歌，但是在对问题的解答中不厌其烦地用各种精准的数据来描述10年间发生的各种各样的事情，让受众感慨万千，想到时间的无情和世事的沧桑。接着笔锋一转步入正题，10年间世界上发生了如此众多的事情，我们只是做了一件小小的事情，那就是“养育了一瓶好酒”。酒的价值、酒的品质、酒的历史在厚重的时间流逝中弥足珍贵，令人惊叹不已。

两则广告文案共同指向一个对象，即长城葡萄酒，两者有异曲同工之妙，那就是对数字的巧妙运用。前者数据主要是描述功能，后者数据则主要是反衬功能。可见，广告的表达技法没有一定之规，关键看如何用，如何才能用得巧、用得妙。

案例四

Chivas Regal（芝华士）威士忌酒“给爸爸篇”

因为我已经认识了你一生。

因为一辆红色的Rudge自行车曾经使我成为街头最幸福的男孩。

因为你允许我在草坪上玩蟋蟀。

因为你总是在厨房里腰上围着茶巾跳舞。

因为你的支票本在我的支持下总是很忙碌。

因为我们的房子里总是充满书和笑声。

因为你付出无数个星期六的早晨来看一个小男孩玩橄榄球。

因为你坐在桌前工作而我躺在床上睡觉的无数个夜晚。

因为你从不谈论鸟类和蜜蜂来使我难堪。

因为我知道你的皮夹中有一张褪了色的关于我获得奖学金的剪报。

因为你总是让我把鞋跟擦得和鞋尖一样亮。

因为你已经38次记住了我的生日，甚至比38次更多。

因为我们见面时你依然拥抱我。

因为你依然为妈妈买花。

因为你有比实际年龄更多的白发，而我知道是谁帮他们长出来的。

因为你是一位了不起的爷爷。

因为你让我的妻子感到她是这个家庭的一员。

因为我上一次请你吃饭时你还想去麦当劳。

因为在我需要时，你总会在我的身边。

因为你允许我犯自己的错误，而从没有一次说“让我告诉你怎么做”。

因为你依然假装只在阅读时才需要眼镜。

因为我没有像我应该的那样经常说谢谢你。

因为今天是父亲节。

因为假如你不值得送 Chivas Regal 这样的礼物，还有谁值得？

【赏读】

这是美国著名的广告文案撰稿人 David Abbott 为 Chivas Regal（芝华士）威士忌创作的一则情感诉求式的文案。

广告是为人服务的。广告要能够抓住受众，就需要体现一定的诉求方式。总体而言，广告文案的诉求方式可以分为情感诉求方式、理性诉求方式和情理结合诉求方式三种基本类型。情感诉求方式主要通过情感的渲染、情绪的撩动，让消费者心灵产生相应的情绪反应，从而促使其购买相应产品的广告方式。情感诉求中的情感主要包括亲情、友情、爱情、民族情感等。理性诉求方式则是诉诸受众的理性认知，通过说服、讲道理的方式，为消费者提供相应的理由，以促使其购买该商品（或忠实于该品牌）的一种广告方式。情理结合诉求方式则是能够将两者较好地结合起来，既可以避免情感诉求中的信息较弱、理据不足的缺点，又能避免理性诉求中的平淡乏味、生硬刻板的缺点。

David Abbott 所设计的这档文案，没有标题，广告画面也很简单，是一瓶 Chivas Regal，旁边有一张写有“给爸爸”的卡片，却征服了很多消费者。一个优秀的广告文案能打通品牌与消费者之间的情感联系，还能够击中大众共通的情感，这才能彰显品牌的力量。这档文案的最大特点就在于平实、平常中蕴含人间至情。生活中的点点滴滴，一个个在记忆中几近模糊的细节被有效牵引出来并加以适度放大，将 38 年的父子亲情轻轻带出，真挚生动而又感人至深。不仅如此，这则文案还给我们塑造了一个大众父亲形象：对儿子的细心呵护，非常注重从细节上培养孩子；对待妻子几十年如一日的尊重、爱恋；生活节俭，能够轻松愉快对待生活……这种潜藏的亲情一旦被调动起来，将会产生强烈的情感冲击力。同时，文案最后采用的反问句，颇有些激将法的意味在其中。看完这则文案，你没有理由不为自己日渐苍老或者行将苍老的父亲买上一瓶 Chivas Regal 吧？

David Abbott 通过这则案例告诉我们，好的作品源于生活，关键在于我们是否用心去观察生活，体味生活。

在 20 世纪 60 年代，被称为美国广告“创意革命时期”三位代表人物之一的威廉·伯恩巴克（另外两位是大卫·奥格威和李奥·贝纳）在广告创意方面提出了 ROI 理论。他认为，优秀广告必须具备三个基本特征，即关联性（Relevance）、原创性（Originality）和震撼性（Impact）。David Abbott 的这则威士忌酒广告文案无疑是一篇贯彻 ROI 理论的优秀作品。

✲ 案例五

儿童百服宁系列·找人篇

她在找一个人

那天在火车上，我孩子发高烧，他爸爸又不在，我一个女人家，真急得不知怎么办才好。

多亏了列车长帮我广播了一下，车上没找到医生，还好有一位女同志，给了我一瓶儿童用的百服宁，及时帮孩子退了烧。我光看着孩子乐，就忘了问那位好心女同志的名字和地址，药也忘了还她。你瞧这药，中美合资的产品，没药味，跟水果似的，能退烧止痛，并且肠胃刺激又小，在我最需要的时候，百服宁保护了我的孩子。

人家帮了这么大的忙，我和孩子他爸都非常感谢她，真希望能再见到她，给她道个谢！

王霞

找到她了！

王霞，听说你在找我，其实给你一瓶药，帮你的孩子退烧，只是一件小事。

那天在火车上，我一听到广播里说你孩子发高烧又找不到医生，正好包里有一瓶医生给我孩子退烧的药——儿童用的百服宁，可以退烧止痛，肠胃刺激小，而且又有水果口味，孩子也乐意吃，所以就拿来给你救急了。那瓶药你就留着用吧，我家里还有。我孩子也常发高烧，家里总备几瓶，在最需要的时候，百服宁可以保护我的孩子。

都是做妈妈的，你的心情我很了解。希望你以后带孩子出门，别忘了带施贵宝生产的儿童用百服宁！

张虹

【赏读】

这则采用书信体的广告文案曾经获得第五届全国优秀广告作品展平面铜奖。作为一个系列文案，需要保证作品的连贯性。这两篇文案前者为找人，后者为回音，前后呼应，有始有终。同时，两篇文稿都采用了书信体的方式，体现了“犯而不避”的美学风格。但是，虽然是“犯而不避”，却又是“同中见异”：前一篇文稿类似一封公开信（因为不知道具体姓名，所以才有“找一个人”的举动），后一篇则是一封个人之间的来往书信，是对前者的回应，各有不同却又浑然一体。

采用书信的方式在报纸上连续出现，一方面有始有终，另一方面却又有一定的悬疑性，保证了故事的完整性，又追求讲故事的技巧，能够较好地吸引受众。同时，商品信息（品名、功能、味道、副作用、产地等）能够很自然地嵌入书信之中，同故事情节融为一体，巧妙而自然。同时，本文案能够较好把握大众情感，让人觉得亲切自然。如前者寻人中“受人滴水之恩，当涌泉相报”的情感，后者“予人玫瑰，手有余香”的情感，很好地彰显了中华民族的传统美德。再则，这则文案虽然是书面文字，但是口语化十足，如“我一个女人家，真急得不知道怎么办才好”“都是做妈妈的，你的心情我很了解”等，亲切感人，强烈的生活气息扑面而来，令人回味无穷。

当然，这则文案还有值得商榷的地方。如第一封书信的标题叫做“她在找一个人”，是一种全知视角，但是书信的内容却变成了限制视角，前后有些矛盾。同时，第一封信也不太符合传统书信的格式，语气的逼真性也有待优化，如“你瞧这药……”就显得有些不得体。

案例六

静源茶阁广播广告文案

音效：（优雅的古筝，使人如置身修林茂竹之间）

男声：（仿佛正手捧茶杯，不经意间道出心语，引人驻足聆听）

虽然同在一个城市，但大家似乎又离得很远，总说忙，其实时间还是有的，像现在……

音效：（呷一口茶，品茗陶然状）

大家聚在一起，喝茶，聊天，品味温馨往事，结交有缘的新朋友。

男声：（如同向亲朋好友推荐，却为先得此乐而沾沾自喜一般）

静源茶阁，左望西湖，右依植物园，静谧雅致徐徐来，源源幽情心中生……

女声：（混响）静心静意的邀请——静源茶阁！（音乐渐止）

静源茶阁：桂林街33号　订座电话：××××××××

【赏读】

广播广告包括语言、音乐和音响三重要素，一个优秀的广播广告必然是这些要素的完美融合。虽然三者之间的组合方式多种多样，因广告商品内容和创作者个人喜好而千差万别，但是终极目的是一致的。广播广告文案在语言上应当精挑细选，例如，多用双音词，少用单音词，尽量避免同音词、谐音词、同义词等，以免产生歧义或者误导；多用短句少用长句；用通俗易懂的口语，少用佶屈聱牙的书面语或艰涩的科技用语等。

首先，这则关于静源茶阁的广播广告文案，将语言、音乐、音响较好地结合，有较强的现场感，也有优美的意境，极富感染力，这与主推的产品主基调（静源茶阁，以静为主打，以休闲为宗旨）是十分恰切的。其次，语言方面具有直白、精练、层次感强的特点。如在优雅的古筝声中表明人们无论多忙，都是需要休闲的；“喝茶，聊天，品味温馨往事，结交有缘的新朋友”，休闲并不是无所作为，它是我们日常生活的重要组成部分或者延伸。那么休闲选择哪里呢？“左望西湖，右依植物园”的静源茶阁自然是首选了。再次，为了强化大众对所推介商品的认知和记忆，文案有意进行了适当的重复强调。重复强调并不是机械式的，而是顺理成章的。“静源茶阁”在整个文案中出现三次，再加上“静谧雅致徐徐来，源源幽情心中生”，“静心静意的邀请”对“静”和“源”的强化，从而突出了商标品牌，达到传播效果。最后，短句的使用使得整个文案节奏感强，且方便受众接受记忆，较好地显现了广播广告文案的基本特点。

案例七

Burberrys 围巾电视广告·上海篇

字幕：Shanghai 1948

画面：陈旧的城市风景。一个中国小女孩，手执用糖稀吹成的凤凰图案（这是吹糖匠人的杰作，现在已经差不多失传了）向一个白人小男孩挥手。

两人一起游玩，一起吃糖稀（麦芽糖）玩具甜品。

两个人撑着木船，两岸风光怡人。两个人走在铁路上，长长的铁轨上的小孩子显得孤独无依。小女孩捂着嘴做咳嗽状。男孩连忙把自己的一条漂亮的围巾解下来，围在了女孩脖颈上。

字幕：Shanghai Today

画面：一个新的城市风景画面，一个白人老者的饱经风霜的面孔和深情地寻找着什么的目光。

一个上了年纪的中国女人，优雅、善良、纯朴，同样的饱经沧桑。她带着一个年龄仿佛1948年的她自己的女孩。她的目光与白人老者的目光相遇了。

是微笑还是伤悲？是矜持还是超然？老女人的表情深若幽潭。她从口袋里拿出了完好如新的绒毛围巾给自己的孩子（女儿还是孙女儿?）围上了。

英国——该是英国吧——老人看到了这条围巾，潸然泪下，同时也显出了欣慰的笑容。

小女孩说了一声“拜拜”。这是全片唯一的一句“台词”，此外，只有抒情的钢琴小品乐曲伴奏。

字幕：The beautiful things in life never change（生活中美好的事物永远不会改变）。

【赏读】

这则拍摄于1995年的巴宝莉（Burberrys）围巾视频广告已经成为电视广告中的经典作品。

从情感诉求的角度来审视这则电视广告文案，怀旧是其中的主打情感特征。怀旧正好与巴宝莉一百多年的老品牌（创立于1856年）的特征相吻合。同时，作为人类共通的情感与情绪，怀旧可以说与生俱来，因此以此为主打的电视节目往往获得很大成功，比如中央电视台的《同一首歌》、深圳卫视的《年代秀》均是如此。本广告通过几十年的时间流逝抒发了对人生、对艺术的看法，倡导人们保留生活中美好的事物，因为“美好的事物永远不会改变”。首先，作品将一生一世的真挚情感注入一条围巾中，使本来是商品的围巾成为内涵深远的情感载体，超越了种族、超越了国界、超越了时间，与受众达成共鸣，自然能够让大家记忆深刻。其次，从表现手法上讲，这则广告能够很好地运用电视的表现手法，尽量通过画面和声音来讲述故事，传达情感，将人物台词和字幕压缩到最低限度。这能够更好地彰显电视媒体的优点，同时，也能够使整个作品的情感与情绪来得自然而真诚。其三，特别值得称道的是，这部作品给受众留下诸多“意义空白”，张力十足，可以说达到“言有尽而意无穷”的效果。例如本来没有什么交集的中国小女孩和白人小男孩，却因为童心使然而在一起嬉戏玩耍，在需要帮助时却又相互关怀，这是“人性本善”的自然显现。随着时间的流淌，几十年过去了，画面上是一个白人老头和一个中国老太太，他们的相遇完全是一个偶然，彼此也没有什么交集，老太太的表情为何“深若幽潭”，而白人老头为什么又“潸然泪下”和“显出欣慰的笑容”，他们之间似乎发生过非常曲折的故事，似乎又什么都没有发生，一切任由受众根据自己的理解加以填补。但是，不管如何理解，感喟、咏叹、回味等都是避免不了的，那就是：“生活中美好的事物永远不会改变。”

案例八

沱牌曲酒广告歌《悠悠岁月酒》

多少天地造化
多少日月精华
你是人杰圣贤的知己
也是平民百姓的朋友
常言道那好酒醉人不醉心
天地间这无情未必真英豪
情至深处人自醉
酒到醉时情更深
悠悠岁月酒
滴滴沱牌情
多少冲天豪情

多少梦绕情牵
你是热血男儿的兄弟
也是多情女儿的知音
常言道那好酒醉人不醉心
天地间这无情未必真英豪
情至深处人自醉
酒到醉时情更浓
悠悠岁月酒
滴滴沱牌情

【赏读】

沱牌曲酒是20世纪90年代中国白酒市场上最知名的品牌之一，而这首以沱牌曲酒为演唱内容的《悠悠岁月酒》，由汪正正演唱后更是家喻户晓，是一首比流行歌曲还流行的“广告歌”。广告歌既适合在报刊上刊登，供人们案头阅读，又适合在广播电台、电视台播放，还适合在大众间传唱，因此其影响力之广是一般媒体广告所无法比拟的。这首广告歌在提升沱牌曲酒的知名度上可谓是功莫大焉。

首先，从歌词上讲，它的主体内容是弘扬我国源远流长的酒文化：酒是情感交流的载体，是情感寄托的载体，也是情感流露的催化剂，自然会引起爱酒者的共鸣。其次，简单的旋律和强烈的节奏感给受众留下了深刻印象。一方面方便大家传唱，另一方面使得所推介的产品能够以大众文化的面目为世人所接纳。再次，适当的反复与强调使得传播的主体得以强化，达到传播效果。“悠悠岁月酒，滴滴沱牌情”既是这首广告歌的“文眼”，又成为脍炙人口的广告语。

广告歌是将大众媒体与大众文化两者较好结合的一种新型广告表现形式。但是当前通俗易记、广为传唱，能够打动人心的广告歌还是很少见的。

第三节　广告文案写作要略

广告文案的写作因为涉及所有的大众媒体，同时也涉及我们日常生活的方方面面，内容非常庞杂，表现形式非常多样，使得写作有相当的难度。但是在实际操作中，仍有不少共通的原则值得总结。

一、广告文案写作需要恪守真实性原则

严格意义上讲，广告文案虽然不属于新闻作品，但是由于大多时候是通过大众媒体来发布的，因此也必须像新闻作品一样恪守真实性原则。

真实性原则是指广告文案所传达的信息内容要力求真实、准确、明晰，不得造假，更不得夸大或者使用模棱两可的话语。1994 年颁行的《中华人民共和国广告法》（简称《广告法》）第三、四、五条分别如此规定：“广告应当真实、合法，符合社会主义精神文明建设的要求”，“广告不得含有虚假的内容，不得欺骗和误导消费者”，“广告主、广告经营者、广告发布者从事广告活动，应当遵守法律、行政法规，遵循公平、诚实信用的原则”。这是从法律意义上对广告内容的真实性作出了明确的规定，从而保障其有法可依。可以说，真实性已经成为广告是否合法的一个基本条件。

要做到真实性，首先必须要求广告文案实事求是地反映相关商品的特性、功能、价值以及其他相关内容，不能言过其实。真正的知名品牌一定是以质量取胜的，在广告文案设计上在追求表现形式的多样化和精美性的同时，一定要以恪守真实性作为底线。例如我们前面所说的大卫·奥格威为劳斯莱斯所创作的广告，历经几十年仍然在使用，如果不是以真实性为基本前提，断然不可能有如此长久的生命力。但是在现实生活中，仍然有不少产品广告故意夸大功能，比如有些药品成为包治百病的“传世良药”，在欺骗消费者的同时，也必然是搬起石头砸自己的脚。

要做到真实性，要求广告文案措辞必须准确贴切，不能故意制造含混以图浑水摸鱼。现今有不少企业在利用广告对产品进行宣传时，向大众作出了若干优惠许诺，但是经营者总会不失时机地加上“本公司保留活动的最终解释权”之类的文字，一旦有消费者对其广告宣传提出质疑，商家便以“最终解释权”来搪塞。虽然早在 2010 年，国家工商行政管理总局就颁布了《合同违法行为监督处理办法》，明确经营者不得以“最终解释权”为借口侵害消费者的权益，但是这种现象仍然是屡禁不止。

要做到真实性，还要求广告主和广告文案设计者必须根据企业的实力进行量身打造。虽然广告在成就品牌、扩大经营额上有着非凡的功效，但是也不能不顾企业的总体实力盲目进行海量广告宣传，这种竭泽而渔的做法最终是得不偿失的。“秦池”在 1995 年不过是一个年利税不过 3 000 万的县城小酒厂，但是在当年却以 6 000 万的高价夺得央视“标王”称号，1996 年再以 3.2 亿元蝉联央视“标王”，但是其生产能力并没有得到相应的提高，这使其与巨

额广告成本之间形成极大的矛盾。随后“秦池”被爆收购川酒进行勾兑的事实，其情势急转直下，从而使得辉煌一时的“秦池模式”成为转瞬即逝的泡沫。

二、广告文案写作需要恪守简洁性原则

简洁性是广告文案写作的一个重要原则，这关涉两个因素：其一是和广告成本直接挂钩。报刊广告按照实际版面收费，广播电视广告按照播出时长收费，用最少的版面和最少的播出时间来传播最大的效果是每个广告人的根本追求；其二是和受众的接受有关。任何消费者都希望能够在最短时间内掌握最丰富、最有价值的信息，尤其在信息日益过剩的今天更是如此。

海外广告人曾经提出广告文案创作的 KISS（Keep It Sweet and Simple）原则，即“令其甜美而简洁”。“甜美”是指打动人心，而“简洁”并不是意味着相关内容可有可无，而是在把握简洁明了的基础上突出重点，这样才能发挥以一当百的效果。关于广告文案的简洁性原则，我们主要强调两点，其一是关于广告文案标题的写作问题，其二是关于广告词的撰写问题。

标题对于篇幅较长的广告文案（主要体现在报纸杂志上）来说至关重要，业界早有“题好一半文”的说法。好的标题能够对整个文案起到画龙点睛的效果，也可以对受众产生诱导作用。虽然广告文案的标题有多种表现形态，大致可以分为单一型标题和复合型标题，但都应当将简洁明了、一语中的。如单一型标题：“酒虽然空了，心却是满的”（某啤酒广告）、“光大花园拍卖健康”（某房地产广告）、“谁说外国月亮比较圆？”（某啤酒广告）、“35 岁以上的妇女如何才能显得更年轻？”（某面霜广告）复合型标题：“海内存知己，天涯若比邻（引题），电视电话能使山阻海隔的亲友见面畅谈（正题）”（某电信公司广告）、“滨江海岸壹号（正题），给您一个五星级的家（副题）”（某房地产广告）。即便是模仿新闻标题，采用双行题乃至三行题，广告文案的标题都需要简洁明了，而且能够彰显广告对象的实质。广告大师大卫·奥格威在《一个广告人的自白》中特别谈及撰写广告标题的十大原则，大致归纳如下：

（1）标题好比商品价码标签，用它来向你的潜在买主打招呼。

（2）每个标题都应带出产品给潜在买主自身利益的承诺。

（3）始终注意在标题中加进新的信息。

（4）其他会产生良好效果的字眼是：如何、突然、当今、宣布、引进、就在此地、最新到货、重大发展、改进、惊人、轰动一时、了不起、划时代、

令人叹为观止、奇迹、魔力、奉献、快捷、简易、需求、挑战、奉劝、比较、廉价、从速、最后机会等。

（5）读广告标题的人是读广告正文的人的5倍，因此至少应该告诉这些浏览者，广告宣传的是什么品牌。

（6）在标题里写进你的销售承诺。

（7）标题若能引起读者的好奇心，他们很可能就会去读你的广告正文。

（8）有些撰稿人常写一些有意卖弄的标题，如用双关语，引经据典或者别的晦涩的词句作为标题，这是罪过。

（9）调查表明在标题中写否定词是很危险的。

（10）避免使用有字无实的下标题，就是那种读者不读后面的正文就不明其意的标题。

以上关于标题写作的10条原则，涉及广告文案的内容、形式以及用词等方面，可见即便是小小的标题也是需要广告文案写作者多加斟酌的。

广告词如同企业品牌、商品的文字商标，是产品生产者或者经营者为了加强受众印象，在广告中长期反复使用，能够彰显商品特性或者企业理念的短句。好的广告词能够让人朗朗上口，产生相应联想，并影响深远从而成为大众流行语。这要求我们在创作广告词时要恪守简短凝练、易传易记的原则。这一方面要求广告词符合口头传播的基本规律，如不能过于书面化，不能使用偏词怪词，要尽量追求短小精悍，且体现音韵之美，悦耳动听。在这方面，我们完全可以借用文学中的各种修辞手法，只要用得好、用得巧，无一不可。另一方面，广告语的终极目的是为了让人们记住企业、记住品牌，因此不能为了短小而短小，在短小的同时，要能够彰显广告的基本定位和主题，过于空洞浮泛的广告语是不能产生实际功效的。广告语不仅体现在报刊等纸质媒体中，在广播电视媒体、网络媒体中均可以使用。在过去的十几年中，我国广告界出现了不少经典的广告语，如“我的地盘我做主”（中国移动动感地带）；“思念水饺，家的味道”（思念水饺）；“因为百变，所以美丽”（百丽女鞋）；“鹤舞白沙，我心飞翔”（白沙集团）；“中国网，宽天下”（中国网通）；“我们的目标是——没有蛀牙”（高露洁牙膏）；“喝孔府宴酒，作天下文章”（孔府宴酒）；“悠悠岁月酒，滴滴沱牌情”（沱牌曲酒）；“要想皮肤好，早晚用大宝”（大宝面霜）等。

三、广告文案写作需要恪守独创性原则

广告大师威廉·伯恩巴克曾经说：“我认为广告上最重要的东西就是独创

性与新奇性。”大卫·奥格威也说：“要吸引消费者的注意力，同时让他们来买你的产品，非要有很好的点子不可，除非你的广告有很好的点子，不然它就像快被黑夜吞噬的船只。”可见，独创性是广告人对优秀广告文案的共识。

所谓独创性原则，是指在进行广告文案写作中能够标新立异，独辟蹊径，富有创造性。独创性应当在立足生活的基础上，从人们司空见惯的场景、容易忽视的细节等方面入手，通过重新组合、放大等，从而让人产生陌生化、新奇化效果。独创性要体现出丰富的想象力，能够让受众产生多重意义的联想。

例如 David Abbott 为 Chivas Regal（芝华士）威士忌创作的广告文案就体现出了鲜明的独创性。这则文案以父子之情为情感诉求，看上去司空见惯，但是选择的细节却又是日常生活中人们容易忽视的，一旦被发掘出来，就会产生不同凡响的效果。又例如在 20 世纪 90 年代产生极大影响的庄臣婴儿护肤用品电视广告就因为极富想象力而为人称道，它的广告词是这样的：“也许有一天，他的小小的二头肌真能坚硬似铁。但今天，它们需要庄臣的呵护。”“也许有一天，这双脚会跳《天鹅湖》。但今天，它们需要庄臣的呵护。”“也许有一天，这双嫩手将去打棒球。但今天，它们需要庄臣的呵护。”“也许有一天，这个小屁股会坐在总经理的宝座上。但今天，它们需要庄臣的呵护。”广告词加上对宝宝臀部、小脚、小手、小屁股等的特写，想象力十足，让人耳目一新。它的创意在于将年轻父母亲“望子成龙，望女成凤”的心理具体化，从而唤起他们的怜爱之心。“乐百氏”纯净水广告创意的独创性则在于将众多纯净水加工中“27 层净化”的常规手段特意强化、放大，从而很好地迎合了受众的心理需求，获得市场成功。可见，独创性没有一定之规，只要用得好、用得巧，都可以产生意想不到的效果。

但是，独创性绝不是闭门造车式的“异想天开”、“翻新造奇”，而是应当立足生活本身和产品本身去定位和思考。即便是独创性很强，但是如果与产品没有什么关联性，独创性也就没有什么意义。因此，在追求独创性的过程中，要注意发掘产品、服务或者品牌的个性，这样才能将其发扬光大。同时，即便是独创性很强，但如果与人们的日常生活没有什么关联性，其意义也不是很大。独创性的广告文案不仅仅是自我欣赏和大众欣赏，更重要的是要与目标消费者的利益或者兴趣对接起来，能够让消费者接受相关的品牌、商品或者服务，进而刺激其消费。

四、广告文案写作要恪守实效性原则

前面强调广告文案写作要恪守真实性、简洁性和独创性原则，首先是基于广告文案的欣赏，一个好的广告文案必定能唤起人们的情感认知。但是即便是再精美的广告文案，如果不具有实效性，它的存在价值就要大打折扣。实效性是广告文案写作的终极目的。

当然，对于什么是实效性我们需要一个正确的界定，不能将广告商或者生产商的一切目的都定位为实效性。我们认为，实效性应当体现为社会效益和经济效益的完美结合，即通过广告的投放，使得广告商和生产商、经销商实现了利益的最大化，但同时又以不违背社会传统道德和公共道德，能引起人们的美感认知为基本前提。

要使广告文案体现实效性原则，在创作时既要明确整体广告的活动目标，又要明确具体广告文案的具体目的。在写作时，必须考虑以下三个问题：

第一，找准卖点，努力寻找说服消费者的充足理由。

广告文案写作者应当努力研究产品的性能特点，发掘其中的亮点。广告的目的不仅是让消费者知道本商品或本品牌，更主要的是让消费者知道本商品或本品牌优越于同类商品或者品牌之所在。通俗地说，广告要善于寻找卖点。所谓“卖点”（Unique Selling Proposition，USP），在广告中又称为独特的销售主张，最开始由美国广告大师瑞夫斯提出，基本要点有：强调产品具体的特殊功效和利益；是竞争对手无法提出的，在品牌和说辞方面是独一无二的；有强劲的销售力。例如，宝洁公司先后推出了飘柔、潘婷、海飞丝、沙宣等多种品牌的洗发水，一家公司推出同质性产品，看上去有些像内部自相残杀，但由于努力寻找每种品牌功效的差异性，“卖点”到位，因此分别赢得了相应的市场。

第二，拉近与受众的距离，注重文案的亲和力。

对于广告来说，每个受众都可能是潜在的消费者，其意义非常重大。要拉近与受众的距离，就要努力研究作为潜在消费者的受众心理，其大致可以分为两个层次：其一是内在需求。马斯洛的需要层次理论，将人的需要分为生理需要、安全需要、归属和爱的需要、尊重需要、认知需要、审美需要、自我实现需要等七种。广告文案必须切中受众一种或者一种以上的需要，即时牵引出他们的消费动机。其二是接受心理。广告文案要通过内容、形式和情感态度等多方面让受众能够心悦诚服地接受。比如在内容上能够抓住他们所关注的利益点，在形式上采用喜闻乐见、通俗易懂却又耳目一新的表达方式，在情感态度上拿捏到位，不卑不亢，既要对受众予以足够的尊重，又要对其予以适当的引导。广告文案的亲和力在于深入研究受众心理，并进行相应的体验式换位思考。

第三，要充分考虑文案的现实可操作性。

广告文案不能仅仅停留在简单的案头欣赏上，更要通过媒体物化为能让受众感知的具体作品，才具有实效性。因此，广告文案写作不仅要考虑其文本的可读性，考虑受众的接受心理，更要考虑最终是否能够通过媒体传达出来，是否具有现实的可操作性。广告文案写作应当和广告的具体设计制作等现实操作对接起来，才可能产生实际的功效。从这个意义上，广告文案写作绝不是闭门造车可以完成的，而是需要充分考虑转化为现实广告作品的可能性和可行性。

附录：大卫·奥格威的广告文案创作基本原则

根据《一个广告人的自白》一书，大卫·奥格威的广告文案创作原则涉及广告信条、广告标题原则、正文原则、广告插图原则，大致归纳如下，以供进行广告文案创作时参考：

1. 绝对不要制作不愿意让自己的太太、儿子看的广告。诸位大概不会有欺骗自己家人的念头，当然也不能欺骗我的家人，己所不欲，勿施于人。

2. 在美国，一般家庭每天接触 1 518 件广告，要引起消费者注意，竞争越来越激烈。如果大众倾听广告者的心声，则其心声必须别具一格。

3. 广告是推销技术，不是抚慰，不是纯粹美术，不是文学，不要自我陶醉，不要热衷于奖赏，推销是真刀真枪的工作。

4. 绝不能忘记——你是在花广告主的钞票，不要埋怨广告创作的艰难。

5. 不要打“短打”，你必须努力，每次都要“全垒打”。

6. 时时掌握主动，不要让广告主支使才去做，要用出其不意妥协的神技，让他们惊讶。

7. 一旦决定广告活动的实施，不要徘徊，不要妥协，不要混乱，要单刀直入地进行，彻底地猛干。

8. 不要随便地攻击其他的广告活动，不要打落鸟巢，不要让船触礁，不要杀鸡取卵。

9. 每一个广告，都是商品印象（Brand Image）的长期投资，丝毫不允许有亵渎印象的行为。

10. 展开新的广告活动以前，必须研究商品，调查以前的广告，研究竞争商品的广告。

11. 说什么比如何说更重要，诉求内容比诉求技巧更为重要。

12. 如果广告活动不是由伟大的创意构成，那么它不过是二流品而已。

13. 广告原稿，必须是具体地表现商品的文案规范（Copy Platform），堂堂地、明确地传达商品的功用，寻找商品最大功用是广告作业中最大的使命。

14. 不要期待消费者会阅读令人心烦的散文。

15. 要直截了当地述说要点，不要有迂回的表现。

16. 避免“好像”、“例如”的比喻。

17. “最高级”的词句、概括性的说法、重复的表现，都是不妥当的。因为消费者会打折扣，也会忘记。

18. 不要叙述商品范围以外的事情，事实即是事实。

19. 要写得像私人谈话，而且是热心而容易记忆的，也要像宴会对着邻座的人讲话似的。

20. 不要写令人心烦的文句。

21. 要写得真实，而且要使这个真实加上魅力的色彩。

22. 利用名人推荐，名人的推荐比无名人的推荐更具有效果。

23. 讽刺的笔调不会推销东西。卓越的撰文家，不会利用这种笔调。

24. 不要怕写长的文本。

25. 照片底下，必须附加说明。

26. 平均而论，标题比本文多5倍的阅读力，如在标题里，未能畅所欲言，就等于浪费了80%的广告费。

27. 标题向消费者承诺其所能获得的利益，这个利益就是商品所具备的基本效果。

28. 要把最大的消息贯注于标题当中。

29. 标题里最好包括商品名称。

30. 唯有富有魅力的标题，才能引导阅读副标题及文本。

31. 从推销而言，较长的标题比词不达意的短标题，更有说服力。

32. 不要写强迫消费者研读文本后，才能了解整个广告内容的标题。

33. 不要写迷阵式的标题。

34. 使用适合于商品诉求对象的语调。

35. 使用情绪上、气氛上具有冲击力的语调。如心肝、幸福的、爱、金钱、结婚、家庭、婴儿等。

36. 据统计，普通人看一本杂志时，只阅读4幅广告。因此，要引起读者之注目，越来越困难。所以，为了使人发现优越的插图，我们必须埋头苦干。

37. 把故事性的诉求（Story Appeal），放进插图中。
38. 插图必须表现消费者的利益。
39. 要引起女性的注目，就要使用婴孩与女性的插图。
40. 要引起男性的注目，就要使用男性的插图。
41. 避免历史性的插图，旧的东西，并不能替你卖东西。
42. 与其用绘画，不如用照片。使用照片的广告，更能替你卖东西。
43. 不要弄脏插图。
44. 不要去掉或切断插图的重要因素。

第四节　常见问题举隅

广告已经成为媒体最重要的收入来源，同时在很大程度上决定人们的消费选择。因此，广告文案虽然总体上篇幅较小，但已成为人们日常生活和当下经济行为的重要组成部分，真可谓是“四两拨千斤”。在未来的若干年内，广告仍将保持快速发展的态势。在实际广告文案创作中存在一些值得关注的问题，我们选取几点做大致分析。

一、广告文案写作与《广告法》等法律法规的相关规定

我国于1994年颁行的《广告法》以及其他相关法律法规对广告的内容与表现形式等做了比较明确的规定，这对于我们从事广告文案写作来说是必须遵守的。但是在现实广告文案写作中，却屡屡出现各种各样超越政策红线的内容或行为，这种靠打政策擦边球或者与政策“捉迷藏”的做法是不可能长久的，自然也不可能成就广告文案精品。根据相关法律法规，我们将广告文案创作特别需要注意的问题大致总结为三点：其一是在各种广告中都必须禁止的行为；其二是在实际的广告活动中必须遵守的规则；其三是对特殊商品广告的特殊规定。

1. 在各种广告中都必须禁止的行为

《广告法》第七条规定，广告内容应当有利于人民的身心健康，促进商品和服务质量的提高，保护消费者的合法权益，遵守社会公德和职业道德，维护国家的尊严和利益。广告不得有下列情形：

（1）使用中华人民共和国国旗、国徽、国歌；

(2) 使用国家机关和国家机关工作人员的名义;
(3) 使用国家级、最高级、最佳等用语;
(4) 妨碍社会安定和危害人身、财产安全,损害社会公共利益;
(5) 妨碍社会公共秩序和违背社会良好风尚;
(6) 含有淫秽、迷信、恐怖、暴力、丑恶的内容;
(7) 含有民族、种族、宗教、性别歧视的内容;
(8) 妨碍环境和自然资源保护;
(9) 法律、行政法规规定禁止的其他情形。

第八条规定,广告不得损害未成年人和残疾人的身心健康。

2. 在实际广告活动中必须遵守的规则

《广告法》第九条规定,广告中对商品的性能、产地、用途、质量、价格、生产者、有效期限、允诺或者对服务的内容、形式、质量、价格、允诺有表示的,应当清楚、明白。广告中表明推销商品、提供服务附带赠送礼品的,应当标明赠送的品种和数量。

第十条规定,广告使用数据、统计资料、调查结果、文摘、引用语,应当真实、准确,并标明出处。

第十一条规定,广告中涉及专利产品或者专利方法的,应当标明专利号和专利种类。未取得专利权的,不得在广告中谎称取得专利权。禁止使用未授予专利权的专利申请和已经终止、撤销、无效的专利做广告。

第十二条规定,广告不得贬低其他生产经营者的商品或者服务。

3. 特殊商品的特殊规定

《广告法》第十四条明确规定,药品、医疗器械广告不得有下列内容:
(1) 含有不科学的表示功效的断言或者保证的;
(2) 说明治愈率或者有效率的;
(3) 与其他药品、医疗器械的功效和安全性比较的;
(4) 利用医药科研单位、学术机构、医疗机构或者专家、医生、患者的名义和形象作证明的;
(5) 法律、行政法规规定禁止的其他内容。

第十六条规定,麻醉药品、精神药品、毒性药品、放射性药品等特殊药品,不得做广告。

第十七条规定,农药广告不得有下列内容:
(1) 使用无毒、无害等表明安全性的绝对化断言的;
(2) 含有不科学的表示功效的断言或者保证的;
(3) 含有违反农药安全使用规程的文字、语言或者画面的;

（4）法律、行政法规规定禁止的其他内容。

以上这些内容，都需要我们在进行广告文案写作时予以遵守或者规避。只有在知法、懂法、用法的基础上，我们才能创作出可以流传下去的优秀广告文案。

二、广告文案套仿成语的是与非

成语是我国汉字语言词汇中一部分定型的词组或短句，有固定的结构形式和固定的说法，表示一定的意义，在语言表达中有生动简洁、形象鲜明的作用。因为广告用语具有简洁性的特点，因此成语对其有相当的启发作用。比如用“一毛不拔”来做牙刷的广告语，用“不打不相识”作为打字机的广告语，用“高枕无忧”作为汽车防盗器的广告语，用“一诺千金”作为信用卡的广告语，或取其表面含义，或取其延伸含义，或取其一语双关效果，关键是看与对应的商品对接起来时是否能够让消费者产生眼前一亮的感觉。但是将成语直接用来做广告语有时候并没有理想效果，于是便出现套仿成语的做法。

所谓套仿成语就是采用谐音字、同音字等改动成语中的一两个字，从而使其与广告商品特性相契合的做法，类似于现代汉语修辞中的“仿词”。在实际广告文案创作中，利用套仿成语制作广告语的做法很多，下面列举部分案例：

自行车广告：“骑”乐无穷（其乐无穷）
补品广告：“鳖”来无恙（别来无恙）
眼镜广告：一“明”惊人（一鸣惊人）
驱蚊器广告：默默无“蚊”（默默无闻）
透明胶带广告：无可替“带”（无可替代）
网吧广告：一“网”情深（一往情深）
钢琴广告：“琴”有独钟、一见钟“琴”（情有独钟、一见钟情）
热水器广告：随心所“浴”（随心所欲）
空调广告：终生无“汗”（终生无憾）
服装店广告：“衣帽”取人、“衣”见钟情（以貌取人、一见钟情）
洗衣店广告：“衣衣”不舍（依依不舍）
房产公司广告：万“室”俱备（万事俱备）
蛋糕广告：步步“糕”升（步步高升）

酒厂广告：喝酒必汾（合久必分），汾酒必喝（分久必合）
牙膏广告：“牙”口无“炎”（哑口无言）
胃药广告：一“不”到“胃”（一步到位）
赛马广告：乐在“骑”中（乐在其中）
电熨斗广告：百“衣”百顺（百依百顺）
快餐店广告：“烧”胜一筹（稍胜一筹）
洗衣机广告：“闲”妻良母（贤妻良母）
帽子公司广告：以“帽”取人（以貌取人）
治结石病广告：大“石”化小、小“石”化了（大事化小，小事化了）
打印机广告：百闻不如一“键”（百闻不如一见）
涂料广告：好色之涂（好色之徒）
皮革制品广告：别具一“革”（别具一格）
治痔疮药广告：有痔无恐（有恃无恐）
花园公寓广告：随寓而安（随遇而安）
跳舞机广告：闻“机”起舞（闻鸡起舞）
海鲜广告：领“鲜”一步（领先一步）
口腔门诊广告：“快治”人口（脍炙人口）
礼品店广告：“礼”所当然（理所当然）
……

这些套仿成语有的用得比较好，娴熟运用汉语的双关、谐音等表达手法，让受众在会心一笑的同时印象深刻。但是对其负面影响我们也要保持警惕之心。因为广告借助大众媒体而存在，这使得中小学生也自觉不自觉地深受影响。这些套仿成语的广告语一旦被青少年接受，可能对他们掌握真正的成语产生相当的误导。现今中小学生作文中出现的一些错别字，恐怕和广告界套仿成语成风的现象不无关系。因此，为了青少年的成长，为了汉语使用的规范性，这种套仿成语的广告语还是少一点的好。2010 年，海南省四届人大常委会第十六次会议审议通过《海南省实施〈中华人民共和国国家通用语言文字法〉办法》，明确规定广告用语不得用谐音篡改成语，“对违反规定的，由县级以上工商行政管理部门对相关责任人给予警告，责令限期改正；拒不改正的，责令限期拆除，并处 1 000 元以上 10 000 元以下的罚款”。

三、明星代言广告的两个问题

由于明星有着相当高的知名度，在媒体上抛头露面的机会很多，这使得不少商家看出其中的商机，于是重金聘请明星代言广告成为广告商家的通行做法。明星参与制作广告，利用自己的知名度，扩大产品的影响力，企业和明星两厢受益；消费者出于对明星的信赖，了解了自己原本不熟悉的产品，增加了自己的消费选择。这本应是一个良性互动的过程，在实践中，自然不乏明星代言广告成就经典的案例，但是存在的问题也不少，这里简单谈及两点：

其一是明星代言虚假广告的问题。虚假广告是指广告内容是虚假的或者是容易引人误解的，具体体现为两种：一是指商品宣传的内容与所提供的商品或者服务的实际质量不符，另一就是指可能使宣传对象或受宣传影响的人对商品的真实情况产生错误的联想，从而影响受众购买决策的商品宣传。这类广告的内容往往夸大失实，语意模糊，令人误解。由于利益的驱使，不少明星在代言广告之前并未能核查广告内容的真假，甚至有些明星明知广告存在虚假信息仍然担当其形象代言人，可见其职业操守的扭曲。例如，最近几年特别走红的某演艺界明星腆着大肚子做减肥茶广告；某演员给某钙片做广告说老年人吃了之后如何如何好，但是他自己腿脚都已经不利索了。又如某电视主持人代言学习机广告，声称“门门高分上名校”、“内容好，成绩当然好”；几位演艺界人士将北京某民办医院打造成主治不孕不育的名牌医院……虚假广告对人们的身心造成很大伤害，由于明星的介入，虚假广告影响更大，其社会危害性也更大。但是当今的法律现实是，一旦查出虚假广告，职能部门只能对广告商或者生产商进行相应的处罚，而从中获得高额收入的明星，则缺少法律的监管。这是明星代言虚假广告问题愈演愈烈的重要原因之一。

其二是明星代言什么样的广告问题。明星因为有着相当的知名度，因此备受各广告商的青睐，但是对于一个明星来说，并不是什么广告都可以代言的。广告文案设计者或者广告商在选择明星时，应当考虑明星的个性、气质或者外貌特征等是否与商品或者品牌的特性有一定的关联性，否则的话，即便是明星的名气再大，也未必能够得到受众的喜欢，毕竟明星不是万金油。如一个腆着大肚子的明星代言减肥茶，声称“三盒抹平大肚子”，即便不是虚假广告，恐怕也很难让人信服：你至少应当先把自己的大肚子抹平吧？又如，“金嗓子喉宝”用足球明星罗纳尔多作形象代言人，不管“金嗓子”是否和罗纳尔多有合作协议，单让消费者将罗纳尔多和润喉片对应起来，本身就是一件比较艰难的事情。因此，广告商在选择明星时应当慎重，而明星在进行广告品牌代言时也应当有所选择才好。

四、性别差异与性别歧视

广告的目的是“广而告之”，即采用尽可能的手段以获得最大的传播效果，从而影响甚至引导消费者作出相应的选择。按照通行的说法，在广告中“女性、儿童、动物”往往更能引起人们的关注，提升传播影响力。从这个层次上讲，广告中出现更多的女性无可厚非。

应该说，广告中的女主角所占比例比男主角要多的确是事实。之所以有这样的性别差异，应该从两个方面去理解：第一，女性所占比例较多是基于传播效果的考虑。每个广告商都希望自己的广告能够拥有更多的受众，而女性是其中的制胜法宝之一。其实以青春靓丽的女性为主角的广告不光男性爱看，女性也爱看。青春靓丽的女性为主角的广告是男性和女性都乐于接受的。第二，对于大多数日常生活用品来说，女性是主要消费者，为了迎合这些女性消费者，以女性为主角来制作广告自然是顺理成章的事情。这是众多生产商极希望看到的结果，即通过这些美丽的女主角来感染电视机前容易冲动消费的女性们。

有不少专家学者认为广告中出现众多的女性角色，存在着严重的性别歧视。这个问题应当从几个方面来看待。

其一，客观地讲，不少广告用青春靓丽的女性为主角是出于实际的需要，比如护肤品、化妆品、服装、洗涤用品等。这些类型的广告不光是以青春靓丽的女性为主角，往往还突出女性某方面的特征，比如白里透红的皮肤、婀娜多姿的身材、乌黑亮丽的头发等。唯有如此，才能更好地强化广告商品的个性特征，更具有说服力。如前文提及，一个腆着大肚子的男星为减肥茶做广告，其可信度究竟有多少？比如洗发水广告如果不强调女主角柔美滑溜的头发，岂不是很滑稽？同时，柔美滑溜的头发能够吸引男性更多的目光也是自然的事情。这些和性别歧视是没有什么关系的。

其二，在不少家庭生活产品的广告中，也存在较多青春靓丽的女性形象，这和长期以来男女分工的传统文化正好契合，而不应简单视作性别歧视。当然，传统社会中的“男主外，女主内”是存在较多的情况，但是现代社会的发展也不能完全变为“女主外，男主内”吧？真正的女权主义运动应当张扬的是男女平等，而不是将先前的“男尊女卑”颠倒为“女尊男卑”。如果真的颠倒过来，学术界是不是又会出现“男性歧视”的话题？

其三，广告中存在一定的性别歧视也是不容忽视的。性别差异是不可避免的，关键是如何对待这个性别差异。当前的一些广告将女性纯粹作为满足男性窥视欲或者性幻想的对象，就涉嫌性别歧视了。如沐浴露广告中，女性衣着相对暴露是可以理解的，但是对女性局部位置以及撩人眼神过多地表现，强化其挑逗意味，就远远超出了广告商品本身的特征，将女性物化为性对象，这样不太合适。某房地产商在报纸上刊发了这样一则广告：一个身着内衣的性感女郎配发“我只卖2 390元/平方米~2 890元/平方米”的广告词，还有让人产生歧义和暧昧的“位置不同，价格不同，享受不同”的表述，实际上以女性卖点来暗喻房产。又如，某白酒主要针对成年男性消费者，却以娇滴滴的女性为广告主角，并且暗示产品对男性功能的作用。这些广告作品利用女性作为主角，并不是出于强化产品特性的需要，而是有意采用这些性感女性来满足男性的窥视欲，满足男性的性幻想等，这就是非常明显的性别歧视了。

虽然我们不能将性别差异与性别歧视对接起来，但是广告中的性别歧视仍然不容忽视。是否存在性别歧视，我们不能仅仅看女性在广告中所占比例如何，而是要从具体内容出发，看其对女性如何定位。例如，对女性特征强调时的态度（是为了展示女性的美感并且与产品特性有较强的关联，还是纯粹为了满足男性的窥视欲），对女性是否存在侮辱性的语言，是否存在明显的情色暗示等。

性别歧视一方面破坏了广告文案创作中的和谐原则，另一方面则容易招致女性的反感乃至抵制，最终对广告商来说是得不偿失的。要避免性别歧视，就需要我们在进行广告文案创作时，把女性放在合适的位置上。

第八章
新闻摄影作品赏读

内容提要

新闻摄影的基本特点：新闻性；技术性与图片性——新闻摄影作品赏读——新闻摄影技巧要略：创新表现手法，新闻摄影也可以“艺术表达”；捕捉新闻现场和新闻人物“另类”画面，增强画面的可视性；巧用框架结构，彰显摄影作品主题；合理结构，让组图“形散而神不散”——常见问题举隅：新闻摄影的客观性记录和主观性表达；新闻摄影的修辞问题；新闻摄影的虚与实；媒介融合背景下的高校新闻摄影教育。

第一节　新闻摄影的基本特点

新闻摄影对于报纸、杂志、网络新闻的重要性不言而喻。在读图时代，增加高质量新闻摄影作品的数量已经成为报纸等媒体应对残酷竞争的主要策略。

新闻摄影是指通过摄影的手法，把新闻事件的现场和人物等新闻要素用图片的形式记录下来，呈现给读者和观众。

根据不同的题材，新闻摄影作品可分为战争灾难类、重大事件及会议、新闻人物与肖像、日常生活、经济、科技、体育类、艺术、自然等基本类型。

战争灾难类题材的新闻摄影作品是新闻记者常常关注和报道的，这一类型的作品往往将目光聚焦于战乱和灾难的新闻现场，向观众展示了战争和灾难给人们带来的痛苦。

重大事件及会议类题材的作品也是常见的一种新闻摄影类型。这一类型的新闻作品因具有重要性，所以也经常为读者所关注。重大事件及会议类的作品向观众直观地展现重大事件的现场，让观众有亲临现场之感。

新闻人物与肖像类作品因为能更直接表现人物的特征，所以也是新闻记者经常使用的一种类型。这一类作品往往借助肖像摄影的表现手法，突出和放大新闻人物某些方面的特征，通过肖像来表现新闻人物的性格和心理特征，进而来表现相关的新闻事件。

日常生活类的新闻摄影作品主要关注的是人们日常的生产和生活状态。这一类作品通过镜头和画面，记录人们看似“平静”的日常生活情景，通过这些画面表现“平静”背后“不平静”的新闻。

经济、科技类摄影作品的专业性都比较强，这些作品往往关注人类社会经济和科技发展变化及成就，有时也会关注经济、科技发展背后的思考。

体育、艺术类新闻作品向读者和观众展现体育、艺术活动的典型瞬间，通过新闻图片让观众足不出户就能观赏到体育赛场上运动员的风采，欣赏到精彩的艺术表演。

自然类新闻摄影作品关注的是人类社会之外自然界的万物。人们通过自然类新闻摄影作品来审视人类赖以生存的地球上的其他生物，也不断反思人类与自然环境之间的关系。

新闻摄影是新闻和摄影这两种表现形式和技术的结合，因此具有两大特点。

第一是新闻性。新闻摄影姓“新”，这是它区别于艺术摄影等其他摄影形式的最重要的特点。新闻摄影的目的是为了传播新闻，所以新闻摄影作品必须具有新闻性。具体来说又分为两个方面：其一是新闻摄影作品必须具有真实性。新闻摄影其真实性的特征，往往为读者和观众所信服，现在网上流行的所谓“有图有真相”便是其最通俗的注释。其二是新闻摄影作品必须具备新闻要素。

新闻摄影作品由于其真实性因而成了历史的见证，真实记录着人类社会的发展和变化。从1949年10月1日中华人民共和国成立，到1978年十一届三中全会的胜利召开；从1997年香港回归祖国，到2008年在北京成功举办夏季奥运会，许多新闻摄影照片都因为真实地记录了这些重大事件的典型瞬间，从而变成了历史的见证。同时，和新闻稿件一样，新闻摄影作品还需要具备新闻的时效性，即是对最近或者正在发生、发展的事实的反映。对时过境迁的事件进行摄影表达，虽然具有较强的艺术性，但是由于没有时效性，不能称为新闻摄影。

第二是技术性和图片性。新闻摄影是建立在摄影艺术这一母体形式上的，它借助于摄影技术手段，用照片、图片等形式来表现人物或者事件。首先说技术性。同文字记者写稿件不同，摄影记者使用照相机进行摄影，并用摄影图片来记录并传递新闻信息。“工欲善其事，必先利其器”，摄影记者首先要熟悉和掌握照相机的基本技术指标以及一些拍摄的技术技巧，才能在新闻现场准确、及时地捕捉到具有新闻价值的新闻信息。其次是图片性。同其他摄影门类一样，新闻摄影也是通过照片呈现的图片来记录和传递信息的。图片是新闻摄影的最终表现形式。

图片性既是新闻摄影的优势，也是新闻摄影的劣势。与文字相比，图片的优势在于其能准确地还原新闻现场，能让受众看到现场发生的新闻事件，了解新闻事件中的人物状态，有一种面对面的效果。但是图片也有其局限性。首先，图片传递的信息有限。一方面是图片传递的信息量有限，另一方面是图片难以传递抽象的信息。其次，图片只是记录人物或者事件的某个瞬间，无法较好地表现一段时间内的完整过程，即便是组合式图片也不见得能够将过程完整展现出来。因此我们要把新闻摄影图片的使用放在一个合理的尺度上。

第二节　新闻摄影作品赏读

新闻图片因为具有强烈的视觉冲击力，所以深受广大受众的喜爱。但有时我们在观看一幅新闻摄影作品的时候，却不一定能够完全读出其中包含的信息。怎样才能学会看出新闻摄影作品的门道来，这需要我们掌握一些新闻摄影作品的赏读方法。同样，作为专业摄影记者来说，借鉴其他优秀的新闻摄影作品也是提高自己业务水平的必经之路，所以也需要懂得从专业的角度来分析新闻摄影作品，以便吸取其他摄影记者的经验教训。

赏读新闻摄影作品要把握好两个方面。一是新闻摄影技术和创作理念是在不断发展变化的，不同历史时期的新闻摄影作品的风格及拍摄的方式方法不尽相同。我们在赏读新闻摄影作品时，要力图把握新闻摄影技术及创作理念的发展变化，用历史的眼光来进行分析批判，以期达到“古为今用”的目的。二是新闻摄影类别丰富，题材广泛。不同类型、不同题材的新闻摄影的拍摄方法和表现目的都有所区别。在鉴赏不同类型的新闻摄影作品之前，我们首先要熟悉和掌握新闻摄影的不同类型及其特点。只有这样，才能游刃有余地赏读不同类型的新闻摄影作品。

在此，我们既选择了新闻摄影史上比较著名的经典作品，也选择了不同类型、不同题材及不同体裁的新闻摄影作品，以便让大家比较全面地了解新闻摄影作品的赏读方法，领略新闻摄影作品的魅力所在。

案例一

作品名：最美妈妈

摄影作者：赵颖硕

作品来源：《嘉兴日报》2011年7月4日

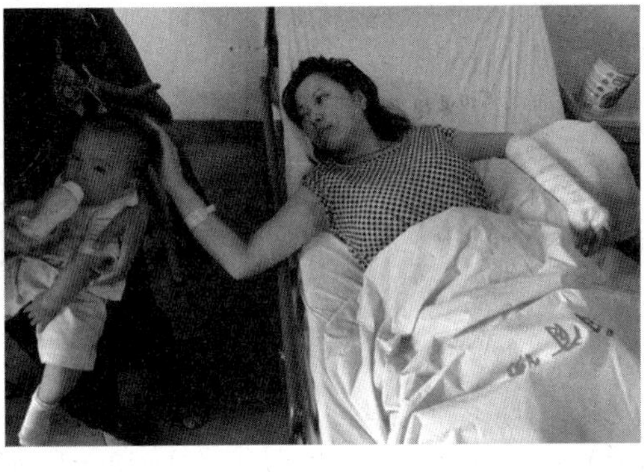

文字说明：2011年7月3日上午，在富阳市中医骨伤医院，躺在病床上的“最美妈妈”吴菊萍脸上露出一丝愧疚。吴菊萍是一名7个月大孩子的母亲，因为手伤不能喂奶，儿子只能喝奶粉。

【赏读】

吴菊萍是一位普通的共产党员，也是一位英雄的母亲。2011 年 7 月 2 日 13 时 30 分许，吴菊萍路过杭州滨江区白金海岸小区时，发现一名两岁大的女童从 10 楼坠落。千钧一发之际，她奋不顾身地冲过去，张开双臂接住了坠楼的孩子。孩子安全获救，但吴菊萍的左手臂却多处骨折。吴菊萍舍身救女童的事迹感动了千千万万的中国人，她也因此被人们称为“最美妈妈”。这幅新闻摄影作品有以下几方面特点。

（1）构图平实，信息量大。

该作品构图简单、平实，但传递的新闻信息却十分丰富。

首先，以“最美妈妈”吴菊萍作为主体呈现。记者通过画面中的合理位置和较大的面积强化和突出了主体在画面中的地位。这种处理方式使得观众和读者能够自觉完成画面主体的重点审视。继而使观众能够读到吴菊萍面对儿子略带愧疚的面部神态、骨折的左手臂，以及抚摸孩子的动作等细节。丰富的信息完整、全面、真实、准确地展现出吴菊萍作为一个普通母亲对孩子的真实情感。

其次，以还在吃奶的孩子作为陪体呈现。虽然和妈妈近在咫尺，但由于妈妈手臂受伤的缘故，只能吃奶粉冲泡的牛奶。孩子吃奶时憨态可掬的表情，让吴菊梅看在眼里，急在心里。孩子只能喝奶粉的画面同样也让千千万万的父母感同身受，更加理解这种超越了自我家庭的大爱。也正是由于这种“幼吾幼，以及人之幼”的大爱，挽救了一个孩子的宝贵生命。

（2）打破常规，恰当选择新闻人物的典型瞬间。

在“最美妈妈”吴菊萍勇救坠楼孩童的新闻事件发生后，记者们纷纷赶到医院病房进行采访。但作者并没有简单地选择吴菊萍接受许多祝福的鲜花和电话问候的画面，而是在现场进行仔细的观察。记者发现，吴菊萍还在哺乳期的孩子也只有 7 个月大。由于妈妈手臂受伤不能喂奶，只能喝奶粉冲泡的牛奶。记者进一步观察到，在鲜花和掌声背后，吴菊萍面对自己天真可爱的儿子有一种面带愧疚的神情，于是果断抓住人物的典型瞬间，迅速定格了这一画面。

（3）规避简单的“高、大、全”式的宣传手法，更加彰显新闻人物在新闻事件中的光辉真实人性。

这幅作品没有对新闻人物刻意地拔高，而是通过朴实的构图方式和冷静的观察、合理的选择，通过真实的环境、真实的细节，还原人物真实的思想状态。与鲜花、掌声和轰轰烈烈的大场面相比，小病房里的母子相对更能够彰显吴菊萍作为普通妈妈的真实一面。而人物面带愧疚的真实状态，恰恰表现出在危机面前“最美妈妈”吴菊萍的光辉人性，让人们可敬可佩。

案例二

作品名：跳跃超载列车

摄影作者：Pavel Rahma 美联社

作品来源：新浪网 http://news.sina.com.cn/photo/chipp2012/

文字说明：2011 年 1 月 23 日，在孟加拉国首都达卡，一个小贩在两辆过度拥挤的火车上穿梭，销售自己的商品。火车上挤满了回家的孟加拉国穆斯林，他们要回家参加为期 3 天的伊斯兰教集会。这个集会从 1966 年开始每年都举行，是世界上最大的宗教集会之一。

【赏读】

这幅图片属于日常生活类新闻摄影作品，该作品获得了 2012 年第八届“华赛”日常生活类新闻单幅的金奖。

第一，合理利用线条引导视觉注意力。摄影记者巧妙地利用两列并列的火车构置出两条汇聚粗线条。这种设置既能够利用汇聚线条实现引导的作用，让读者把目光聚焦到飞跃两列火车的小贩身上；又能利用粗线条形成有效遮挡，同样能够起到突出主体的作用。

第二，利用重复手法突出主题。画面中有多处重复设置。一是典型道具的重复。记者合理地利用小贩头顶着的盛满货物的货盆来设置重复，这种设置强调冒这样风险工作的小商贩的数量之多。能够将单数拓展为表现复数，从而增加了画面的有效信息量。二是相似动作的重复。小商贩跳跃中腿部弯曲的线条让观众和读者不禁为他捏了一把汗，记者却利用背景再次强调另一个跨越两列火车的乘客。同样的腿部弯曲的线条，同样的跨越动作，依然是一种复数设置，使观众知道像这样冒着危险跨越两列火车的人还真不少。就这样，记者用让人们心惊胆战的画面戏剧性但又十分准确地强化了集会前孟加拉国首都达卡火车过度拥挤的新闻事实。

案例三

作品名：让路藏羚羊

摄影作者：邹红

作品来源：《中国日报》A6版 2011年9月9日

文字说明：2011年7月27日，远处的乌云刚刚散去，迁徙的藏羚羊就急忙排队穿过可可西里青藏公路。可可西里五道梁保护站站长嘎玛才旦和志愿者们在这里守护拦车为藏羚羊通过青藏公路保驾护航。

【赏读】

这是一幅获得“2011年度中国新闻摄影年赛”自然环境类单幅金奖的作品。该作品关注大迁徙中的藏羚羊穿越青藏公路的新闻事件。该作品有几方面特点：

（1）合理选择竖幅画面，增加新闻图片的信息量。

合理采用竖幅画面是这幅作品在构图方面最大的特点。首先，竖幅画面能够合理地表现藏羚羊大迁徙过程中穿越青藏公路的新闻现场。藏羚羊在每年7月份前后要进行大范围的迁徙，这是自然界的一道奇观。雄伟壮观的青藏公路是人类智慧的结晶，也是一道壮观的风景。所以，当藏羚羊迁徙的自然奇观和人类成功改造自然的青藏公路交织在一起时，就显得尤为壮观。竖幅画面的构图方式既能够突出藏羚羊数量众多的群体形象画面，又能够最大限度地还原青藏公路的壮丽景象，大大增强了画面的冲击力。其次，竖幅画面还能增加画面信息，突出人类与自然和谐共存的新闻事实。竖幅画面能够把保护藏羚羊的志愿者和停车等待藏羚羊通过的人们容纳到画面中去。人类在改造自然的同时也更加注意对自然的保护，与自然环境及其他物种和谐相处。竖幅画面的使用则凸显了我国民众日益增强的环境保护意识，深化了作品的主题。

（2）合理选择侧面角度构图。

一般来说，正侧面角度是不常使用的一种拍摄视角，因为这种角度拍摄出来的画面主体信息不够丰富，而且构图较为呆板。但这幅作品使用正侧面角度则恰如其分。一是正侧面角度能够准确、清晰地表现主体信息。因为藏羚羊所具有的生物学特征，所以使用正侧面角度依然能够准确地表现出藏羚羊的生物特征，从而保证了画面主体的真实性。二是侧面角度的使用能够把主体、陪体、环境融为一体。竖幅画面能够把迁徙中的藏羚羊主体，及迁徙过程中穿越的青藏公路环境准确地表现出来。同时也能够把保护藏羚羊的志愿者和停车等候的人们作为陪体表现出来。这种处理方式既增强了作品的真实性，又加大了作品的信息量。

案例四

作品名：马踏牛仔

摄影作者：邹峥

作品来源：新华网 2011年11月6日

文字说明：2011年11月6日，在加拿大国家展览中心，选手汤米·梅杰在比赛中落马。当日，2011年加拿大皇家冬季农业博览会上的牛仔骑术竞技赛在加拿大国家展览中心举行。

【赏读】

这是一幅体育类的新闻摄影作品。照片为我们呈现了体育比赛中惊心动魄的精彩瞬间，这也正是体育类新闻摄影的魅力所在。

第一，高速摄影定格清晰的动作瞬间。记者使用高速摄影的方法，清晰地表现出比赛中的马和落马选手的面部特征。奔腾的赛马下骑手紧张的表情让观众和读者感到万分紧张，他们都在为马下骑手的安全担忧。如果没有清晰的面部表情，则该图片传递的核心信息量会大大减少，图片的视觉冲击力也会有所降低。

第二，利用线条构图形成视觉上的强大冲击力。摄影记者利用比赛瞬间赛马和选手的体型作为线条来进行构图。在这一瞬间，赛马和骑手形成了平行线条。赛马和骑手优雅的姿态仿佛在进行艺术体操表演，使赛马这项紧张激烈的运动赛事也变得更加唯美。

第三，巧妙利用背景字幕为作品添色。记者使用广告牌上的广告字幕，并把它合理地变成了新闻图片的一个部分。在观看完核心信息之余，当读者看到广告字幕“show”时，不由得会心一笑：记者为我们真实地记录了骑手和赛马的一场展示秀，舒缓了读者与观众紧张的心情。

案例五

作品名：饥饿的苏丹

摄影作者：凯文·卡特

作品来源：《纽约时报》1993 年 3 月 26 日

文字说明：一个瘦骨嶙峋的苏丹女孩，由于长期饥饿跪倒在地，在女孩身后一只秃鹰正在不远处虎视眈眈。

【赏读】

这是世界新闻摄影史上的经典作品，也是饱受争议的一幅作品。该作品是由南非自由摄影记者凯文·卡特（Kevin Carter）在苏丹拍摄的。他的朋友西尔瓦描述拍摄这张照片的大体经过：1993 年苏丹在经历战乱的同时，发生了严重的自然灾害，造成大面积的饥荒。卡特在赴苏丹采访的过程中，发现了一个瘦骨嶙峋的苏丹女童，在其身后不远处一只吃腐尸的兀鹰正虎视眈眈地注视着她，好像在等待自己新的食物。卡特以自己专业的新闻记者视角，选好角度，按下快门，拍下了这张震撼世人也引来诸多批判与质疑的照片。拍摄完毕后，凯文·卡特赶走了秃鹰，注视着小女孩继续蹒跚而行，直到回到不远处的母亲身边。之后卡特坐在树下，点起一支烟，念着上帝的名字放声恸哭。西尔瓦回忆当时的情景时说：卡特不停地嘟囔着想要拥抱他的女儿……

这张照片在《纽约时报》发表后激起了强烈反响。一方面这幅作品以强大的视觉冲击力成功引起了国际舆论对苏丹饥荒和苏丹内乱的关注。但另一方面，令人始料不及的是，不少人谴责卡特残忍，没有放下相机去救小女孩。在这张照片获得普利策新闻奖之后不久，卡特就自杀了。

该作品具有以下两方面特点。

第一，通过合理构图来强化视觉冲击力。首先，画面采用九宫格的构图方式，把主体、陪体同时放到画面的视觉中心点，由此能形成女孩与秃鹰之间的强烈冲击效果。其次，利用主体、陪体之间的形体线条构置了一条潜在的线条，正是这条线条设置，形成了秃鹰虎视眈眈注视女孩的画面效果，从而引发读者联想，认为秃鹰准备吃掉小女孩。再次，利用背景颜色深化作品主题。一方面，大量黄色表现了对苏丹内乱给人民造成的巨大伤害，记者寄予了深深的同情。另一方面，成功地使用背景中的绿色色调，表现了希望苏丹能够早日恢复和平，人民能够早日告别苦难，重新过上幸福快乐的生活的愿望。

第二，通过准确的角度和景别设置来丰富叙事。首先，记者利用综合角度体系来进行拍摄，清晰、准确地介绍新闻信息。记者使用了水平角度体系中正面斜侧的角度，把女孩和秃鹰全部纳入到画面中，从而丰富了新闻叙事信息。另外，还使用了垂直角度体系中的俯视角度，压缩部分环境背景，达到突出主体，强化主要新闻信息的目的。其次，记者使用大景别画面增加画面的信息量。利用大景别画面能够容纳更多的人物和景物，从而增加画面的新闻信息量。另外，用全景画面进一步压缩部分环境空间，突出和强化画面的主体。如果，选择更大的远景景别，虽然画面能容纳更多的信息，但主体在画面中的面积会缩小，就无法更好地强化主体在画面中的视觉效果。

案例六

作 品 名：时代广场的胜利日

摄影作者：Alfred Eisenstaedt

作品来源：1945 年 *Times* 杂志

文字说明：当第二次世界大战结束的消息传到纽约的时代广场，一位狂喜的美国海军士兵搂过正在身旁的陌生护士热烈地吻着她。

作品名：逃避美国凝固汽油弹的孩子们

摄影作者：尼克·厄特

作品来源：1972 年

文字说明：潘氏金淑（图中）和其他儿童一起逃避南越飞机误投的凝固汽油弹引起的大火。

【赏读】

这两幅作品都属于战争题材，但却有着不同的处理方式。《时代广场的胜利日》（又名《胜利之吻》）关注的是战争后方的人们在听到胜利消息时的反应。记者没有按照拍摄激烈的战事等常规思路来表现战争，而是把目光聚焦在人们欢庆胜利的动作上，通过水兵兴奋地热吻身边不认识的女护士，来表现人们对战争厌恶的态度。记者在照片中通过女护士身体的优美线条，表现了战争结束后人们的喜悦之情。

与《时代广场的胜利日》从侧面表现战争不同，《逃避美国凝固汽油弹的孩子们》这幅新闻摄影作品是关注战场的前线。作品记录了美国军队使用B－52轰炸机和凝固汽油弹对民用目标进行野蛮的轰炸，致使无辜生命遭受涂炭。记者准确地使用大景别画面，既表现了凝固汽油弹爆炸的背景，又用复数表现了众多无辜受伤的孩子。大景别画面还将面对受伤的孩子麻木不仁的美军士兵也一起放到画面中。另外，记者还用黄金分割的构图方法，强化了赤身裸体的越南女孩这一形象，表现出战争对越南的孩子们造成的巨大伤害。这张信息量极为丰富的新闻摄影作品，引起美国人民对这场战争的反对浪潮和世界舆论的广泛批评，促使美国政府不得不认真进行持续已久的巴黎和谈并作出让步，以求尽早结束这场非正义的战争。

案例七

作品名：迁徙中的母亲

摄影作者：萝西娅·兰格

作品来源：1936 年

文字说明：汤普森是七个孩子的母亲，她的丈夫死于肺结核，她滞留在加州尼波莫的一个迁徙劳工农场。她的家庭靠孩子们打的鸟和从附近一片野地里挖的菜糊口度日——和那里其他 2 500 名收入微薄的工人一样。

作品名：阿富汗女孩

摄影作者：史蒂夫·麦凯瑞

作品来源：《国家地理》1985 年 6 月号

文字说明：苏军占领下的阿富汗，在难民营里生活的普什图族女孩 Sharbat Gula。

【赏读】

这两幅新闻摄影作品都是关注生活在苦难中的人们，都是采用肖像的拍摄手法，但表现的技巧不尽相同。

《迁徙中的母亲》表现的是经济危机时代美国民众的艰苦生活。画面用前景和背景表现了这位母亲和孩子们。记者用中景画面和人物动作表现出生活在迁徙劳工农场的这位母亲面对艰难生活的忧郁之情。

《阿富汗女孩》是表现难民营中一个女孩子的形象的作品。作品合理地利用女孩衣服的遮挡，突出了女孩的面部特征。记者捕捉并记录了女孩的眼睛。大面积的女孩的衣服形成暗色的大块，更好地突出了面部小面积的亮调画面。面对艰难和苦难，人们希望能够看到光明的未来。照片中阿富汗孤女敏锐而无助的眼神，也成为全世界难民的真实写照。

案例八

作品名：吴孟超的一天

摄影作者：乔天富

作品来源：《解放军报》2011 年 4 月 26 日

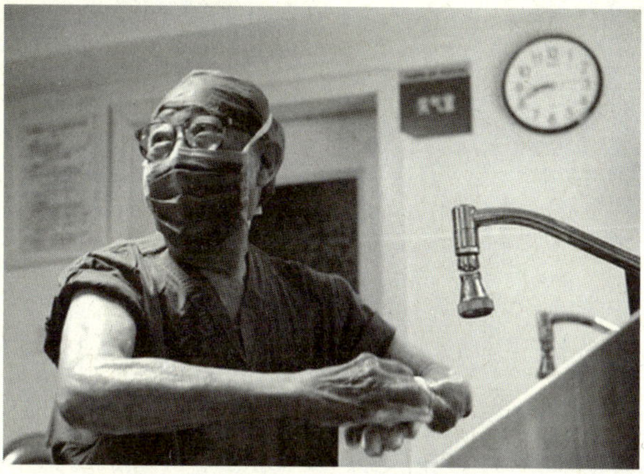

图片 1：8 时 44 分，吴孟超在手术室门外洗手，不急不躁，极其认真。他说："认真洗手才能杜绝或减少病人感染，这是外科医生的基本准则。"

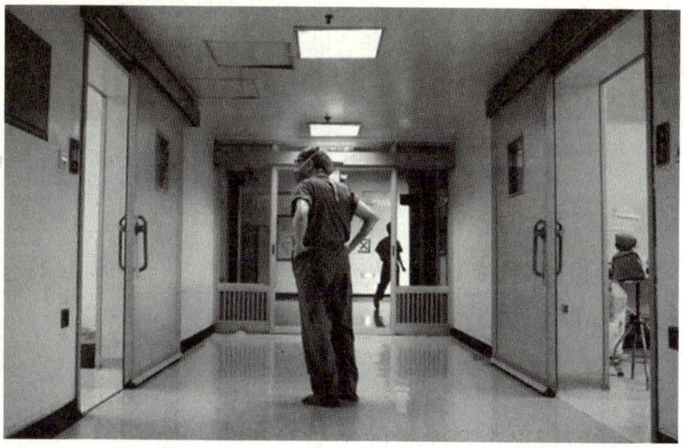

图片 2：11 时 05 分，做完两台手术，吴孟超不显疲惫，精神愉悦。他不急于离开手术室，而是习惯性地到弟子们的手术室去看一看，像将军检阅部队。

图片3：11时22分，吴孟超术后休息，肝外一科主任王义拿着一肝癌患者的片子向他请教。

图片4：15时48分，吴孟超为即将手术的患者做B超，这是他坚持了几十年的习惯。一个下午，他为7个病人做了B超。

【赏读】

该作品是以报道全国重大典型人物为题材，属于新闻组照。年近90岁高龄的“模范医学专家”吴孟超院士是上海第二军医大学附属东方肝胆外科医院院长。该作品真实记录了吴孟超院士一天的工作实况，形象地展示出吴孟超的精湛医术和高尚品德。

第一，锐角入思，通过平凡的事件表现不平凡的人物。记者打破常规，通过一些看似烦琐的小事情精准地表现出吴孟超院士的精、气、神。具体来说，术前洗手，亲自为患者做B超检查表现出吴院士工作一丝不苟的严谨；术后检阅徒弟手术室和为徒弟们答疑解惑，表现出吴老传、帮、带的高贵品质。

第二，静中取动，通过捕捉典型动作展现新闻人物的精、气、神。画面的瞬间性是新闻摄影的特点，所以对于新闻摄影作品而言，抓住典型瞬间更好地表现新闻人物的特点就显得尤为重要。该作品之所以能够成功展现吴老积极投身工作的光辉形象，很重要的一点就是能够合理捕捉到新闻人物的典型动作。在图片2中，记者通过吴老双手掐腰，“检阅”徒弟手术室的典型工作，表现出吴孟超院士在做完两台手术之后依然能够保持充沛的精力，这对于一个年近90岁高龄的老人而言难能可贵。在图片4中，吴老在为病人做B超检查时扶眼镜的动作，传神地刻画出吴孟超院士一丝不苟的工作作风和对待病人认真严谨的工作态度。

正是运用了这些技巧，该组照片成为重大典型人物宣传报道的新闻摄影佳作。

案例九

作品名：凿天路

摄影作者：萧颢

作品来源：《楚天都市报》

2011年3月3日

图片1：六百村民轮上阵，敢向绝壁要坦途。

图片2：73岁的刘太贵感慨道："再不修，我就走不动路了。"

图片3：连接外界的一条山路是祖辈留下的，十分险峻，村民世代行走在这条山路上。

文字说明：店子坪村，一个位于鄂西南深山的村子，坐落在相对高度500多米的半山腰。

40岁的村支书王光国和他的村民们，在这里出生、成长、生活，他们深深爱着这里每一寸土地，因为他们的根在这片土地上。几百年啊，陡峭的大山，阻隔了人们的脚步。一条羊肠小道，如今已经承不下人们对美好生活的企盼。

图片4：悬崖上，村民在一寸一寸地凿进。

6年前的春光下，他们扛着锄头来到了山上，在冷硬陡峭的岩壁上挖下了第一锄，他们要路，要一条平坦的大路，一条祖祖辈辈渴望的路。

传说中的故事，在这里真实地上演着，上至七旬老翁，下至几岁孩童，在岩壁上默默地书写着他们的梦想。寒来暑往、风霜雨雪，6年了，大山里的朝阳晚霞，映照着他们的身影；手上的老茧，记录着他们拓荒的艰辛。不是不苦，只是他们在默默忍受着；不是不累，而是他们在顽强坚持着。

再坚硬的岩石，也硬不过人的意志，再难挖出的路，也会在脚下延伸。

【赏读】

这组获得第22届中国新闻奖一等奖的新闻摄影作品是新闻组照的典范之作，洋洋洒洒的文字说明与新闻组照画面相得益彰。

第一，文字说明补充介绍新闻图片无法介绍的信息。文字说明向观众详细介绍了新闻事件发生的地点信息（店子坪村的地理位置）、人物信息（村支书、村民）、时间信息（6年前开始拓宽山路），从而让观众和读者更好地理解图片的新闻信息。

第二，文字说明完成叙事、抒情和议论的多重功能。该作品文字说明看似冗长，实则不然。因为这几段文字说明不但完成了一般性叙事的功能，还增加了抒情和议论的功能。充满诗意、饱含感情的语言与新闻图片相互作用，形成了一组出色的新闻摄影视觉美文，增强了新闻摄影图片的意境。

第三，充分利用组照的特点，全方位、多角度地展现新闻现场。与单幅新闻摄影作品相比，组照可以通过增加摄影图片的数量来丰富视点，增加信息量。在该组作品中，新闻记者便是通过多角度、全方位的介绍新闻现场的相关信息，记录了村民们锲而不舍修筑山路的新闻事实，捕捉到了新闻事件当事人的生动形象。

第三节　新闻摄影技巧要略

与文字记者不同，新闻摄影记者在拍摄新闻摄影作品的实践中，往往更多地考虑如何通过新闻图片来传递信息。有些摄影记者认为新闻摄影主要是靠“个人感觉”，不用遵循什么“清规戒律”。实则不然，新闻摄影也有自己的内在规律，拍摄新闻作品也要掌握方法和技巧，如果仅凭“个人感觉”则会事倍功半，影响新闻摄影作品的效果。新闻摄影既需要新闻性，又需要艺术性，是新闻性与艺术性的结合，因此在技巧处理上较艺术摄影更胜一筹。

一、创新表现手法，新闻摄影也可以“艺术表达”

在新闻摄影实践中，新闻摄影记者不能僵化自己的表现手法，要有不断创新的创作思路和理念，力求在忠实表现的基础上寻求视觉上新鲜、独特的画面效果。

与艺术摄影相比，新闻摄影的本质特征是忠实地传递新闻现场的各种信息，作品表现效果力求真实自然，但这也是新闻摄影的难点所在。有些新闻摄影作品被拍得四平八稳，视觉效果就显得很平淡。尤其像经济、自然、文化、艺术等专业性较强的新闻摄影类型，画面往往会被拍得过于死板。因此，需要摄影记者打破陈规，创造出具有视觉冲击力的画面效果。

新闻摄影作品《中国万州自然保护区内濒临灭绝的植物》和《被污染的橙子》就是摄影记者创新表现手法的成功之作。在这些作品中作者大胆使用了静物摄影的方法，使用精确的光线和影调效果，把平淡的画面变得具有新鲜感，艺术性地表现出了作品的主题。在《中国万州自然保护区内濒临灭绝的植物》中，作者借鉴静物摄影的拍摄方法，在画面光线效果控制和线条形状构图方面大做文章，通过暗背景勾勒出一片树叶明亮的曲线线条。曲线使得树叶具有了拟人化的效果，我们看到的不仅仅是树叶，而是一个脊背弯曲的人物形象，从而引发读者和观众的视觉和心理关注。《被污染的橙子》也是利用这种表现手法，使得橙子的画面效果非常独特。记者利用影调使得画面中的橘子呈现眼睛、波纹等不同的形态，把摄影作品变成一幅超现实的抽象画卷，成功地吸引了观众和读者的注意力。同时这些源自现实的超现实画卷也引发了观众对自然环境保护这一问题的思考，从而达到了突出主题的目的。

二、捕捉新闻现场和新闻人物“另类”画面，增强画面的可视性

在新闻现场，新闻记者要学会寻找和捕捉新闻事件和人物不同寻常的瞬间，这样才能使摄影图片有视觉冲击力，才能更加吸引读者的注意力。

在美国摄影师 Donald Miralle. Jr 的作品《铁人三项世界锦标赛》中，作者在自行车比赛现场众多的参赛选手中发现了一位腿部带着假肢的选手，于是果断地将这名选手的“铁腿”拍摄下来。正是这张看似另类的“铁腿”画面，真实地表现出人类运动精神的精髓，表现出铁人运动员的钢铁意志。

在拍摄和表现新闻人物时同样要捕捉人物不寻常的瞬间，给图片增色。美联社摄影师 David 在阿富汗 Korengal 谷拍摄美军与塔利班的战斗时，捕捉到

了常规战斗中非常规的画面。画面捕捉和记录了美国士兵向掩体外的塔利班武装分子还击，但在紧张激烈的战斗中，我们发现有位美军士兵穿着红T恤和大花裤衩。这种非常规的画面大大增强了作品的趣味性，同时也用这种戏谑的画面，委婉地表达了对这场战争的态度。

1948年，美国摄影师史密斯被《生活》杂志派往科罗拉多州的克瑞米林拍摄一个工作中的乡村医生。史密斯没有按照常规表现医生繁忙的工作，而是通过观察捕捉到了乡村医生休息的一个瞬间，而正是这个有着和其他医生人物照不一样的另类瞬间，打动了许许多多的读者。在画面中一位乡村医生斜靠在橱柜上，一手拿着烟，一手端着咖啡。摄影师巧妙地利用新闻人物的体态设置“S”型构图，用硬光表现了乡村医生古怪的目光以及额头上的褶皱，还有摘下的口罩。史密斯捕捉到的这个乡村医生的另类画面，恰恰凸显了医生的工作状态，真实地表现出新闻人物的人性特征，让观众看到了真实的人的形象。相比而言，这种另类的真实捕捉要比俗套的摆拍更能体现新闻人物的传神特征，让新闻作品更具有感染力。

三、巧用框架结构，彰显摄影作品主题

新闻摄影记者可以利用新闻现场的人或物合理设置框架，从而实现突出主体、彰显主题的目的。一般说来，在新闻现场设置框架有几种情况。

一是利用框架来遮挡次要信息，突出主要信息。《车窗里的春运》中，记者就是利用列车车窗来设置框架，过滤掉站台上人群的信息，凸显列车上神色各异的旅客，真实、生动地表现出了春运期间坐火车返乡乘客的百态。

二是利用框架来分割画面，安置信息。王斌拍摄的新闻摄影作品《补习》，就巧妙地使用了补习教室的墙体和门框作框架，把画面分割成三个部分。中间部分利用门框突出教室里孩子们参加补习辅导，左边部分走廊座椅上陪读的家长七扭八歪地坐在椅子上休息，更巧妙的是右边部分，一个小女孩在教室外面蹲着玩耍。框架隔开的这三个部分相互联系，但又表现了不同的新闻主体，相当于在一张照片中融入了三张不同主体照片的信息量。尤其是右边部分在教室墙角下低头玩耍的小女孩，更加深化了新闻图片的内涵。通过这些处理传达出深刻的主题：在如今快速发展的社会环境中，在应试教育为主的教育体制下，如何才能科学、合理地进行素质教育，是摆在我们每个人面前的一道难题。

三是利用框架来引导读者视线。美联社记者 Pavel Rahma 拍摄的新闻作品《跳跃超载列车》就是利用两列列车的车厢作为框架，把观众的视线引导到车

厢上方在列车间跳跃的商贩身上。

四、合理结构，让组图“形散而神不散”

组图是新闻摄影记者常用到的一种形式，但记者们在进行组图拍摄时往往会纠结于组图的结构，如何才能让多张新闻图片按照一定的结构表现主题，这可能是让记者们最头疼的事情。一般来说，在进行组图结构时需要注意以下几种结构方式。

一是顺时性叙事结构。这种叙事结构的特点是能够弥补新闻摄影作品瞬间性的缺憾，可以用组照这种形式来记叙时间较长的新闻事件或新闻人物。闫善良的摄影作品《7 岁“男子汉”撑起一个家》，就是通过组照完整记录了 7 岁“小男子汉”郭家宝从早到晚的生活片段，深深地触动着读者和观众。有的记者为了记录更多真实的新闻信息，在新闻组照拍摄过程中会花费很长的时间来做新闻调查。比如 2009 年“普利策新闻专题摄影奖”的获奖作品《高中大兵变形记》，摄影记者克拉格 · F. 沃克尔用了 3 年的时间才拍摄和制作完成。作品按照时间顺序分为了 8 个章节，即入伍前、初为新兵、基础训练、首次任务、感伤军旅、在国内、伊拉克生活、返回美国，完整记录了一位从学校毕业的美国年轻人应征入伍，并走上伊拉克战场的成长全过程。

二是片段式叙事结构。这种结构不以时间顺序为主线，而是以新闻事件的空间或类型作为主线来串接照片。比如新华社摄影记者费茂华拍摄的作品《2007 年运动瞬间》就是一个很好的例子。该作品截取了 2007 年各种运动比赛中的典型镜头，组接在一起，给观众带来耳目一新的感觉。

三是内在逻辑结构。内在逻辑结构是最灵活的一种图片组接结构形式，但也是最难处理的一种结构形式。因为如果处理不当，就会让众多图片显得凌乱，影响到主题的清晰表达。《南方都市报》记者方谦华的新闻摄影作品《珠江水调查》就是使用内在逻辑结构的典范。

第四节　常见问题举隅

自从 1842 年第一张新闻摄影作品问世以来，新闻摄影已经走过了 100 多个年头。在这短短的 100 多年中，新闻摄影技术与理念都有了很大的发展。尽管如此，在新闻摄影实践中还是有许多问题困扰着新闻摄影记者。在此，我们对新闻摄影实践中存在的一些“疑难杂症”进行系统的梳理，以期剥茧抽丝，厘清解决这些难题的思路。

一、新闻摄影的客观性记录和主观性表达

在新闻现场究竟应该原封不动地复制信息呢，还是可以通过主观性介入更好地再现新闻信息呢？长久以来，这一直是困扰新闻摄影记者的一个难题。新闻摄影需要向读者和观众客观地传递真实信息，客观性和真实性都是新闻摄影作品的重要属性。在新闻现场，新闻摄影记者是要对现场进行必要的干预，还是不假思索地把所有的信息都拍摄到照片中？简单地说，干预还是不干预，摄影记者需要作出自己的判断。我们的观点是，只要能够真实、准确地向观众传递新闻现场的信息，摄影记者是否采用主观性手段进行干预都可以。

“二战”期间，著名摄影师尤素福·卡什（Yousuf Karsh）要为丘吉尔拍张照片。当时正是德国法西斯气焰嚣张之际，英伦三岛形势岌岌可危，卡什想通过照片表现出丘吉尔面临强敌坚定沉着、威武不屈的性格与气质，以便起到鼓舞士气的作用。当卡什来到房间准备给丘吉尔拍照时，发现丘吉尔总叼着一支雪茄，一副悠闲的神情。这与人们所知道的他的坚毅、自信、镇定性格很不相符。于是他突然走近丘吉尔，把他嘴上的雪茄一把扯下来。丘吉尔被卡什无礼的动作激怒了，卡什抓住时机按下快门，就这样一幅闻名世界的新闻摄影杰作诞生了，丘吉尔的鲜明个性得以强烈地体现。

与卡什不同，法国著名摄影师布列松采用的是相反的方法。在拍摄现场，布列松从不干扰他的拍摄对象，不会主观介入到事件或人物中去。他总是静静地观察他的拍摄对象，然后抓拍最能够表现真实的典型性瞬间。在拍摄美国好莱坞影星玛丽莲·梦露时，虽然布列松是在梦露不经意时抓拍了照片，但从这一凝固的瞬间里，抓住了模特的天生丽质和娴雅风度。再比如他拍摄的脍炙人口的新闻摄影作品《习作》，也是通过不干涉被摄对象的方法抓住典型瞬间抓拍而成。

由此可见，所谓的客观表现和主观表达是新闻摄影中不同的表现手法。新闻摄影记者应该打破客观性记录和主观性表达对立的僵化思想，在真实记录新闻信息的基础上大胆创新，敢于尝试新的、不同的表现手法，让新闻摄影作品表现手法和风格更加丰富多样。

二、新闻摄影的修辞问题

“新闻摄影以真实记录为主，所以不需要修辞。”对于新闻摄影的修辞问题，一直以来存在这样的误解。

修辞对于新闻摄影非常重要。通过修辞手法，新闻记者能够更有效地向观众传递信息，能够让观众看得更明白，读得更生动，了解得更透彻。新闻摄影如果不讲修辞，会让图片变得乏味无趣，无法引起观众和读者的兴趣和注意，不能很好地传递信息。

在新闻摄影中使用的修辞手法有很多，现将常见的几种修辞手法加以总结概括。

1. 对比

对比修辞是指通过画面中不同构图元素之间的差异性来突出、强调新闻信息的修辞手法。对比修辞有以下几种方式。

第一，影调对比。在新闻现场，新闻记者可以利用现场光线，通过不同影调来达到对比的效果，从而起到突出主体，彰显主题的作用。《潇湘晨报》刊登的新闻摄影作品《宜黄钟家姐妹》就是利用影调进行对比修辞的成功案例。在作品中，记者通过黑白画面形成高反差的亮暗对比，在暗调环境画面的基础上凸显了人物面部的亮调画面，这种暗背景亮主体的对比，表现了同样是花季年华的两姐妹不同的面孔，一个是青春美丽，一个是饱经风霜。正是这种让人揪心的对比，引起广大读者和观众对当今社会热点问题——拆迁问题的思考。解海龙的摄影作品《我要读书》也是使用了影调对比的修辞手法。作者使用大反差的明暗对比，让观众深深地记住了画面中女孩渴望知识的一双大眼睛。

第二，位置对比。位置对比是指在画面中利用主体、陪体、环境的构图要素之间的空间位置进行对比的修辞手法。《南方都市报》记者陈志刚在新闻摄影作品《民工讨薪被打》中就使用了这种修辞手法。在画面中，位于画面前方的是横七竖八讨薪被打后躺在路上的民工，而民工主体之后是一排手持棍棒、统一着装的保安。另外，记者还合理地运用画面上方下方的位置来进行修辞。被打民工躺在地上，处于画面的下方，属于弱势群体；穿戴整齐，手持凶器的保安处于画面上方，充斥着咄咄逼人的杀气。这一前一后，一上一下，让观众看在眼中，怒在心头，激起了人们对行凶者的强烈愤慨，从而取得了新闻摄影良好的宣传效果。

《新京报》记者王嘉宁在新闻摄影作品《开盘突涨价　购房者讨说法》

中也运用了位置对比这种修辞技巧。这幅新闻摄影作品记录的是2010年4月11日，北京某楼盘售楼处，因不满开盘价比承诺价格高出3 000多元，近千名购房者指责开发商坐地抬价，现场要求恢复原价。买房者隔着窗户与销售负责人对话。记者充分利用该房产销售负责人办公室的地形，用办公室的窗口在画面后方形成一个背景框架，框架结构强调了购房者焦急的神情。在画面前方，房产销售负责人的表情也并不轻松，记者利用侧面角度捕捉到面对购房者的指责，该负责人也无可奈何的表情。通过对比修辞，记者意在表现在开发商随意涨价的这出闹剧中没有人是胜利者，这种不负责任的乱涨价行为到最后会以严重损害购房者的利益为代价，严重阻碍了我国房地产业的健康可持续发展。

2. 暗喻

暗喻也是新闻摄影常用的修辞技巧之一，它是指通过画面中的构图要素将本体和喻体同时出现在画面中的修辞方法。暗喻能够让观众和读者对画面信息进行深层次解读，从而起到更好地突出主题的作用。

人民画报社《中国》杂志记者胡海昕，在新闻摄影作品《影响力》中便使用了暗喻的修辞手法。照片记录的信息是，2006年1月31日，在俄罗斯首都莫斯科克里姆林宫举行年度大型记者招待会上，俄罗斯总统普京的身影映照在俄罗斯国旗旁。当时总共有超过1 000名当地及外国驻莫斯科记者参加了普京的记者招待会，可见普京总统在世界上的巨大影响力。记者成功地捕捉到了普京总统上台前的典型瞬间，利用普京总统的身影和俄罗斯国旗形成本体和喻体，形象地表现出普京总统在俄罗斯牢固的政治地位和巨大的影响力。

刊登在《华盛顿邮报》上的新闻摄影作品《奥巴马离开白宫办公室》也是运用暗喻修辞手法的成功典范。这幅作品记录的画面是2011年10月10日，美国总统奥巴马独自离开白宫办公室的情景。《华盛顿邮报》驻白宫记者斯科特威尔逊曾对奥巴马进行过这样的描述，认为他是“一个政治上的独行者，喜欢使用政策，而不是能让政治有效的人”。这幅新闻作品便是通过暗喻修辞来表达他的这一观点。在画面中奥巴马被大量杂乱的树木前景所遮挡，强调了他独自一人离开白宫的视觉效果，以此来暗喻他作为政治上的“独行者”的地位。

3. 拟人

拟人是指在图片中通过造型和构图把本来不是人的一些动作和感情的事物变成和人一样的，为物体注入人的情感的修辞手法。比如，《南方都市报》摄影记者方谦华在摄影作品《中国万州自然保护区内濒临灭绝的植物》中，就使用了拟人的修辞手法。作者借鉴并使用静物摄影的拍摄手法，通过高反差对比，在暗背景上勾勒出一片树叶的明亮的曲线线条，使得弯曲的树叶具有了拟人化的效果。观众和读者在画面中看到的形象已经不仅仅是树叶，而是一个脊背弯曲的人物形象，从而引发读者和观众视觉和心理上的关注。这些拟人化的表现手法成功地抓住读者和观众的注意力，引发读者对人类与环境关系这一严肃主题的思考，从而使新闻图片达到了突出主题的目的。

三、新闻摄影的虚与实

长期以来，新闻摄影在虚写与实写的问题上总是重“实”轻“虚”。新闻摄影作品要真实客观地向读者传递新闻信息，新闻摄影作品主体往往要求焦点清晰，这也就是新闻摄影的写实特性。但是在新闻摄影实践中，实写并不是新闻摄影作品唯一的表现手法，虚化表现也是新闻摄影实践中使用的技巧。

美联社记者莫罗纳迪（Emilio Morenatti）在新闻摄影作品《开罗的反政府示威者》中便使用了虚写的表现手法。画面中记录的是2011年2月9日，在埃及开罗塔利尔广场，反政府抗议者举着蜡烛绕着埃及军队坦克行走的相关信息。记者采用慢速摄影的方法使得画面中形成烛光的光环。虽然在画面中示威者的焦点是虚化的，我们看不到示威者清晰的面部信息，但围绕着坦克的光环这一形象，却更加生动地说明了反政府示威人群与政府、军方之间的对抗。

美国盖蒂图片社摄影师约翰·穆尔拍摄的新闻摄影作品《贝·布托遇袭身亡》也是虚写的成功典范。摄影师运用运动摄影的方法，记录了贝·布托遭遇炸弹袭击身亡的典型瞬间。画面的焦点是模糊的，我们无法从画面中读出十分清晰的信息，只能看到模糊的人影和混乱的爆炸场面。但正是这种模糊的视觉效果真实而准确地为观众描绘出爆炸现场的混乱，使观众获得身临其境的视觉感。

《天津日报》摄影记者祁小龙的新闻摄影作品《天津茶馆的评书》也使用了虚写的技巧。记者利用现场较柔的光线为画面构建了暗调偏暖的调子。在暗调作用下，画面中的人物焦点并不够清晰。但正是这笼罩在昏暗的灯光下的不清晰的人像，以及暗调偏暖的调子，共同营造出了一种文化氛围，也表现出记者对这种行将消亡的语言类艺术形式前途的担忧。

四、媒介融合背景下的高校新闻摄影教育

对于新闻摄影事业而言，新闻摄影记者的教育和培养非常重要。在新闻摄影业界曾有这样的误解，认为新闻摄影没有什么理论可言，不需要学习和教育，只需在拍摄时积累经验就可以了。真正想要成为合格的新闻摄影记者，只注重拍摄实践的经验积累是不够的，还需要通过学习摄影理论来提高摄影记者的素养和技能，因此新闻摄影教育对于新闻摄影工作者来说是非常重要的。对于初涉新闻摄影工作的青年人来说，他们的摄影基础一般是建立在大学时期的新闻摄影课堂上。

高等学校新闻教育是培养新闻摄影专业人才的一个重要渠道，而在当今媒介融合背景下，新闻院校如何才能通过教育为新闻摄影战线输送更多高质量的专业人才，如何才能培养出更多能适应新闻媒体的优秀新闻摄影记者，这也是发展新闻摄影事业急需解决的重要问题。高校新闻摄影要从以下几方面入手，进一步加强新闻摄影人才的培养。

1. 进行理论教学层面的改革

目前我国高校新闻摄影类教材和课程设置绝大多数还停留在单一媒介形态时期，即平面媒体。针对媒介融合时代新闻摄影的特征，新闻摄影课程至少应从两方面增加理论教学内容以适应新闻摄影在当前媒介融合时代的新特点：

其一，增加新闻摄影新媒介的相关内容。长期以来，报纸、杂志是新闻摄影作品存在的主要媒介形态。1990 年 8 月“全国报纸总编辑新闻摄影研讨会”上，蒋齐生、穆青提出了“图文并重”、“两翼齐飞”的原则，极大地推动了报刊新闻摄影事业的发展。但目前报纸发展又有了新的巨大变化，比如手机报、电子报纸等与新媒体融合的形态相继出现，博客、微博也成了人们经常用来传递信息的媒介形式。很明显，目前针对传统报纸媒介的新闻摄影理论已经无法涵盖这些新兴媒体，这就要求我们在课程设置上增加新闻媒介的相关理论。

其二，增加新闻摄影新功能的相关内容。目前，中高端数码相机都已经具有了音、视频摄录的功能，而这部分功能的使用一直没有进入新闻摄影理论教学的范畴。如今网络等新媒体的发展，早已让新闻摄影摆脱了单一的图片形态，新闻摄影也可以以流媒体、视频截图等形态出现，从而也有了全能型记者的出现。新闻摄影教学也应该在图片摄影教学的基础上，增加音、视频分析及录制的相关内容，培养新闻摄影者对音、视频影像基本的判断、辨

别及摄制的能力，以适应媒介发展的要求。

2. 进行实践教学层面的改革

当前我国高校新闻摄影课程因为教学条件有限、实验设备缺少、课时量不足等因素的制约，普遍存在实验教学内容不明确、实验设施落后的现状，实验教学课程没有一个完整的体系。在这些困难面前，新闻摄影课程的实践教学不能止步不前，而是要根据媒介发展的特点，针对新闻摄影事业的发展实行必要的改革。

其一，丰富新闻摄影课程的实验项目设置。目前我国高校新闻摄影课程的实验项目比较少，实验项目设置还比较简单，应从新闻采编流程、新闻摄影媒介形态、新闻摄影设备几方面来丰富实验项目内容，从而全面覆盖新闻摄影采、编的各个流程。当前新闻摄影的实验设置往往多关注于摄影环节，如摄影构图训练、曝光控制训练等，而对于新闻摄影的采访、新闻图片的编辑等必要环节关注不够。同时，针对全媒体时代特点，增加新媒体、多媒体的新闻摄影实验内容。在以报纸等纸媒新闻摄影实验的基础上，增加网络新闻、新闻博客、新闻微博的新闻摄影实验。如可以让学生建立新闻博客，把自己拍摄的新闻摄影作品上传到自己的博客上。一方面，学生的摄影作品可以直接接受网友受众的检验，另一方面，能够让学生熟悉和了解新媒体的媒介特征，从而更好地把握新媒体新闻摄影作品的特点，提高新闻摄影的质量。

其二，拓展新闻摄影课程的实践教学平台。根据实际情况，对传统的实验项目进行有效整合，逐步转变为更加系统的综合实践模式。传统的新闻摄影课程实验项目设置较为单一，实验项目之间的联系不够紧凑，没有很好地体现出新闻摄影各环节之间的衔接，不利于学生对新闻摄影整体流程的把握。针对这种情况，我们可以对较为单一的实验项目进行整合。如可以设置一些综合性实验，选定一个新闻选题，让学生自己制作一个电子报，建立一个新闻博客，制作微博等。通过设置这种综合性实验项目，学生既能系统地了解和掌握新闻摄影的全过程，加深对单一实验项目的认识，又能在新闻摄影采访、拍摄、编辑各个环节中得到锻炼。同时，应适当走出校园，逐步拓展新闻摄影实践教学的空间。当前新闻摄影的实践教学往往局限在实验室，局限在校园这一有限范围内，而新闻摄影中对新闻事件的拍摄则是面向更广阔的社会。因此在实践中应当适当引导学生对社会事件的关注，这样才能真正意义上体现学以致用，学生在毕业走上工作岗位时也能较快适应角色的转变。

后　记

我们希望新闻传播类专业学子和新闻爱好者能够在新闻佳作的赏读中提升自身的媒介素养和业务能力。媒介素养和业务能力主要表现在两个方面，其一是新闻作品的鉴赏能力，其二是新闻作品的写作能力。这部历时半年、多人合作写成的书稿，希望能够在这些方面给人们提供一些新的思路。

本书由主编提出写作大纲，并且写出样章，经过讨论后由编写组成员分头精选佳作，写作初稿。初稿大致分工如下：前言（曾庆江），第一章（曾庆江、王素芳），第二章（张国平），第三章（夏兴通），第四章（张国平），第五章（吴雨蓉），第六章（李燕群），第七章（曾庆江、尚尔鹏），第八章（胡凯）。主编对相关内容进行改写并最后统稿。副主编协助主编做了相应的组织协调工作。编写组成员均是在高校从事新闻传播学教学和研究的青年教师，热情度高，责任心强。这是一次愉快的合作，大家相互勉励，共同提高。但是由于我们水平有限，书中错误在所难免，恳请有关专家、学者及广大读者提出宝贵意见。

新闻业界先后出现的大量优秀作品，给我们编写这部教材提供了可靠的保证，在此我们真诚地对这些优秀作品的作者说一声谢谢。本书的责任编辑郑小燕老师热情、严谨、认真、宽容，感谢郑小燕老师的辛勤劳作和暨南大学出版社提供的出版平台，使本书稿顺利面世。

编　者

2012 年 9 月